U0558447

李元晖 著

高校跨境电商产教融合人才培养理论与实践

本书为河南省高等教育教学改革研究与实践项目（应用型本科高校经管类专业数智人才培养模式研究与实践 项目批准号：2024SJGLX0518）、新乡学院课程思政项目（企业管理）的成果。

郑州大学出版社

图书在版编目(CIP)数据

高校跨境电商产教融合人才培养理论与实践／李元
晖著. -- 郑州：郑州大学出版社，2025.6. -- ISBN
978-7-5773-0556-1

Ⅰ. F724.6

中国国家版本馆 CIP 数据核字第 202415VR64 号

高校跨境电商产教融合人才培养理论与实践

GAOXIAO KUAJING DIANSHANG CHANJIAO RONGHE RENCAI PEIYANG LILUN YU SHIJIAN

策划编辑	宋妍妍	封面设计	王　微
责任编辑	宋妍妍	版式设计	王　微
责任校对	王孟一	责任监制	朱亚君

出版发行	郑州大学出版社	地　址	河南省郑州市高新技术开发区
经　销	全国新华书店		长椿路 11 号(450001)
发行电话	0371-66966070	网　址	http://www.zzup.cn
印　刷	河北虎彩印刷有限公司		
开　本	710 mm×1 010 mm　1/16		
印　张	13.5	字　数	217 千字
版　次	2025 年 6 月第 1 版	印　次	2025 年 6 月第 1 次印刷

| 书　号 | ISBN 978-7-5773-0556-1 | 定　价 | 62.00 元 |

本书如有印装质量问题,请与本社联系调换。

前言

　　随着经济全球化的深入发展和数字技术的飞速进步,跨境电子商务(以下简称跨境电商)已成为推动国际贸易和促进全球经济一体化的重要力量。跨境电商不仅为消费者提供了更为便捷、多样的购物选择,也为企业开拓国际市场提供了前所未有的机遇。在此背景下,高校作为人才培养的主阵地,其在跨境电商人才培养方面的角色和作用日益凸显。《高校跨境电商产教融合人才培养理论与实践》一书,旨在深入探讨如何在高校教育体系中有效整合资源,创新人才培养模式,以适应跨境电商发展的新需求。

　　本书围绕跨境电商领域的核心问题,系统阐述了高校跨境电商人才培养的理论基础、现状分析、产教融合策略、课程体系构建及人才培养对策等关键内容,力图为高校、企业以及政策制定者提供实践指导和理论参考。

　　第一章从跨境电商的概念入手,明确了其业务范畴和分类,随后深入分析了支撑跨境电商发展的基本理论,探讨了跨境电商的发展优势,并从理论层面阐述了高校在跨境电商人才培养方面应持有的基本理念。

　　第二章通过对跨境电商人才的界定和知识能力要求的分析,结合对当前跨境电商人才需求现状的深入研究,揭示了高校跨境电商人才培养面临的主要挑战和机遇。

　　第三章聚焦于高校教育与产业界的融合,提出了将产教融合作为提升人才培养质量和效率的关键路径,详细探讨了高校产教融合的内涵、现行发展策略以及跨境电商产业学院的建设实践。

第四章从课程体系的角度出发,讨论了如何构建符合跨境电商人才培养需求的专业课程体系,包括如何实现名类课程与思政课程的同行同向,通识教育与专业教育、双创教育与专业教育的有效融合,以及电子商务专业群课程体系的构建。

第五章以人才培养对策为核心,从理念创新、模式创新、渠道创新和服务方式创新四个维度,提出了高校在培养跨境电商人才过程中可采取的策略和方法。

第六章基于产教融合的视角,深度探索了跨境电商人才培养的目标定位、必要性及具体策略,旨在为高校跨境电商人才培养提供更为明确和具有操作性的路径指导。

通过本书的深入分析和探讨,我们期望能够为高校跨境电商人才培养工作提供新的理论视角和实践路径,进而促进跨境电商领域的持续健康发展,为全球经济的繁荣贡献力量。

为了确保研究内容的丰富性和多样性,笔者在写作过程中参考了大量理论与研究文献,在此向相关专家学者表示衷心的感谢。同时,由于作者水平尚有不足之处,故本书难免会存在一些疏漏,恳请读者朋友批评指正!

李元晖

2025 年 3 月

目录

第一章
跨境电子商务的概念和理论基础

本章系统阐述了跨境电子商务的核心概念与理论框架,梳理了电子商务从概念提出到法规完善的发展历程,明确了跨境电商的定义与六大特征,并从交易主体、产品类别、运营模式及商品流向四个维度进行分类。本章基于系统论构建跨境电商生态系统,结合比较优势理论、交易成本理论及自由贸易理论,揭示了跨境电商的理论基础与发展逻辑,为后续人才培养研究奠定理论支撑。

第一节　跨境电子商务的概念和分类

跨境电子商务作为数字经济时代国际贸易的重要形态,依托互联网技术打破地理壁垒,重构全球贸易价值链。本节从跨境电商的内涵解析入手,梳理其从概念萌发到体系化发展的演进脉络,阐明其核心特征,从多维度构建分类框架。

一、跨境电子商务的相关概念

（一）电子商务的出现及发展

1.电子商务的出现

电子商务(electronic commerce,EC)是一个在20世纪90年代初期开始获得广泛关注的概念。它由万国商业机器公司(IBM)在1996年首次提出,用于描述企业在与商业伙伴进行交易过程中所采用的信息化手段。随后,IBM 在 1997 年进一步拓展了这一概念,引入了电子商务业务,将电子商务的范围扩大到了企业内部活动和业务流程的信息化管理。这标志着电子商务这一概念的正式成型,并随着技术的发展及其应用场景的扩散而不断演化。

尽管电子商务作为一个概念已被广泛接受和应用,但其具体定义,在全球范围内尚未形成统一标准。不同国家、地区乃至国际组织对电子商务持有各异的理解和解释。例如,联合国国际贸易法委员会将电子商务简单定义为通过电子数据交换进行的商业活动。相比之下,经济合作与发展组织(OECD)则对电子商务的定义进行了更为细致的区分,将其划分为狭义电子商务和广义电子商务。在 OECD 的定义中,狭义的电子商务特指通过计算机网络技术完成的商品交易,而广义的电子商务则包括通过计算机网络交易的商品和服务。美国政府的定义则更为具体,将电子商务限定于互联网环境,认为一切通过互联网完成的商务交易活动都属于电子商务的范畴。这种分类不仅体现了对电子商务范围的不同理解,也反映了在技术进步和市场需求变化下,电子商务概念的不断演进和扩展。

2018 年 8 月 31 日颁布,2019 年 1 月 1 日起施行的《中华人民共和国电子商务法》,对电子商务的定义进行了明确规定。该法律不仅是中国在电子商务领域法规建设方面的一个重要里程碑,也为电子商务的运营活动提供了法律上的界定和指导。根据该法第二条的规定,电子商务被理解为利用互联网以及其他形式的信息网络,进行的商品和服务交易以及提供的一系列经营活动。这一定义反映了一个宽泛的视角,不将电子商务的实践局限于特定的网络介质,而是涵盖了所有可能作为交易平台的信息网络技术设备。

值得一提的是,《中华人民共和国电子商务法》没有将电子商务的概念局限于某种特定的信息传输媒介。这种开放性的定义方式使得几乎所有在信息网络上进行的商品和服务交易活动都被纳入电子商务的范畴,从而为未来技术的发展和新型电子商务模式的涌现提供了法律上的适应空间。

2.电子商务的发展

在过去的十几年里,电子商务经历了前所未有的发展,不仅在商业模式上引发了一系列变革,也在更广泛的社会经济层面产生了深远的影响。这种发展得益于互联网技术的进步和全球网络的普及,电子商务已成为现代经济的一个重要组成部分,极大地促进了商品和服务的全球贸易。

电子商务的崛起彻底颠覆了传统的商业交易模式,使得交易更为便捷,范围更为广泛,效率大幅提高。它不仅改变了消费者的购物习惯和企业的经营策略,还对国际贸易结构和全球经济竞争格局产生了影响。通过电子商务,企业能够突破地理界限,以更低的成本、更快的速度触及全球市场,从而提高其国际竞争力。随着大数据和移动互联网的发展,电子商务正迅速从单一的在线交易模式向线上线下融合、实体与虚拟经济结合等多元化方向发展。这种转变不仅拓宽了电子商务的业务范围,还增强了其服务能力和市场适应性,促使电子商务成为一个多维度、全方位的经济活动。此外,物流服务的革新尤为关键,特别是最后一公里配送的优化,极大提升了消费者的购物体验,加速了电子商务的普及和发展。而电子商务的跨境特性则进一步推动了其与国际市场的融合,使得全球贸易更为紧密,市场机会更为广阔。

在这个信息爆炸的时代,信用信息的作用日益凸显。它已成为电子商务交易中不可或缺的部分,对于保障交易安全、增强消费者信心起到了关键作用。信用信息的准确收集、分析和应用,不仅能够提高交易的效率和安全性,还能够为企业和消费者创造更大的价值。

(二)跨境电子商务的概念及特征

1.跨境电子商务的概念

在全球化浪潮的推动下,跨境电子商务(简称跨境电商)作为一种新兴的国际贸易模式迅速崛起,它利用互联网技术打破了地理和时空的限制,使得全球商务活动的参与者能够在不同国家之间进行无缝的商品和服务交易。这一领域的核心在于将电子技术和网络手段应用于传统的进出口贸易流程中,包括商品的在线展示、交易谈判、销售及购买等环节,实现了贸易的数字化和网络化。跨境电商区别于传统的国际贸易模式,在于其具备了几个显著特点:全球化、虚拟化、透明化以及高效率。"全球化"意味着跨境电商的业务覆盖面广,能够触及世界上任何角落的消费者和商家;"虚拟化"则指其交易平台大多建立在虚拟的网络环境中,减少了物理空间的限制;"透明化"体现在交易过程的开放性和透明性,消费者可以轻松获取产品信息和供应商资料;而"高效率"则来自电子商务的即时性和无纸化操作,极大地缩短了交易的时间和成本。此外,跨境电商的操作既涵盖了出口业务也包括进口业务,通过网络平台促成商品和服务的跨国交易。

跨境电商活动作为全球贸易中不断增长的一环,涵盖了商品的在线展示到最终交付给消费者的一系列复杂步骤。这些步骤可以根据其运作的方向划分为出口和进口两大流程,它们是镜像对称的,以出口活动为例,流程起始于将商品通过在线平台向全球市场展示。这些在线平台既可能是提供给其他商家的服务平台,也可能是商品的直接生产商或专卖店自营的电子商务网站。当消费者在平台上选购商品并完成支付之后,跨境电商活动进入物流阶段。在物流阶段,如果是间接电子商务模式,跨境电商企业会对商品进行包装并委托给在本国注册的物流公司进行国际运输。商品随后需要经过出口国的海关和商检程序,以及进口国相应的入境检验检疫流程,最终由在进口国注册、与出口商或进口商有合作的物流公司完成货物的最后"一公里"配送。为了优化交易流程、降低成本和提升效率,一些跨境电商企业选择与信誉良好的第三方综合服务平台合作,这些平台提供一站式服务,包括物流、通关和商检等环节。此外,通过在产品原产地设立海外仓库,也能有效简化部分交易流程,快速响应市场需求,提高消费者满意度。如果是直接电子商务模式,交易流程更为简便。消费者支付完成后,可以直接从在线平台下载所购买的数字产品,如软件、电子书等,这种模式无需物流,交易即刻完成。

跨境电商的业务模式多样,主要包括 B2B(企业对企业)、B2C(企业对消费者)、C2C(消费者对消费者)以及 O2O(线上到线下)。在这些模式中,B2C 和 C2C 模式直接服务于终端消费者,统称为跨境网络零售。这些模式不仅满足了消费者对商品多样性的需求,同时也为商家提供了更广阔的市场前景和营销渠道。

跨境电商的发展,不仅推动了全球电子商务的范围扩展和深度挖掘,也促进了国际贸易的便利化和数字化转型,为企业开拓国际市场提供了有效的渠道,同时为消费者带来了更多选择和便利。随着技术进步和全球化贸易环境的优化,跨境电商预计将继续保持强劲的增长势头,成为全球贸易中不可缺少的一部分。

2.跨境电商的特征

(1)全球多边性。跨境电商凭借其互联网基础,展现了独特的全球化特性,不仅突破了传统外贸的地理界限,还实现了市场参与者之间的无边界交易。这种商务模式使得国际买卖双方能够轻松跨越国界,通过在线平台直接进行商品和服务的交易。这一过程通常牵涉多个国家的电商平台、物流配送和支付系统等,它们共同构筑了一个复杂的全球交易网络。这样的全球多边交易网络不仅增强了信息的流动性和资源的共享性,也为消费者和商家提供了前所未有的市场接入机会和业务拓展空间。然而,跨境电商的全球性也伴随着一定的挑战和风险。各国在政策、经济、文化及法律体系上的差异可能导致交易过程中出现预料之外的复杂性和不确定性。这些差异不仅可能影响交易的效率和成本,还可能给跨境电商参与者带来合规和运营上的挑战。因此,跨境电商虽然开辟了全球市场,促进了国际贸易的便利化,但同时也要求参与者更加注重跨文化交流、合规性审查以及风险管理,以确保交易的顺畅进行和长期发展。

(2)无形数字化。跨境电商在全球贸易中呈现独有的特征和挑战,其中包括其全球多边性和数字化的无形特性。这些特点共同塑造了跨境电商的运作方式,同时也引致了相关风险与挑战。首先,跨境电商的全球多边性体现了其在国际市场中的无边界交易特征。利用互联网,跨境电商突破了传统外贸的地理限制,使得商品和服务能够流通至全球任何角落。这种模式不仅涵盖了多国的电商平台、物流和支付系统,而且形成了一个复杂的全球网络结构,这带来了信息共享和市场接入的便利,但同时也暴露于跨国交易中由于各国政策、经济、文化和法律差异引发的风险中。其次,跨境电商的无形数字化特征揭示了以数字形式存在的商品和服务的交易特点。数字化产品如软件、音乐、电子书等,通过互联网传播,使得交易既便捷又高效。这些无形的商品和服务具备与实体商品相同的价值和使用功能,满足了消费者对知识和数据资源的需求。然而,这种无形交易的性质也带来了监管挑战,如如何界定交易性质、如何有效监督交易流程以及如何合理征税等。这些挑战成了政府、经济和法律领域研究的新课题。综合以上两点,跨境电商作为全球化和数字化时代的产物,既为国际贸易带来了前所未有的机遇,也提出了对现有法律、经济政策框架的挑战和改进需求。这要求全球各国在享受跨境电商带来的便利的同时,也要共同探索解决这些新挑战的方法和路径。

(3)即时无纸化。跨境电商的即时无纸化特质显著地区别于传统的贸易流程,带来了信息传递和交易完成的极速化。在这个框架下,互联网作为主要的传输媒介,实现了信息和数据在全球范围内瞬时共享和传递,不受物理距离的限制。这种高效率的通信方式允许即时的商务互动,如电子订单处理、数字合同签订以及在线支付,大大缩短了交易周期,增强了贸易的灵活性和响应速度。然而,跨境电商的这种即时无纸化操作虽然提升了交易效率,但也引入了一系列的法律和规则挑战。主要问题在于,各国对于数字合约和无纸交易的法律规定尚未统一,导致在执行跨境电子商务活动时可能面临法律认可和执行的障碍。这种不一致性在一定程度上造成了规则上的混乱,影响了跨境电商交易的流畅性和安全性。

因此,为了促进跨境电商的健康发展并最大化其效率优势,迫切需要国际社会合作,推动法律和规则的协调一致。各国应该努力更新和完善本国的电子商务法规,同时寻求与国际标准接轨,以建立一个更加稳定、透明且可靠的跨境电商法律环境。这将为跨境电商带来更明确的法律指导和更高的交易安全性,确保其在全球贸易中的顺畅运行和持续增长。

(4)高频直接性。跨境电商平台的兴起带来了交易的高频直接性,这一特点彻底改变了传统贸易的模式和结构。在这个数字化的商务环境中,消费者和采购企业得以直接接触到全球的供应商网络,实现从源头到终端的无缝对接。通过在线平台,用户能够快速检索并筛选出所需的商品或服务,直接与生产者或服务提供者进行交易,省去了中介环节,这不仅加快了交易速度,也在很大程度上降低了交易成本。这种高效且直接的交易方式对于小规模且频繁的采购需求尤为有利,特别是对于那些中小型采购企业来说,它们可以更灵活地调整采购计划,以更小的批量进行多次采购,从而降低库存成本和资金风险。此外,这也有助于缓解资金链的压力,使企业能够在更为宽松的财务环境中运作。然而,跨境电商的高频直接交易模式也对企业提出了更高的管理和调整能力要求,需要企业具备快速响应市场变化的能力和高效的供应链管理策略。总体来说,跨境电商的这一特性为全球贸易带来了新的动力,促进了贸易的全球化和效率化,同时也为中小企业提供了在国际市场竞争中立足的机会。

(5)流动性。在现代经济格局下,跨境电子商务的快速扩张显著受益于数字技术的革新,特别是互联网的普及和发展。这一领域的独特性在于其对实体商业空间的需求极低,几乎所有交易活动都可以通过网络平台进行,极大地提升了商业活动的流动性和灵活性。跨境电商模式使得商家和消费者能够跨越地理界限,无视时间差异,随时随地进行交易。这种无界的交易方式不仅为消费者提供了更加便捷的购物体验,同时也为商家开拓了全球市场,提供了前所未有的商业机遇。此外,跨境电商的流动性特性也意味着交易过程的高效率和低成本,因为它省去了传统贸易中物理空间的租赁、维护以及相关的物流和存储费用。这种模式对于创业者和中小企业尤其友好,因为它降低了进入市场的门槛,使得任何规模的企业都有机会接触到全球消费者。然而,这种流动性也带来了新的挑战,如网络安全、支付安全以及跨境税收和法律合规等问题,这些都需要商家、消费者以及政策制定者共同面对和解决。

(6)保密性。在跨境电商的运营中,保密性成为其核心特征之一,这主要得益于电子交易平台和先进的信息技术的应用。通过第三方电子商务平台,商家和消费者能够在保护个人和企业隐私的同时进行交易。这种模式下,交易双方无须透露过多的个人信息,且所有交易活动都可以在数字环境中完成,极大地保障了信息的私密性和交易的保密性。在跨境电商平台,从商品浏览、选择、支付到最终交付的整个流程,均通过加密技术在网络中进行,有效避免了传统交易中可能出现的纸质文件泄漏风险。这种交易方式不仅保护了消费者的购物隐私,也为商家保护商业机密和交易数据提供了强有力的技术支持。然而,跨境电商的这种高度保密性也带来了一系列的挑战,特别是在网络安全和监管合规性方面。随着交易活动的隐蔽性增强,如何确保交易安全、防范网络欺诈,以及如何有效监管跨境电商活动,避免税收逃漏和非法交易,成了跨境电商亟待解决的问题。这要求跨境电商平台、政府监管机构以及相关国际组织共同努力,通过技术创新和法律法规的完善,构建一个安全、透明、高效的跨境电商环境。

二、跨境电商的分类

跨境电商作为全球贸易中的一股新兴力量,体现了互联网技术与国际商务活动的深度融合。这种贸易形式按照业务范畴的广泛性和具体性可以分为两大类:广义跨境电商和狭义跨境电商。在广义上,跨境电商覆盖了使用电子商务平台进行的所有跨国贸易活动,如不同国家的买卖双方在网络平台上展示商品、进行交易,并通过跨境物流将商品实际送达买方,这一过程包括了线上支付和线下物流的全套国际贸易操作。而从狭义角度出发,跨境电商主要聚焦于B2C零售业务,即直接面向消费者的零售模式。这种模式下,供货商通过海外仓库或保税仓储等物流解决方案,利用网络技术的便捷性,将商品直接销售给国内外的个人消费者。这不仅是传统国际贸易方式在"互联网+"背景下的延伸和发展,也标志着一种新型的电子商务环境下的进出口贸易实践。

跨境电商的这一分类展示了其业务模式的多样性和复杂性,既包括涉及多个贸易主体和流程的广泛国际贸易操作,也特指直接针对终端消费者的电商零售业务。

(一)按照交易主体类型划分

按交易主体类型分类,跨境电商主要包括 B2B 模式、B2C 模式、C2C 模式、C2B 模式四大类。

1. B2B 模式

在全球经济的数字化转型中,B2B 模式作为跨境电商的一个重要组成部分,通过互联网和专业的商业网络平台促成了国际企业的商务往来。该模式通过提供一个平台,使得不同国家或地区的企业能够高效地发布和查询供求信息,进行商务协商,确认订单和收货,实现跨境支付以及处理相关的贸易文件,如票据的电子签发和传输等。此外,B2B 模式还支持企业在选择物流方案和监控货物配送过程中的需求,实现了从交易前的信息交换到交易后的物流跟踪的全程数字化管理,显著提升了国际贸易的效率和透明度。具体来说,B2B模式有以下几个特征。

第一,普遍性。跨境电商在全球贸易领域的兴起标志着一种新兴的商务模式的普及,B2B 模式在这一变革中扮演了核心角色。它不仅改变了传统企业间的交易方式,而且促进了一个包含多种贸易参与方如政府机构、流通企业等的全新商业生态系统的形成。随着 B2B 模式的普及,从商家到制造商,再到贸易公司及最终买家,各方都积极融入这一模式,通过跨境电商平台进行商务活动和扩展业务。跨境电商平台在 B2B 模式中起到了枢纽作用,它们不仅提供交易的平台,还开发了一系列辅助功能,如现代化的跨境物流解决方案,以适应电子商务的需求。这些平台的功能更新和服务扩展,使得 B2B 交易更为便捷、高效。全球范围内对跨境电商 B2B 模式的适应和支持也表现在相应法律法规的制定上,旨在规范和鼓励跨境电商的健康发展。这些政策措施不仅针对传统的发达国家市场,也适用于新兴国家,反映了 B2B 模式在全球范围内的适用性和普遍性。

第二,协调性。跨境电商的 B2B 模式为全球商务活动带来了前所未有的协调和便捷性。通过集成先进的平台功能和技术,它不仅简化了国际买卖双方的交流过程,还为全球采购操作引入了更加高效的工具和服务。B2B 平台通过提供实时通信工具,极大地促进了买家与卖家之间的即时沟通,使得商业协商更加高效。此外,该模式还整合了在线物流服务和第三方物流解决方案,与海关流程相协调,极大简化了大宗交易的复杂性,使得跨境交易更加迅速和顺畅。为了加速支付过程,B2B 平台还绑定了多种跨境支付工具,进一步加快了交易的完成速度。这种协调机制不仅优化了跨境贸易流程,也为全球商家提供了一个更为高效和协同的商务环境。

第三,安全性。在跨境电商 B2B 模式中,确保交易安全性是至关重要的,特别是关于资金流动的保护。随着电子商务的蓬勃发展,伴随而来的是网络技术,如数字加密技术、数字证书和防火墙等的进步和完善,这些技术为 B2B 交易提供了坚固的安全基础。通过这些高级网络安全措施,B2B 电商平台能够有效防范潜在的网络威胁和欺诈行为,确保资金交易过程的安全与可靠。跨境电商 B2B 模式的核心优势在于其提供的资金交易安全保障,这一点至关重要。随着电子科技的飞速发展,多项网络安全技术已经成熟并被广泛应用于电子商务领域。这些技术的实施为 B2B 电商交易提供了坚实的安全基础,确保了资金流动的安全性和信息的保密性。通过这种高度安全的交易环境,跨境电商 B2B 平台能够保护企业间的交易不受外部威胁,从而增强商家和消费者对电子商务系统的信任度。

第四,集成性。跨境电子商务的 B2B 模式为全球贸易注入了集成性的新生命,有效地解决了传统贸易中环节分散、流程烦琐的问题。通过利用互联网平台,无论是独立的还是第三方的 B2B 跨境电商平台,它集中整合了从原材料采购、产品加工、订单谈判到物流配送和通关等一系列贸易活动。这种模式通过电子化网络操作,实现了贸易流程的高度集成和自动化,使得各贸易环节连接更加紧密,提升了整个供应链的效率和响应速度。这种集成化的工作机制不仅简化了贸易操作,也为企业节省了大量的时间和资源,增强了全球贸易的灵活性和竞争力。跨境电商 B2B 模式的集成性强化了传统贸易的环节链接,通过专门的互联网平台或第三方服务平台,实现了从原材料采购、产品加工到订单协商及物流通关的一体化操作。这种集成化的工作流程,借助电子网络的高效运作,不仅提高了贸易效率,还增强了各个贸易环节之间的协同作用,为企业提供了一个统一、便捷的商务操作平台。

第五,高效性。跨境电商 B2B 模式的高效性主要源于网络技术的便捷。企业通过简单地上传产品图片或视频至 B2B 平台,并精心设计产品标题和描述,便能快速将商品展示给全球的潜在买家。这个过程大大简化了传统贸易中的展示和推广环节,买家仅需注册平台账号,即可轻松浏览、选择并购买所需商品。此外,平台还提供了在线支付、订单管理和物流跟踪等服务,极大地缩短了从发现产品到完成交易的时间,显著提升了交易的整体效率。

2.B2C 模式

B2C 模式即企业对消费者的电子商务模式,是在互联网高度普及的背景下迅速兴起并不断发展壮大的一种商业模式。这种模式通过电子信息技术,实现了企业直接向消费者提供产品和服务的销售方式,大大简化了传统的销售流程。在这个模式下,消费者可以通过电子商务平台轻松购买到各类商品和服务,包括书籍、日用品、服装以及享受线上观影、游戏等服务,同时也能够完成线上支付,享受一站式购物体验。随着网络技术的不断进步和网络覆盖率的提高,B2C 电子商务模式已经成为线上零售和服务领域中消费者的首选。这种模式不仅为消费者带来了极大的便利,也为商家提供了直接接触终端用户的平台,从而增强了市场的响应速度和服务质量。B2C 模式下的企业,通常是经过正规工商注册的公司,这一点相比于个人与个人之间的交易,更容易获得消费者的信任和认可。在全球范围内,各国 B2C 跨境电商的发展态势各异,但共同展现了巨大的增长潜力和市场活力。联合国贸易与发展会议的报告指出,小型欧洲经济体在 B2C 跨境电商方面走在了世界前列,而发展中国家则显示出迅猛的增长趋势。特别是在中国,B2C 电子商务已经发展成为世界上最大的市场之一,众多知名电商平台如天猫、苏宁易购、当当网等都在积极采用 B2C 模式,推动行业的快速发展与创新。

B2C 电子商务模式彻底改变了企业与消费者之间的交易方式,为消费者提供了一种全新的购物体验。在这种模式下,企业通过创建详尽的电子目录,使消费者能够轻松地浏览和比较不同商品,帮助他们做出明智的购买决策。消费者可以在网站上阅读产品评价,将心仪的商品加入购物车,并选择下单购买或取消购买。此外,消费者还能在线支付并实时追踪订单状态,而企业则通过验证消费者信息来处理订单,完成结算,并提供完善的售后服务。

B2C 电商模式的核心特点包括交易的在线化、全球化以及服务的多样化。与传统商业模式相比,B2C 电子商务展现了三个显著的不同之处。第一,销售渠道的变革。传统商业活动依赖于线下交易和面对面沟通,而 B2C 模式通过互联网使得商品和服务能够 24 小时不间断地向全球消费者开放。消费者主要使用个人电脑或移动设备通过电商平台浏览和选购商品,无须直接与卖家进行交流。第二,商品和服务的范围拓展。与传统商务仅涉及实体商品不同,B2C 交易不仅包含实物商品,还涵盖服务和虚拟物品,如在线课程、电子书等,极大丰富了消费者的选择。第三,合同形式的更新。在传统商务中,合同通常需要双方协商后共同签订,而在 B2C 模式下,合同通常采用电子商家预先设定的标准条款,消费者通过在线接受这些条款来完成购买行为。

B2C 电子商务模式的发展不仅为消费者带来了极大的便利,也为企业开辟了向全球市场拓展的新途径。这种模式通过简化交易流程、拓宽商品与服务的范围,以及提供更加灵活的合同形式,标志着商业活动向数字化、全球化和个性化方向的重大转变。

3. C2C 模式

C2C 模式即消费者对消费者的交易模式,代表了互联网时代下个人之间交易的一种进步形态。这一模式允许个人卖家在电子商务平台上直接向个人买家销售商品或提供服务,实现了传统市场交易活动的网络化。C2C电商平台作为这种交易的中介,提供了一个易于使用的界面,让消费者可以方便地进行网上竞价、议价,完成购买行为。借助先进的互联网技术和在线支付系统,C2C交易模式让个人间的买卖活动更加快捷和安全。在C2C模式下,电商平台通常对买卖双方开放免费使用,将原本的线下市场活动迁移到线上,使得商品的流通更加广泛,但同时也导致了市场上商品质量的不一致性。这种模式下,既有全新的正品商品,也有二手或仿制品,因此,买家在进行交易时需要具备一定的辨识能力。C2C电子商务的兴起不仅改变了人们的消费习惯,也为中国经济的发展注入了新的活力,成为推动经济增长的一个重要因素。通过为个人经营者和消费者提供便捷的交易平台,C2C模式激活了更广泛的市场参与者,促进了消费者之间的直接交流和商品的流通,展现了互联网经济时代下的交易新趋势。

C2C跨境电商模式颠覆了传统贸易的地理和时间约束,为个人买卖双方提供了一个无须实体经营场所和工商登记的交易平台。这种模式下,平台仅作为交易的中介,并不参与买卖过程,从而为交易双方提供了更大的价格自主权和灵活的定价机制。具体来说,C2C跨境电商模式主要具有以下几个特点。

第一,交易方式虚拟化。C2C模式通过互联网平台实现了交易方式的彻底虚拟化,使个体卖家和买家能够在没有实体店面和传统商业注册要求的情况下进行交易。这种模式下,卖方仅需在电子商务平台上注册并缴纳保证金,即可开展销售活动,而买方只需创建账户就可以开始购物,大大降低了参与在线交易的门槛。虽然C2C电商极大地便利了个人间的交易,但其全程在线的交易过程和第三方服务的介入也带来了一定的隐蔽性问题。交易双方往往无法直接获取对方的真实信息,对卖家的交易资质及商品的合规性难以核实。这种匿名性可能导致购买后的服务保障缺失,增加了消费者维权的难度。在这样的交易环境中,消费者面临的不确定性和风险较高,售后保障和权益维护成了C2C模式下亟待解决的问题。

第二,货币支付电子化。在C2C电子商务模式中,货币支付的电子化是通过先进的第三方支付平台来实现的,如网上银行和支付宝等。这种支付方式为买卖双方提供了一个安全的资金转移渠道,有效避免了直接金钱交换带来的风险。C2C电商模式下的支付电子化体现了互联网时代交易方式的一大进步,不仅使交易更加快捷方便,还为在线交易的安全性和信任度提供了有力保障。这种模式有效地利用了现代支付技术,为消费者和个体卖家创造了一个更加安全、高效和便捷的交易环境。

第三,交易便捷灵活化。在C2C模式下,电子化的支付系统通过引入第三方支付平台,极大地增强了交易的安全性和便捷性。这种支付方式允许买家将款项先行支付至第三方平台,只有当买家确认收到商品或服务完成后,款项才会转给卖家,有效地降低了交易风险。若交易存在争议或买家对商品或服务不满意,则可以利用平台提供的退货退款机制来解决问题,确保自己的权益得到保护。此外,C2C模式的电子化支付彻底摒弃了传统交易中烦琐的合同签订和账单核对过程,实现了交易过程的无纸化,从而降低了交易成本并提升了效率。这种支付方式不仅为消费者和卖家提供了方便快捷的支付渠道,也为整个C2C电子商务生态带来了更加流畅和高效的运作模式。

4. C2B 模式

C2B模式即消费者对企业模式,代表了一种创新的商业运作方式,其中消费者的需求和偏好直接影响企业的产品设计和生产。这种模式颠覆了传统的生产先行逻辑,将消费者置于商业交易的中心位置,允许他们主动表达需求,而企业则根据这些反馈来调整或定制产品,确保生产的商品能够更准确地满足市场需求。在C2B模式中,消费者不再是被动接受产品的一方,而是变成了参与产品创造过程的重要角色。这种模式的实施,有效促进了消费者个性化需求的满足,同时帮助企业实现了更为精准的市场定位和生产计划,从而降低库存积压风险,减少不必要的成本开销。C2B模式不仅提高了企业的运营效率,也增强了消费者的购买体验和满意度,是一种双赢的商业模式。

C2B模式代表了互联网商业模式的一大创新,它颠覆了传统商业的交易流程,将消费者的需求置于商业活动的核心。这种模式的显著特征体现在几个关键方面。

第一,消费者主导性的显著提升标志着 C2B 模式与传统商业模式的本质区别。在这一模式下,消费者的需求直接决定企业的生产和供应链安排,即"需求拉动供应"。这种做法不仅能更精确地满足消费者的个性化需求,还能利用大数据算法向消费者精准推荐商品,极大地促进了产品的销售和消费。

第二,C2B 模式要求企业具有高度的市场敏感性和灵活的生产能力。企业需要通过各种营销活动吸引足够的客户流量,确保有足够的订单量来维持生产。这种模式下,客户流量和成交率成为影响企业盈利能力的关键因素。若消费基数不足,生产成本可能会超过产品价值,从而影响企业的盈利。

第三,C2B 模式对供应链管理提出了更高的要求。由于消费者可能对产品有特定的定制需求,这就要求企业在原材料采购、设计、生产等环节具有高度的灵活性和快速的响应能力。企业必须拥有高效、灵活的供应链体系,以适应消费者需求的快速变化。

第四,盈利模式的多样化是 C2B 特征之一。由于消费者需求的多变性,企业在成本控制和定价策略上面临挑战。一些企业可能通过提高产品价格来实现利润最大化,而另一些企业则可能通过降低成本、提高销量来寻求盈利。这种盈利策略的选择很大程度上取决于企业的行业特性和市场定位。

C2B 模式通过强化消费者在商业交易中的主导地位,推动了产品和服务供给的个性化和多样化,为企业带来了新的生产和销售机会,同时也对企业的市场策略、生产流程和盈利模式提出了新的挑战和要求。

(二)按照经营产品的类别划分

跨境电商按照经营产品的类别进行划分,主要分为两种类型,即综合型和垂直型。

1.综合型跨境电商

综合型跨境电商平台以其广泛的产品线和多元化的服务为特色,覆盖了从家居用品、健康保健品到美食、箱包、家电乃至彩妆等众多品类。这类电商平台并不将自己限定在特定的市场细分或目标消费群体上,而是致力于提供一个全方位的购物体验,满足不同消费者的多样化需求。

通过聚合各种商品和服务,综合型跨境电商,如网易考拉、洋码头、京东国际和天猫国际等,成了消费者探索和购买全球商品的重要门户。这些平台的经营策略主要是通过提供广泛的产品选择来吸引和留住顾客,同时,平台也通过增加额外的服务,如物流跟踪、客户服务和售后支持等,来增强消费者的购物体验。综合型跨境电商的优势在于能够在单一平台上满足消费者的多元需求,从而吸引更广泛的顾客群体。同时,这种模式也带来了更大的挑战,包括维持高质量的客户服务、处理复杂的物流需求以及管理庞大而多样化的商品库存。

2. 垂直型跨境电商

垂直型跨境电商平台专注于特定的产品种类或针对特定的消费者群体,在细分市场中进行深入发展和探索。这种电商模式通过聚焦某一特定领域或目标群体的需求,提供高度专业化的商品和服务,以满足消费者对质量和专业性的高要求。与综合型跨境电商相比,垂直型跨境电商更加注重在其选择的领域内探索深度和广度,通过精细化管理和专业化运营,建立起品牌的专业形象和市场竞争优势。例如,安克创新专注于数码充电领域,力求成为全球领先的充电品牌,通过不断提高产品质量和创新能力,向全世界展示中国"智造"的实力。梦百合则在功能性家居用品上下功夫,通过科研投入和产品创新,成为家居用品领域的领跑者,拥有多项全球性的发明专利。三雄极光专注于绿色节能照明产品的研发和生产,提供全方位的照明解决方案和专业咨询服务,力图成为中国灯具品牌中的佼佼者。

垂直型跨境电商的优势在于能够更精确地捕捉目标市场的需求动态,并快速响应市场变化,为消费者提供更加个性化和专业化的产品选择。同时,这种模式有助于企业积累专业知识和技术优势,形成独特的竞争壁垒。然而,这也要求企业在选定的领域内持续进行技术创新和市场开拓,以保持其市场地位和品牌影响力。

（三）按照网站开发与运营主体划分

随着全球电商领域的快速发展和竞争加剧,跨境电商平台为了满足日益增长的消费者需求和提升用户购物体验,不断探索和实施创新的运营策略。这些策略旨在优化跨境购物流程,确保商品品质,提高效率。目前,跨境电商运营模式主要分为自营型和第三方型两大类,每种模式都有其独特的优势和运营特点,共同推动跨境电商行业的持续发展和消费者服务质量的提升。

1. 自营型跨境电商平台

自营型跨境电商平台通过直接控制商品的选品、采购、销售到物流的全链条运营,为消费者提供了高效且质量可控的购物体验。这种平台模式允许电商直接与品牌方或供应商建立合作关系,获取产品的代理或经销权,从而确保平台销售的商品种类多样且具有竞争力。通过海外直采或与国际供应商直接合作,自营型平台能够在保证商品品质的同时,有效控制成本,为消费者提供具有价格优势的正品商品。此外,自营型平台还拥有完整的物流和仓储系统,可以提供快速、安全的物流服务以及专业的客服和售后支持,从而保证消费者在购买、支付、收货及售后环节的整体满意度。自营型平台如考拉海购、唯品国际、蜜芽等,通过一站式的服务模式,让消费者享受到便捷的跨境购物体验。

自营型跨境电商平台主要有以下特征。

第一,产品品类较为单一。自营型跨境电商平台以其独特的运营模式在市场中占据一席之地,其显著的特征在于产品品类的专一性。由于平台自行负责运营和管理,包括商品的选择、采购、销售及物流等环节,因此在品牌和商品种类的管理上相对集中。这种经营方式使得自营型平台在提供商品和服务时更加专注和精准,但也限制了其商品种类的广泛性。自营型跨境电商平台可以进一步划分为综合自营型和垂直自营型两类。综合自营型跨境电商平台尽管比垂直自营型拥有更广泛的商品品类,试图覆盖更多的消费需求,但与依托大量第三方商户的平台相比,其商品种类和品牌丰富度仍有限。相对而言,垂直自营型跨境电商平台则更加聚焦于特定的消费领域或目标市场,深入研究和满足特定消费群体的需求,虽然其商品品类更加单一,但在所专注的领域内能够提供更专业和更具深度的商品和服务。

第二,供应链全程可控。自营型跨境电商平台通过其综合性的供应链管理策略,确保了从产品源头到消费者手中的每一个环节都在其控制之下,为消费者提供了一个高质量、高效率的购物环境。这种平台以其独特的运营方式,直接与国际供应商建立联系,确保了商品的原产地直供,大幅提升了商品的质量和供应的稳定性。同时,通过建立和维护自身的海外物流网络,自营型平台能够有效地保障商品在运输过程中的品质,减少物流环节中的损耗和延误,确保商品能够快速、安全地送达消费者手中。此外,自营型跨境电商还提供了包括商品展示、交易处理以及售后服务在内的一站式服务,这不仅使得消费者能够享受到便捷的购物体验,也大大提高了服务的响应速度和质量。

第三,自建物流体系。自营型跨境电商平台为了提供更加高效和可靠的服务,往往选择构建自己的物流网络。这一战略不仅涉及从源头到终端的物流控制,还包括建立和运营自有的仓储设施,以确保在跨境交易中能够提供快速且高效的物流服务。例如,考拉海购通过在国内多个保税区设立大规模的保税仓储,实现了对物流流程的精确控制和优化,有效缩短了商品的配送时间,提高了物流效率。此外,考拉海购在宁波设立的现代化、智能化保税仓示范了如何通过技术创新来进一步提升物流服务的质量和效率。通过扩展至华南、华北和西南等地的保税物流中心,以及计划开通的国际物流仓储中心,考拉海购能够覆盖更广泛的地区,为消费者提供更加便捷、快速的跨境购物体验。自建物流体系的策略,使得自营型跨境电商平台在物流和售后服务方面具有更大的优势,能够更好地满足消费者对于商品快速配送和高质量服务的需求。这种对物流全链条的控制和优化,不仅提升了消费者的满意度,也为平台赢得了更高的市场竞争力。

第四,仍存在假货风险。尽管自营型跨境电商平台通过严格的供应链管理和自建物流体系努力保障商品的真实性和质量,但假货问题仍是一个挑战。即使是采用保税仓进口方式,并得到境外商家的直接授权,完善的检验检疫机制也难以完全杜绝假货风险。供应链的每一个环节,从进货、国际物流、保税仓储、包装到最后的国内配送,都需要严格监管,任何环节的疏漏都可能导致假货流入市场。这一问题不仅影响消费者的权益,也损害了平台的品牌信誉。因此,虽然自营型跨境电商平台在提供优质服务方面取得了显著成就,但在确保商品真实性方面仍面临挑战,需要持续加强监管和改进措施。

2. 第三方型跨境电商平台

第三方型跨境电商平台运作模式主要聚焦于为入驻的境外零售商和品牌提供一个数字化的展销空间,平台本身不直接涉足商品的采购、库存管理及物流配送等实体操作。这种模式的平台吸引拥有正规海外零售资格和品牌授权的商家入驻,使其能在平台上展示并销售进口商品。需要强调的是,所有在售商品都是直接从国外生产和销售点采购,或由授权的海外商家直接向国内消费者邮寄,确保消费者能够购买到原装进口的正品。

第三方型跨境电商平台主要有以下特征。

第一,进口商品种类丰富。第三方型跨境电商平台以其独特的运营模式成为国际贸易的重要桥梁,特别是在进口商品的种类和数量上展现出巨大的优势。这类平台通过提供展示、营销和支付等服务,吸引了来自全球各地的商家入驻,而不直接涉足商品的实际采购、仓储和物流环节。这种运营策略使得平台能够轻松扩大商品的品类和数量,无须承担库存和采购成本的压力。为了进一步增强平台的市场竞争力和吸引力,第三方型跨境电商平台通常会采取各种措施来降低商家的入驻门槛和提供优惠政策,从而丰富平台上的商品种类和提高商品数量。例如,天猫国际就通过实施一系列扶持政策,成功吸引了来自全球 87 个国家和地区的近 3 万个境外品牌入驻,商品覆盖了 5800 多个品类。这不仅为消费者提供了广泛的商品选择,也使天猫国际成为跨境消费者的首选购物平台。这种模式下的第三方跨境电商平台,通过有效地连接全球供应商和国内消费者,推动了跨境电商的快速发展和繁荣。同时,平台的多样化商品供应也满足了消费者对于高质量、多品类进口商品的需求,进一步促进了国际贸易和文化的交流。

第二,依托第三方物流。第三方型跨境电商平台虽然为商家和消费者提供了便捷的交易空间,但由于平台本身不直接介入商品的物流运输过程,传统上使得物流服务的稳定性和时效性面临挑战。商家需要自主与物流服务提供商合作,这种模式下的物流体验、到货速度以及服务质量往往无法得到统一的保障,一旦出现物流问题,售后服务和维权也会相对复杂。然而,为了提升用户体验和解决物流服务中的潜在问题,一些第三方跨境电商平台开始与专业的第三方物流公司建立合作关系。例如,天猫国际通过与菜鸟物流等合作伙伴联手,利用阿里巴巴庞大的物流网络资源,构建了一个覆盖全球的智能物流网络。这不仅优化了物流配送的效率和安全性,还通过提供进口保税、海外直邮和进口现货等多种物流方案,确保了物流过程的全程可控性和责任追踪的明确性。通过这种模式,第三方跨境电商平台成功弥补了自身在物流方面的不足,为消费者带来了更加安全、便捷的购物体验。这种创新的物流合作模式不仅提高了物流服务的质量和效率，也为整个跨境电商行业的健康发展提供了有力支持。

第三，售后服务有待完善。第三方型跨境电商平台虽然在保障消费者权益方面采取了一系列措施，如对商家的监督和对销售问题商品的惩罚机制，旨在提供安全的购物环境。但是，由于这种平台模式所涉及的进口商品供应链环节繁多，品牌方或代理商、电商平台、仓储和物流服务商等多个主体共同参与，一旦出现商品质量或安全问题，责任的界定往往复杂且难以追踪，使得消费者的维权过程变得困难重重。这种多方参与的供应链结构，虽然在一定程度上丰富了商品种类和提升了市场活力，但在后续的售后服务和消费者权益保护上却显得力不从心。维权过程的复杂性不仅延长了解决问题的时间，也增加了消费者的不满情绪，影响了整体的购物体验。因此，尽管第三方跨境电商平台在售前提供了便利和丰富的商品选择，但在售后服务方面仍需进一步完善和加强，特别是在消费者维权机制和责任归属的明确上，需要更加透明和高效的解决方案，以构建更加健全和可靠的消费者保护体系。

第四，监管困难。在第三方型跨境电商平台的运营模式中，平台扮演着连接全球商家与本地消费者的桥梁角色，但这种模式同时伴随着监管的挑战。由于平台本身不直接涉及商品的采购与质量控制，而是依赖于入驻的海量商家提供商品，这就使得全面的质量监管成为一项艰巨的任务。尽管平台为了维护自身的声誉和消费者权益，设立了一系列入驻标准和运营规范，但在实际操作中，鉴于商家和商品数量庞大，彻底的质量把控和资质审查仍旧存在不小的挑战。此外，消费者对于第三方型跨境电商平台的信任度也受到了平台历史形象和消费习惯的影响。以天猫国际为例，尽管其背靠淘宝网的强大流量，为消费者提供了广泛的境外商品选择，但长期以来淘宝网的市场定位和消费者对其的固有认知，使得部分消费者对天猫国际上商品的真实性存有疑虑。因此，对于这类平台而言，如何通过有效的监管措施来减少假冒伪劣商品的流通，提升消费者对平台及其销售商品的信任度，成为亟须解决的问题。

因此，第三方型跨境电商平台面临的监管困难和消费者信任度的挑战，要求平台不仅要不断完善和严格执行商家入驻和商品上架的审核机制，还需要通过透明的运营和有效的消费者沟通,以及建立健全的假货投诉和处理机制,来增强消费者的信心,从而提升平台的市场竞争力和可持续发展能力。

(四)按照商品流动方向划分

根据商品流动的方向,跨境电商业务可以被划分为两大类:出口跨境电商和进口跨境电商,两者共同构成了中国跨境电商市场的主要架构。

1.出口跨境电商

出口跨境电商主要涉及将国内生产的商品销售到全球市场。这一模式利用互联网平台突破了传统出口的地理限制,为国内企业打开了广阔的国际市场。随着国家对跨境电商的政策支持和鼓励,出口跨境电商已经成为推动中国制造走向世界的新引擎。政府持续推动外贸企业的数字化转型,以出口为主导的政策导向明确,促进了出口跨境电商的持续增长和产业升级。

2.进口跨境电商

进口跨境电商主要指国内消费者或企业通过电商平台引进海外商品。随着中国经济的快速发展和消费升级,国内市场对海外高品质商品的需求日益增长。进口跨境电商正是在这一背景下应运而生,快速发展。它不仅为消费者带来了更多选择和便利,也促进了国内外贸易的平衡发展。虽然,当前进口跨境电商面临一些政策和市场环境的不确定性,但随着政策逐渐明朗和市场需求的持续扩大,其发展前景依然被看好。

总体来看,无论是出口还是进口跨境电商,都在促进国际贸易的便利化,提升中国在全球贸易网络中的地位。出口跨境电商加速了中国产品的国际化进程,而进口跨境电商满足了国内消费者对高质量国际商品的需求,两者相辅相成,共同推动了跨境电商行业的繁荣发展。

第二节　跨境电子商务的基本理论

在厘清跨境电商概念与分类的基础上,本节深入探究其运行的底层逻辑。跨境电商不仅是技术革新下的商业模式变革,更是全球化贸易体系的重构。为此,本节引入生态系统理论剖析其多主体协同机制,依托国际贸易理论阐释其效率优势,结合交易成本理论解释其技术驱动的本质,从而构建多维度的理论分析框架。

一、生态系统理论

(一)系统论

系统论的精髓在于通过整体的视角分析和处理问题,将目标事件或问题视为一个互相连接、相互作用的整体系统。它强调了组成部分之间的相互依赖和作用,以及系统与外部环境之间的动态交互。在系统论的框架下,一个系统被看作是一个有机整体,其功能和表现是由系统内部的各个要素及其相互关系所决定的,同时也受到外部环境因素的影响和制约。系统的基本属性包括整体性、层次性、动态平衡性、相互关联性和时空性,这些特性共同定义了系统的内在运作机制和对外部变化的适应过程。

系统论应用于跨境电商领域,可以将跨境电商视为一个复杂的经济系统,其中包括供应商、消费者、电商平台、物流和支付平台等内部构成要素,以及政策、经济、社会、技术等外部宏观环境。在这个经济系统中,各要素之间进行着密切的信息、资源和资金的流动,共同推动跨境贸易的经济活动。这种视角有助于我们深入理解跨境电商活动的内部结构和运作机制,以及它们是如何在宏观环境的影响下发展和演化的。通过系统论的分析,我们可以更好地识别和优化跨境电商系统中的关键要素和流程,提高系统的效率和效能,从而促进跨境电商行业的健康发展与创新。

(二)商业生态系统理论

商业生态系统理论源自对自然生态系统深入的理解和借鉴,此概念首次由经济学家詹姆斯.F.穆尔在《哈佛商业评论》中提出,用以描述在商业领域内各种组织和个体之间复杂的相互作用和依赖关系。这一理论通过将自然界的生态系统原理应用于商业环境,强调了在动态竞争和合作中形成的企业网络及其与环境之间的相互影响。

在商业生态系统中,企业不再是孤立存在的个体,而是处于一个由供应商、消费者、生产者、销售者、市场中介、投资者以及政府等组成的复杂网络之中,它们通过资源共享、互惠互利的合作关系共同促进整个系统的繁荣和发展。核心企业在这一系统中起着关键作用,不仅推动自身能力的提升,也通过协同作用促进整个商业生态的健康发展。此外,商业生态系统理论强调参与主体之间的相互依存与协作,以及对社会、环境和经济综合效益的共同追求,旨在实现可持续发展和长期繁荣。这种理论视角为我们提供了一种全新的理解商业活动和企业战略的方式,强调了在全球化和信息化时代,企业成功的关键不仅在于单个企业的竞争力,更在于如何有效地融入和优化所处的商业生态系统,通过构建和维护健康的生态环境来实现共赢和持续增长。

跨境电商生态系统融合了跨境电商内部运作与外界环境的交互,形成了一个由内部电商活动子系统和外部环境子系统组成的多元复合体。这一系统体现了跨境电商活动与外部因素如政策、经济和技术等相互作用的动态关系。

（三）协同学理论

协同学理论由物理学家赫尔曼·哈肯在 20 世纪 70 年代提出,是一门探讨开放系统在远离平衡状态下,如何通过内部相互作用实现从无序到有序转变的跨学科领域。这一理论提供了一个框架,用于理解复杂系统在能量或物质交换过程中如何自我组织,进而形成稳定而有序的结构和功能。它融合了系统论、控制论、信息论等多领域的理论成果,并广泛应用数学模型和数据分析方法,以揭示系统内部协同效应如何促使系统整体向更高层次的有序状态演进。

协同学的核心在于研究系统内部元素之间的相互作用及其对整体性质的影响,特别是在系统面临外部挑战或内部变化时,这些相互作用如何驱动系统适应、调整并最终达到新的平衡状态。通过定性和定量的综合分析,协同学揭示了从微观个体行为到宏观系统特性的演变规律,为理解和指导复杂系统的管理与优化提供了理论基础。

二、国际贸易理论

（一）比较优势理论

大卫·李嘉图,一位英国经济学家,通过他的著作《政治经济学及赋税原理》为后世留下了一个重要的经济理论——比较优势理论。这一理论在国际经济学中占有举足轻重的地位,它揭示了国际贸易发展的内在逻辑及其产生的经济利益。李嘉图的比较优势理论强调,在全球贸易的舞台上,不同国家之间的竞争力并非仅仅取决于谁拥有更高的生产效率或技术水平,关键在于每个国家能够生产哪些商品的成本相对较低。即便是技术较为落后的国家,也能在某些领域展现出比较优势,通过专注生产并出口具有相对成本优势的商品,进而从国际贸易中获益。该理论指出,国家在决定其出口与进口商品时,应考虑自身在哪些产品上具有相对成本优势,以及在哪些产品上相对劣势。国家应专注于生产成本相对较低的商品进行出口,并从其他国家进口那些自身生产成本较高的商品。通过这种方式,各国可以实现资源的最优分配,最大化经济效益。李嘉图通过比较优势理论解释了贸易如何促进国家之间的经济互补,以及如何通过优化全球资源配置来提高总体福祉。这一理论不仅解答了国际贸易的动因,还阐明了贸易能够为各参与国带来何种利益。

比较优势理论在国际贸易中的核心观点是,国家间在生产不同商品时表现出的劳动效率存在差异,这种差异导致各国在某些产品上具有相对的生产成本优势。因此,国家倾向于出口那些自身生产相对高效的商品,而从其他国家进口在本土生产较为低效的商品,以此补偿自身的生产不足。进一步深化比较优势理论的是一批当代经济学家的研究,其中包括美国的保罗·克鲁格曼和吉恩·格罗斯曼,以及以色列的埃尔哈南·赫尔普曼。他们的研究不仅强调了规模经济和产品差异化的重要性,而且为比较优势理论融入了新的维度,推动了经济学研究向更加符合复杂的现实世界的方向发展。克鲁格曼、格罗斯曼和赫尔普曼的贡献在于,他们考虑了市场规模、产品多样性以及技术进步等因素如何影响国家之间的贸易模式。这些因素的加入,使得比较优势理论更加丰富和适应现代国际贸易的复杂性。基于这些新的理论框架,其他学者进一步探索了如何从专业化、技术差异、政治经济制度、战略互动以及经济发展演化等多角度,深化对比较优势的理解和应用。这一新的研究,不仅加深了我们对国际贸易动因的理解,还揭示了在全球化经济中不同国家如何通过专业化和合作,实现资源的最优配置和经济效益的最大化。

埃尔哈南·赫尔普曼和保罗·克鲁格曼在探索比较优势理论时,采用了垄断竞争模型作为分析工具,重点研究了市场竞争程度、产品需求,以及自由市场进入对经济行为和国际贸易格局的影响。他们的研究成果深化了我们对国际贸易动因及其对消费者和生产者影响的理解。在这一理论框架下,赫尔普曼和克鲁格曼指出,市场的竞争激烈程度直接影响到产品需求的规模:竞争越激烈,消费者对产品的需求就越大。随着需求的增加,市场上的利润空间也随之扩大,促使更多的产品种类进入市场,从而满足消费者对多样化产品的需求。这一发现表明,在封闭的经济体系中,产品的多样性受到限制,而开放的贸易体系能够显著增加商品的种类和质量,为消费者提供更广泛的选择。此外,他们还分析了贸易如何通过增加消费者需求的弹性来促进生产厂商规模效率的提升。在这个过程中,每个厂商都因为规模经济的作用而找到了自己在全球市场中的竞争优势。克鲁格曼较早期的工作也强调了国内市场规模对于国家在全球市场中比较优势的重要性,并探讨了这一因素在不同环境下所表现出的静态和动态优势。进一步的实证研究支持了这些理论观点,显示出口商通常具有比仅面向国内市场的厂商更大的规模,并且厂商及其产业的规模与其出口量呈正相关关系。这一发现强调了开放贸易对促进产业规模扩张、提高生产效率以及增强国际竞争力的重要作用。

根据赫尔普曼和克鲁格曼的研究方向,梯伯特进一步深化了对比较优势理论的理解,特别是在递增性内部规模收益对于经济模型的影响方面。这位学者提出,内部规模收益的递增性不仅是比较优势的一个重要源泉,而且在几个关键领域对传统理论进行了显著的扩展和改进。首先,该学者指出这种模型为专业化提供了一个全新的解释框架。即使在贸易伙伴间技术水平和资源比例相等的情况下,由于规模收益的递增性,专业化仍然能够带来显著的经济收益。这一点打破了传统比较优势理论中的一些约束,展示了在相似条件下国家之间贸易的潜在价值。其次,这种模型强调了拥有较大国内市场的厂商在全球竞争中的优势地位。这是因为大规模的国内市场可以更有效地利用规模经济,从而在国际市场上获得竞争优势。最后,引入递增性内部规模收益的概念,该模型有助于揭示贸易、生产效率以及经济增长之间的复杂关联。这种理论框架为理解全球化经济中各国互动提供了更深刻的洞见,特别是如何通过贸易促进生产力的提升和经济的持续增长。

（二）交易成市理论

交易成本理论,最初由诺贝尔经济学奖得主科斯在 1937 年提出,核心观点是市场中的资源分配和交易行为受到交易成本的影响。按照理论的假设,在不存在交易成本的理想市场中,资源的配置能够自动达到最优状态,因为所有权的转移不会受到成本的制约。然而,现实情况是交易成本无处不在,从而影响了资源的有效配置和所有权的划分。这一理论对国际贸易领域有着直接的应用和深远的影响。在跨国贸易中,交易成本表现为各种形式,包括但不限于货物运输成本、税收、关税以及与合同执行相关的成本等。这些成本不仅增加了国际交易的复杂性,还可能抑制企业拓展海外市场的动力,因为高昂的交易成本会蚕食企业的利润空间,降低贸易的整体效率。国际贸易中的高交易成本不仅影响企业的出口动机,还会影响国家的对外贸易政策和营商环境。国家如果不能有效地管理和降低这些成本,可能会损害其吸引外资和参与国际贸易的能力,进而影响国家经济的增长和发展。

鉴于交易成本在国际贸易中的重要作用,贸易便利化策略的实施变得至关重要。通过简化海关程序、优化物流系统、减少贸易壁垒等措施,可以显著降低交易成本,从而激发企业的出口意愿,提高国际贸易的效率。此外,贸易便利化还能促进国际市场更加紧密的经济合作,为全球经济增长提供动力。

跨境电商交易作为一种基于互联网平台的国际贸易新形式,有效地改变了商品和服务的交易方式。它在本质上遵循传统国际贸易的理论架构,同时借助网络技术的力量,显著降低了交易成本,提高了交易效率。这种商业模式利用互联网的广泛连接性,突破了地理和时间的界限,为全球范围内的买卖双方提供了一个便捷、高效的交易平台。

通过应用交易成本理论到跨境电子商务领域,我们可以更深刻地理解其如何通过减少各种成本来优化国际贸易流程。首先,互联网平台极大降低了市场搜索成本,使得买卖双方能够轻松地发现、对比和选择全球范围内的商品和服务。这种透明度的提高,减少了买家寻找合适商品所需投入的时间和金钱。其次,跨境电商平台通过提供详细的产品信息、用户评价和即时沟通工具,有效减少了信息不对称的问题。这不仅增加了交易的透明度,也提高了消费者的信心,减少了潜在的欺诈风险和误解。再次,通过简化交易流程和采用电子合同,跨境电商降低了契约成本。对于许多小额交易,这种模式提供了一种高效的解决方案,使得买卖双方能够快速达成协议并执行交易,同时减少了库存和囤货的风险,加速了资金和商品的流转速度。最后,跨境电商还通过提供直接的制造商到消费者的渠道,省去了中间环节,进一步压缩了成本,使得产品价格更具竞争力。同时,它也为小型和中型企业提供了进入国际市场的机会,这些企业以前可能因为高昂的国际营销和分销成本而无法参与到国际贸易中。

总的来说,跨境电商通过利用互联网技术,不仅提升了国际贸易的效率和便利性,也为全球经济的融合和增长开辟了新的途径。它证明了交易成本理论在现代商业活动中的实际应用价值,特别是在促进贸易便利化和降低国际交易障碍方面发挥了重要作用。随着技术的进步和全球化的深入,跨境电商的发展将继续为世界经济贡献力量。

(三)自由贸易理论

自由贸易理论始终占据着国际经济学研究的中心地位,其发展历程标志着经济思想的进步和国际贸易实践的深化。从亚当·斯密的绝对优势理论,到大卫·李嘉图的比较优势理论,再到新古典经济学家关于要素禀赋的探讨,自由贸易理论逐步形成了一个完整的体系,为全球经济的互联互通和资源的有效配置提供了坚实的理论基础。

亚当·斯密在《国富论》中首次系统阐述了自由贸易的理念。他认为,各国因资源禀赋的差异,在生产某些商品上具有绝对的成本优势,通过专注生产这些商品并与其他国家进行自由交易,可以提高全球的生产效率和增加物质财富。斯密的思想揭示了国际分工的经济逻辑,为自由贸易理论奠定了基础。继斯密之后,大卫·李嘉图进一步发展了这一理论,提出了比较优势理论。李嘉图认为,即使一个国家在所有商品的生产上都不具有绝对成本优势,只要在某些商品的生产上相对更有效率,也应该专注于生产这些商品并进行贸易。比较优势理论的提出,不仅深化了对国际贸易机制的理解,还为实际贸易政策的制定提供了理论依据。

随着经济学的发展,新古典经济学家将研究视角扩展到了生产要素的国际流动。要素禀赋理论认为,国与国之间的贸易基于生产要素(如劳动和资本)的差异,通过专门生产利用本国丰富生产要素的商品,可以实现生产要素的高效配置,促进经济结构的优化和资源分配的均衡。这一阶段的理论研究不仅涵盖了商品贸易,还包括了资本和劳动等生产要素的国际流动,为理解全球化下的经济互动提供了更加全面的视角。自由贸易理论的核心,在于鼓励国家之间取消进出口贸易的限制,通过各国之间的合理分工和专业化生产,实现商品和生产要素的自由流通。这种理论不仅推动了全球经济的发展,还促进了全球的技术进步和文化交流。自由贸易的实践证明,开放的经济体制能够为各国带来更大的福利,通过贸易促进经济增长,提高人民生活水平,减少贫困。

然而,自由贸易也面临着挑战和批评,如贸易保护主义的抬头、国际贸易中的不平等问题以及对环境的潜在影响等。因此,现代自由贸易理论和政策也在不断地适应新的全球经济环境,寻求平衡贸易自由化的好处与其带来的社会、经济和环境问题之间的关系。

(四)产业集聚理论

在经济学的众多分支中,产业集聚理论以其独特的视角为现代工业发展和区域经济增长提供了深刻的洞见。德国经济学家阿尔弗雷德·韦伯通过他的工业区位理论,首次系统地探讨了企业如何选择最佳的生产地点以降低成本和提高效率。韦伯的理论不仅揭示了企业地理分布的经济逻辑,还阐明了产业集聚过程中的逐步演进机制。

韦伯认为,企业在寻求生产成本最低化的过程中,倾向于向某些特定区域集聚,这种现象在经济发展的不同阶段表现出不同的特征。在产业集聚的初期阶段,企业通过规模的扩张实现成本的节约,这一阶段主要是产业自身的集中化过程。随着发展进入第二阶段,企业之间的相互联系加强,组织方式优化,形成了更加复杂的产业聚集模式。这些集聚地区因企业间的互联互通和专业化分工,成为产业创新和经济增长的热点区域。产业集群的形成不仅促进了企业生产的专业化和规模化,还显著降低了交易成本,使得直接参与市场交易的买卖双方能够从中受益。在没有集聚效应的情况下,企业之间的恶性竞争和资源信息的不共享可能导致发展停滞。相反,产业集聚通过促进信息共享和协同合作,避免了这种负面情况的发生。此外,随着电子商务的兴起和发展,产业集聚理论在数字经济领域同样适用。在良好的电商竞争环境下,各行业和企业形成了一个紧密相连的经济生态圈,其中正外部经济效应的多向生成促进了信息流、物流、资金流的创新,为企业提供了一个更为优良的贸易环境。这种环境不仅有利于企业间的合作和知识共享,还促进了新技术的应用和商业模式的创新。

三、营销理论

(一)营销环境理论

企业成功的关键在于精确解读其运营环境。在竞争激烈的商业世界中,企业的持续增长与发展依赖于对其所处的复杂营销环境的全面了解和分析。这一环境既包括宏观层面的经济、政治、社会人口结构、法律法规、文化传统以及科技发展趋势,也涉及微观层面的顾客行为、竞争对手动态以及内部资源和能力的配置。通过综合考量这些外部和内部因素,企业能够设计出适应性强、具有前瞻性的营销策略,从而在市场中脱颖而出,实现其商业目标。精准的市场分析不仅有助于企业捕捉成长机遇,同时也能预警潜在风险,确保企业在不断变化的市场环境中保持竞争力和活力。

(二)市场细分理论

菲利普·科特勒,一位在营销领域享有盛誉的美国学者,提出了一个对市场细分理论的广泛解读。他认为这一理论不仅仅局限于对市场的划分,而且更深入地包含了目标市场的选择以及如何在这些市场中定位自己。科特勒强调,要想在激烈的商业竞争中脱颖而出,关键在于精准地识别并聚焦于特定的消费群体。只有建立在这样的目标客户基础上,企业才能更有效地进行市场定位,将产品或服务与消费者的需求和偏好完美对接。他的观点进一步指出,市场细分、目标市场选择和市场定位的综合运用是企业成功的不二法门,通过这种方法,企业不仅能在市场中竞争,更能够精确地与目标客户建立联系,培养其忠诚度和参与度。

1.市场细分

市场细分作为营销策略的一环,涉及对消费者群体进行深入的分析和研究,旨在识别出不同消费者的特定需求、消费模式和购买力。通过对消费者的购买历史和行为习惯的细致考察,企业能够将广泛的市场划分为更小、更具体的群体,进而为这些细分的市场制定更为精准的营销策略。在市场的海洋中,消费者需求呈现多样化,单一的市场策略很难覆盖所有消费者的需求,因此市场细分成了企业不可或缺的工具。进行市场细分的过程中,企业会考虑包括地理位置、人口统计、心理特征以及购买行为等多个维度,这些维度是影响消费者偏好和需求的关键因素。通过这样的分类,企业能够识别出不同细分市场的独特需求,以及潜在客户的购买动机,从而更有效地定位其产品和服务。

市场细分的实施步骤通常包括几个重要阶段。首先,评估市场的整体规模和潜力,这一阶段是制定市场战略的基础。其次,企业需要深入了解和挖掘潜在客户的核心需求和行为特点,识别出可能影响其购买决策的各种因素。接着,通过对不同目标市场的需求和购买意向的分析,明确市场的细分范围,这一分析阶段对于确定如何有效地触达目标客户至关重要。最后,企业将基于前期的分析结果,进一步细化和界定各个细分市场,确保营销策略的针对性和有效性。有效的市场细分不仅仅是将消费者随机分类,而且要基于深刻的市场洞察和客户理解,确保每一个细分市场都能够准确反映消费者的真实需求和偏好。

2. 目标市场

杰罗姆·麦卡锡,一位在营销界享有盛誉的美国专家,率先引入了目标市场的重要概念。他的理论强调,企业的市场定位需要紧密围绕一个精确界定的目标受众来展开,这样才能确保产品和服务更好地满足这一群体的具体需求,进而实现市场份额的增长。这种方法论建立在市场细分工作的基础之上,通过识别并专注于特定的消费者群体,企业可以更有效地分配资源,避免资源的浪费,并精确地针对那些具有高潜力的市场。

在确定目标市场的过程中,企业需要进行深入的市场调研,利用各种数据分析工具来揭示市场的多维度特征。这种系统的分析帮助企业揭示了市场的真实情况,包括市场的容量、潜在的增长空间、竞争对手的状况以及企业自身的资源和能力是否足以进入和竞争这一市场。确定并分析目标市场后,企业将面对一系列的评估任务,这包括了解和判断每一个市场细分的价值和可行性。这一过程不仅涉及市场的潜力估计,还包括了对企业能否有效利用自身资源以及是否能够在特定的竞争环境中获胜的评估。正确选择目标市场并据此制定营销策略,是企业成功实施市场营销活动、实现业务增长的关键所在。

在营销领域内,企业面对多样化的市场细分,通常采取不同的策略来实现其市场目标,这些策略根据企业对市场细分的理解和资源分配能力的不同而有所区别。以下是对这些策略的重新解读,旨在深入探讨每种策略的内涵、优势与潜在挑战。

第一,有的企业选择实行统一的市场营销方法,将整个市场视作一个整体来进行营销活动。这种方法的核心在于简化产品线和营销信息,以标准化的方式来迎合广泛的消费者群体。这种做法的显著优点是能够大幅度降低生产和营销成本,由于不需要针对不同细分市场调整产品特性或营销策略,因此能够实现规模经济。然而,这种策略的弱点在于其忽略了市场内部的多样性,特别是在全球化竞争日益激烈的环境下,可能无法满足特定地区或消费者群体的特殊需求,从而失去一部分潜在的市场份额。

第二,差异化市场营销策略认为,通过识别并满足不同细分市场内消费者的独特需求,企业可以更有效地竞争。这种策略的实施通常涉及开发多种产品版本和定制化的营销方案,以适应各个细分市场的具体需求。尽管这种方法可以帮助企业在多个细分市场中获得竞争优势,增加市场份额,但同时也会增加企业的运营成本,包括生产成本、管理成本和营销成本等。此外,企业在多个市场中分散资源可能会导致效率降低,且难以在每个细分市场中都取得最佳效果。

第三,集中型市场营销策略则是企业将注意力和资源集中在一个具有高潜力的细分市场上。这种策略使企业能够深入挖掘该市场的特定需求,利用其专业能力和资源优势,提供高度专业化的产品和服务,从而在该细分市场中建立强大的竞争地位。这种方法对于资源有限的中小企业尤其有利,因为它们可以通过专注于细分市场来避免与大型企业的直接竞争。然而,集中型策略的主要风险在于市场过于依赖单一的市场细分,如果该市场的需求出现变化或遭遇不利的市场条件,企业的业绩和生存可能会受到严重影响。

综合考虑,每种目标市场策略都有其独特的优势和限制。企业在选择适合自己的市场营销策略时,需要综合考虑自身的资源能力、市场环境、产品特性和生命周期等因素,以及竞争对手的行为,从而做出符合自身发展目标和市场条件的最优选择。正确的策略选择不仅可以提高市场份额,还能增强企业的市场竞争力和品牌影响力。

3. 市场定位

在现代市场竞争中,企业的成功很大程度上依赖于其市场定位的策略。市场定位涉及对目标消费群体的细致分析,旨在为他们提供量身定制的产品和服务,以满足其特定需求和偏好。这个过程不仅仅是提供与众不同的产品体验,更关键的是如何在消费者心中建立一个清晰且独特的品牌形象,使企业的产品或服务与竞争对手区别开来。

通过深入了解目标顾客的期望、行为习惯以及偏好(比如对颜色、设计等的偏好),企业能够开发或调整产品的特性和功能,使之更加符合消费者的要求。这包括对产品的各个方面进行精细化管理,如产品的种类、性能、外形设计、包装方式及品牌建设等,旨在通过这些元素的综合运用,传递给目标顾客一个清晰的信息:该产品是专为他们设计的。

市场定位的成功,依赖于企业能否精准捕捉到消费者内心的需求并给予满足,同时也需要产品本身能够在众多竞品中脱颖而出,为顾客提供独一无二的价值。为此,企业需要遵循几个关键步骤来实现有效的市场定位:首先,确立一个明确的定位目标;其次,识别并强调产品的关键特征,如价格、质量、外观、用户评价等;再次,依据这些特征构建一个属性定位图,以视觉化地展现产品在市场上的位置;最后,选择一个具有竞争优势的定位策略,确保产品能够在目标市场中独树一帜。通过这种系统性的方法,企业不仅能够在消费者心中建立一个强大的品牌形象,还能够促进企业的长期发展,巩固其在市场中的竞争地位。

市场营销理论中的市场细分概念已深入人心,它强调企业需在多变的市场环境中准确定位,针对特定的消费者群体,提供符合其需求的产品或服务,以实现市场的有效开发。市场本质上是一个充满挑战的竞技场,其中充满了不断变化的元素和激烈的竞争。因此,如何在这样的环境中突显自身,成为企业最为关注的问题。为了达成这一目的,企业必须深入研究市场,明确自己的目标客户群,通过提供切合其需求的产品和服务来吸引和保留客户,从而在竞争中占据有利地位。

(三)营销组合理论

1953 年,营销领域专家尼尔·博登首次提出了营销组合这一概念。他的观点是,营销组合代表着企业为了盈利目的,在策划和执行市场策略时,对不同营销元素进行有序且系统的整合与应用的策略。

1.4P 营销理论

在 1960 年,美国营销界的权威人士麦卡锡首次提出了一个划时代的营销概念,即 4P 营销理论,这一理论将产品、价格、渠道和促销视为企业可以控制的四个主要营销要素。几年后,科特勒在其作品中对 4P 营销理论给予了充分的认可和支持,进一步推动了这一理论在营销实践中的应用。

4P 模型强调产品是营销活动的出发点,企业必须首先明确消费者的需求,才能有效地进行市场营销。定价策略需要考虑市场上商品价格的变动,以确保企业能够获取合理的利润。在分销策略方面,保持供应链的灵活性和畅通是适应市场快速变化的关键。而在促销方面,通过有效传达产品信息,激发消费者的购买意愿,是提高市场知名度的重要手段。随着营销学的不断进步,4P 模型也经历了演变和扩展。到了 1981 年,基于对服务营销重要性的新认识,7P 营销理论诞生,增加了人员、物理环境和过程三个维度。科特勒在 1986 年通过进一步研究,在 4P 模型中引入了政策权力和公共关系两个新元素,形成了 6P 理论。他的研究并未停止,而是继续深化,最终形成了包含探查、分割、优先和定位在内的 10P 营销组合理论。

尽管 4P 营销理论为生产型企业提供了一套行之有效的营销框架,但在互联网营销日益成为主流的今天,以消费者需求为中心的营销策略越发受到重视。这是因为 4P 理论在某种程度上忽视了外部环境因素,可能会限制企业把握市场机遇的能力。因此,随着市场环境的变化,营销理论也在不断地适应和更新,以满足时代的需求。

2.4C 营销理论

20 世纪 90 年代初期,美国的营销专家罗伯特·劳特朋引入了 4C 营销框架,这一理念以消费者为核心,重新定义了营销策略的关键要素。这四个要素包括顾客、成本、便利与沟通,它们共同构成了一套以顾客体验为中心的营销方法。通过专注于顾客的需求和体验,4C 理论增强了企业与消费者之间的联系,提高了营销活动的参与度和影响力,同时也促进了企业与顾客之间更有效的互动。4C 营销理论强调企业应当从顾客的视角出发,理解并满足他们的需求,同时关注成本对消费决策的影响,确保购买过程的便捷,以及通过有效的沟通建立与顾客的信任关系。这种以消费者为中心的方法有助于企业建立更深层次的客户关系,从而在竞争激烈的市场中脱颖而出。尽管 4C 营销理论在强调消费者需求和体验方面有其独到之处,但在考虑企业成本控制方面相对欠缺。为了在实践中达到更全面的效果,企业可以将 4C 营销理论与 4P 营销理论相结合,利用 4P 营销理论对成本的关注来平衡 4C 营销理论的消费者导向特性,实现营销策略的全面优化。这种综合应用不仅能够确保满足消费者的需求,还能在成本控制和资源分配方面为企业带来更大的灵活性和效率。

3.4V 营销理论

2001 年,来自中南大学商学院的吴金明教授创新性地提出了 4V 营销理论,这一理论基于消费者的情感和需求,主张通过功能化、差异化、共鸣和附加价值四个维度来塑造产品和服务。这种思路要求对产品和服务有更加灵活和个性化的设计,目的是最大化企业的利润。4V 营销理论突出了追求与消费者情感共鸣和满足他们对独特性与个性化需求的重要性。然而,由于过分强调消费者个体间的差异化,这一理论在具体的营销实践中可能遇到执行难题。因此,为了实现更有效的营销策略,通常建议将 4V 营销理论与其他营销理论中的具体实施元素结合使用,以弥补单一理论的不足。

4.4R 营销理论

基于 4C 营销理论,一些学者进一步发展了 4R 营销理论,将其核心要素界定为顾客反应、相关性、关系建立和奖励机制。这一理念强调营销活动应以关系营销为中心,将企业与顾客视为休戚与共的伙伴,专注于双方的合作与共赢,目的是培养和维护长期的客户忠诚度。4R营销理论认为,通过理解顾客的反馈、确保营销活动的相关性、建立稳固的客户关系以及提供合适的奖励,可以有效增强顾客的满意度和忠诚度。

然而,4R营销理论也面临着挑战,特别是对于那些资源有限的企业来说,持续维护顾客关系在快速变化的市场环境中可能会遇到困难和不确定性。因此,除了专注于建立顾客关系外,企业还需要引入风险管理策略,确保能够在不稳定的市场条件下保持企业的竞争力和顾客基础。这意味着,虽然4R营销理论为企业提供了一种重视顾客关系和忠诚度的营销策略,但其成功实施还需依赖于企业能够灵活应对市场风险和挑战。

第三节　跨境电子商务的发展优势

在掌握跨境电商概念框架与理论逻辑后,本节聚焦其发展的内在动力机制。跨境电商的崛起不仅是技术革新的产物,更是全球化贸易范式的系统性重构。通过全球资源整合、交易模式创新与技术赋能,跨境电商展现出传统贸易无法比拟的竞争优势,为国际贸易效率提升、市场边界拓展和产业形态升级提供了新动能。

随着全球政治经济格局的动态变化,以及中国在供应链管理方面的显著优势,传统贸易模式正逐渐向跨境电子商务模式转变。这一转型不仅推动了行业规模的持续扩张,还促进了中国电商生态系统的成熟发展。在这个过程中,国内的领先电商平台借助其雄厚的资本和资源,开始主动向整个行业提供支持和赋能,以加速其发展和转型。跨境电商的快速增长展现了以下几个方面的发展优势。

一、跨境电商的物流优势

我国跨境电商的物流优势主要体现在以下三个方面。

(一)我国跨境电商物流发展优势

随着全球经济一体化的深入发展和互联网技术的不断进步,跨境电商作为新兴的贸易形式正迅速崛起,成为全球贸易中不可忽视的一部分。其交易额年年攀升,逐步占据了更大比例的国际贸易市场。与此同时,跨境电商的兴起对物流行业提出了新的挑战和要求,尤其是跨境物流服务的需求日益增加,成为跨境电商发展路径中的关键环节。然而,跨境电商物流作为一个相对较新的领域,目前还面临着运作模式不成熟、物流系统与电商平台匹配度不高等问题,这些问题限制了跨境电商的进一步发展。

为应对这些挑战,中国政府已经采取了一系列措施,旨在促进跨境电商物流领域的健康发展,包括出台相关政策支持跨境电商物流基础设施的建设,以及鼓励使用高新信息技术来提高跨境物流的效率和服务水平。这些政策的实施有效促进了跨境电商物流行业的发展,市场规模持续扩大,预示着未来将拥有更广阔的发展空间和潜力。

1.跨境物流规模持续增长

跨境物流增长势头强劲,但同时也面临挑战。在全球电子商务的大背景下,跨境物流作为电商生态中不可或缺的一环,其市场规模呈现显著的增长趋势。据统计,2019 年中国跨境电商物流的市场价值已达到惊人的 21 000 亿元人民币,并以年均18.09%的速度稳健增长。尽管物流费用在跨境电商总成本中占据 20% 至 30% 的较高比例,体现了物流环节在跨境电商中的重要性和成本压力,但行业的快速发展也预示着巨大的潜力与未来发展空间。

2.跨境电商物流相关政策不断完善

随着跨境电商的蓬勃发展,中国政府高度重视跨境物流行业的壮大,认识到了其在促进国际贸易和数字经济增长中的核心作用。为此,政府及相关部门连续发布了多项政策措施(表 1-1),旨在为跨境电商及物流企业提供坚实的支撑。这些措施包括鼓励企业在海外设立仓储中心,以及推进跨境物流基础设施的建设和升级,以提高物流效率和降低成本。通过这一系列政策的实施,政府希望激发行业的创新活力,优化跨境电商的营商环境,进而加快国内外市场的互联互通,推动跨境电商物流行业的健康快速发展。

表 1–1 中国跨境电商物流行业相关政策汇总

时间	发布部门	名称	主要内容
2021 年 8 月	商务部等 9 个部门	《商贸物流高质量发展专项行动计划（2021—2025 年）》	提升国际物流效率，畅通国际物流通道，推进跨境通关便利化，充分发挥商贸物流连接境内外市场的作用。支持和鼓励符合条件的商贸企业、物流企业通过兼并重组、上市融资、联盟合作等方式优化整合资源、扩大业务规模、开展技术创新和商业模式创新
2020 年 11 月	党的十九届五中全会	《中共中央关于制定国民经济和社会发展第十四个五年规划和二〇三五年远景目标的建议》	在加快发展现代服务业中提到"加快发展现代物流"；在统筹推进基础设施建设中提到"加快建设交通强国，完善综合运输大通道、综合交通枢纽和物流网络"
2019 年 7 月	国务院常务会议	—	鼓励搭建服务跨境电商的平台，建立物流等服务体系，支持建设和完善海外仓，扩大覆盖面
2019 年 3 月	国家邮政局、商务部、海关总署	《关于促进跨境电子商务寄递服务高质量发展的若干意见（暂行）》	支持建立跨境寄递服务企业信用体系，加快完善跨境寄递服务体系
2018 年 1 月	全国邮政管理工作会议	—	支持有条件的企业在海外建仓并鼓励共建共享，提高我国快递品牌的世界竞争力

在全球化和技术创新的大背景下，跨境物流正经历着前所未有的转型期。面对环境的不断变化和技术的快速进步，这一领域既遭遇了重大的挑战和压力，也迎来了巨大的发展机遇。得益于政府政策的有力支持和技术革新的持续推进，跨境电商物流行业正逐渐朝着更加规范化、专业化以及数字化的方向发展（表 1–2）。

表 1-2　跨境电商物流发展趋势

发展项目	发展趋势
行业规范化发展	2019 年 1 月 1 日起我国正式实施《中华人民共和国电商法》,市场环境将在法律约束下进一步规范,跨境电商物流行业将逐渐成熟、稳定、合规化
服务水平不断提升	跨境电商物流需求量不断增长以及用户需求的多样化都促使行业运营水平进一步提升,该行业正朝着专业化、订制化的高水平方向发展
数字信息化程度提高	我国境内的物流技术已实现一定程度的信息化、数字化和数据业务化,未来也将带动大数据、区块链、云计算等新型技术在跨境电商物流行业深度应用

(二)我国跨境电商支付发展优势

在全球化浪潮的推动下,国际贸易日益活跃,带动了跨境支付行业的蓬勃发展,标志着其进入了一个前所未有的增长时期。随着全球经济结构的不断调整和贸易方式的变革,尽管传统的进出口贸易面临增速放缓的挑战,跨境电商及其他新兴跨境服务领域如留学、旅游消费等却实现了逆势增长,展现了跨境交易新的活力与潜力。特别是跨境电商领域,其增长速度令人瞩目。2020 年,中国跨境电商的进出口总额达到 1.69 万亿元人民币,同比增长 31.1%,其中出口额的增长尤为显著,达到 40.1%,进口额也有 16.5% 的健康增长率。这一增长势头得益于跨境电商监管创新的不断深化,以及从 B2C 向 B2B 领域的成功推广和便利化通关措施的实施。到 2021 年,中国跨境电商市场规模进一步扩大到 14.2 万亿元,比 2020 年的 12.5 万亿元增长了 13.6%。

伴随跨境电商市场的扩大,中国的第三方跨境支付市场也经历了从探索期到市场启动期,再到高速发展期的三个重要阶段。这一进程反映了跨境支付行业逐渐成熟,技术和服务不断创新升级,能够更好地满足跨境电商以及其他跨境服务领域对于高效、安全支付解决方案的需求。

尽管跨境支付领域的发展为国际贸易提供了便利,但同时也面临着多重监管和技术挑战。这些挑战源于跨境交易资金流动对国家外汇管理和金融安全的影响,导致行业内设立了一系列严格的合规要求和高门槛。为确保合规性,跨境支付服务提供商需遵循各国关于资金跨境流动的法规,并获得相应的支付牌照,这不仅体现了对企业资质的要求,还反映了对支付系统技术能力的严格把控。在中国,从事跨境外汇支付业务的企业面临着双重监管要求。一方面,必须持有中国人民银行颁发的包含互联网支付业务权限的支付业务许可证;另一方面,还需向国家外汇管理局进行企业名录登记,确保其跨境支付活动符合国家外汇管理政策。此外,技术能力也成为企业获批牌照的关键条件之一。支付系统不仅需要支持全球业务的拓展,还必须具备高效的风险防控机制,能够预防资金滞留、识别洗钱行为,并支持执行反恐等国家安全相关任务。企业进入跨境支付市场还需满足一定的资金门槛,如在中国,申请跨境支付牌照的企业注册资本需达到最低一亿元人民币的标准。这一高昂的资本要求不仅反映了监管机构对支付企业财务稳定性的重视,也在一定程度上限制了市场的准入,形成了较高的行业门槛。

中国的第三方跨境支付领域已经历了从 1.0 到 4.0 的演变,每个阶段均展示了其独特的发展特征和进步。随着行业进入跨境支付 4.0 时代,为用户打造个性化服务和增强增值服务成为支付机构竞争的新焦点。差异化的客户服务和品牌价值的提升现已成为决定支付平台成功的关键因素。经过初期市场的培养和成长,第三方支付提供商已从早期依靠价格竞争转向更加注重为客户和特定行业提供量身定制的支付解决方案,标志着行业正朝着更加成熟和专业化的方向发展。

随着全球经济一体化加速,传统跨境贸易面临的资金积压和风险控制不足等问题日益凸显,这促使更为便捷和高效的跨境电子商务,特别是在线零售和小额批发业务迅速崛起,成为新的贸易增长点。在这一背景下,第三方跨境支付服务,凭借其对大数据、人工智能和云计算等先进技术的应用,显著提升了小额 B2B 交易的支付效率,展现出广阔的发展潜力。特别是中小企业作为跨境电商市场的主力军,正在逐步转变成跨境贸易的新动力。因此,第三方跨境支付机构越来越将业务聚焦于这一快速发展的领域,选择服务中小企业,不仅反映了其对市场潜力的洞察,也是其在与传统银行业务竞争中寻求差异化的战略布局。技术进步是推动第三方跨境支付领域发展的另一个关键因素。尽管现有的支付方式在提升交易便利性和速度方面已有显著进步,但结算效率低下和安全性问题仍然是该行业面临的主要挑战。区块链技术,以其独有的去中心化、数据透明和不可篡改的特性,为解决这些问题提供了新的思路。区块链的去中心化特点不仅有助于确保交易信息的公开和透明,降低信息不对称造成的风险,还可以实现交易的即时处理,有效缩减资金沉淀,提高资金流动性。此外,区块链的分布式记账功能使得每一笔交易及其相关信息都得以真实记录,这对于构建独立的信用体系、解决跨境支付领域的授信难题具有重要意义。

面对全球贸易环境的快速变化和技术革新的推动,第三方跨境支付行业正站在一个新的发展节点上。通过深化对中小企业市场的服务、利用先进技术突破传统支付的局限,特别是将区块链技术融入支付系统,不仅能够提升行业的整体效率和安全性,还能够为全球贸易提供更为稳健、灵活的金融支持,推动跨境电商乃至整个国际贸易生态的健康发展。

(三)我国跨境电商海关监管发展优势

1. 海关监管相关法律的完善

随着跨境电商在全球贸易中的地位日益重要,中国政府对其进行的海关监管也随之加强和完善。《中华人民共和国电子商务法》的实施,为跨境电商活动提供了明确的法律框架,特别是对于海关申报、检验检疫及纳税等关键环节,强调了建立综合监管服务体系的必要性,展示了政府对跨境电商规范化管理的坚定立场和全面支持。此外,商务部、发展改革委等多部门联合发布的《关于完善跨境电子商务零售进口监管有关工作的通知》进一步明确了跨境电商进口商品的管理原则,简化了进口流程,免除了首次进口商品所需的许可、注册或备案要求,这一政策调整无疑为跨境电商的进口业务提供了便利,降低了企业的运营成本。

多年来,通过一系列相关政策的制定与实施,中国的跨境电商监管体系逐渐成熟。特别值得一提的是,海关总署发布《关于跨境电子商务零售进出口商品有关监管事宜的公告》,财政部、国税总局和海关总署联合发布《关于完善跨境电子商务零售进口税收政策的通知》,这些政策的颁布,不仅规范了市场秩序,还为电商平台、支付企业及电商企业提供了清晰的法规遵循,确保了行业健康、有序的发展。

2."集中监管、清单核放、汇总申报、平台管理"的海关监管模式

(1)科学的监管框架。在当今快速变化的全球经济环境中,有效且高效的海关监管模式成为确保国际贸易顺畅进行的关键。"集中监管、清单核放、汇总申报、平台管理"构成了一种先进的海关监管模式,其核心在于通过科技和组织创新来提升海关监管的效率和效果。在这一模式下,构建一个合理、高效的监管体系显得尤为重要。首先,构建一个科学的监管体系意味着需要建立一个合理的组织结构和人员配置。有效的组织运作依赖于各个部门和科室之间的顺畅协作。如果存在职能重叠和权责不明确的情况,将直接影响到工作的效率和公众业务的处理。当前,许多基层单位面临着"人员紧缺、任务繁重"的挑战,常常处于"少人多事"的困境。而一些机关部门则可能出现"人多事少"的现象。加之,上级部门往往会从基层单位抽调年轻人员前往机关部门进行锻炼,这一做法虽旨在培养人才,却进一步加剧了基层单位的人手短缺问题,使得基层工作人员面临更多的任务和挑战。因此,构建一个科学的监管体系不仅是机构设置和人员配置的问题,更是如何使监管体系更加"精简而高效"的战略问题。这要求根据具体情况来合理设置机构、配置人力资源,确保每个单位和部门都能发挥其最大的效能,同时减少不必要的重复工作和职能冲突。通过优化机构设置和人员配置,可以为海关监管提供一个更加坚实的组织基础,从而提升整体的工作效率和公众服务质量。在实践中,这意味着需要对现有的海关监管体系进行深入分析和优化。通过利用先进的信息技术和管理平台,实现信息的实时共享和流程的自动化,减少人力资源的消耗,同时提升监管的精确性和效率。

(2)完善的监管流程。在优化海关监管流程的探索中,简化和合理化的流程设计是提升通关效率的关键因素。一个过于复杂或设计不当的监管流程不仅会导致效率低下,还可能造成重复劳动和多头管理的问题,从而影响整体的通关速度。为了应对这一挑战,海关总署对于跨境电商的监管采用了一种高效的管理模式,这一模式通过减少不必要的程序,优化作业流程,提升通关效率。这种监管模式主要依托四个核心策略:"一突出"即着重强调电商企业的主体责任;"二清单"即通过对进出口商品实行清单管理来简化监管程序;"三集中"则是通过集中申报、查验和放行来提高工作效率;"四确保"是着力保证商品的顺

利进出、有效监管以及快速放行,从而确保了流程的合理性和便捷性。通过实施这些策略,海关监管机构能够有效地简化跨境电商的监管流程,确保电商企业和跨境消费者能够享受更加高效和便捷的通关服务。简化后的流程不仅加快了商品的通关速度,还提高了监管的准确性和效率,同时减少了企业的运营成本。

（3）合适的监管技术。在现代海关监管领域,除了加强法律法规的完善和打击走私等犯罪行为外,关键的挑战之一是如何创新和应用先进技术以提高监管效率和准确性。在众多技术创新中,区块链技术以其独特的优势,成为推进海关监管现代化的重要工具。区块链技术的应用,特别是在跨境电子商务的监管中,开辟了实现监管流程智能化、自动化和精确化的新路径。区块链技术能够有效减少数据采集、验证及比对过程的工作量,通过其分布式账本的特性,可以确保数据的透明性和不可篡改性,从而大幅提高监管的效能。此外,区块链促进了信息的即时共享,这不仅加强了不同监管机构之间的协作,还实现了联合监管的可能,使得监管措施更加有力、高效。利用区块链技术,可以在确保数据安全的同时,实现对跨境电商交易的实时监控,从而对可能的违规或非法行为进行即时识别和干预。这种技术的应用,不仅加强了海关监管的透明度和公信力,也为企业和消费者提供了一个更加安全、便捷的贸易环境。

二、跨境电商的模式优势

我国跨境电商的模式优势主要包括以下三个方面。

（一）跨境电商线上线下融合发展

随着全球化贸易的加速,跨境电商已经成为国际贸易中的一种重要形式,对传统的外贸业务模式提出了新的挑战,也带来了新的机遇。这种新兴的贸易模式引起了世界各国政府的广泛关注,促使各国制定了一系列旨在促进跨境电商发展的政策,同时也兼顾保护传统贸易的公平竞争,以确保市场的健康发展。

第一,随着消费者对购物体验要求的不断提高,跨境电商正逐渐向线上线下融合的全渠道模式转变。这种模式不仅满足了消费者对于多样化购物方式的需求,也推动了跨境电商企业在服务标准上的持续提升。为了适应这一趋势,跨境电商正深化产业链的整合,将竞争焦点从单纯的销售转移到提高供应链效率上。在全球市场上,跨境电商的迅速发展要求企业必须整合全球资源,构建一个高效、灵活的全渠道供应模式,以保持在激烈的国际竞争中的核心竞争力。

第二,为了维护一个健康和公平的市场环境,建立一个针对跨境电商中侵权和假冒商品的追溯制度变得尤为重要。通过加强立法和执法力度,政府和相关部门需要采取更为有力的措施来打击这些非法行为。这包括通过事前的风险评估、实时监测和定期的监督检查等措施,来预防和打击电商平台上的侵权行为。在这一过程中,政府与电商平台的合作将发挥关键作用,通过共享数据和信息,共同构建一个透明、可追踪的交易环境,有效打击非法活动,保障消费者和正规商家的利益。

第三,建立在线纠纷解决机制。关于在线纠纷解决机制的建设,面对跨境电商交易中可能出现的消费者权益受损问题,传统的诉讼方式往往因为法律成本高昂而不被普遍采用。相对而言,电商平台提供的调解服务虽然便捷,但缺乏法律的强制性,很难获得消费者的普遍认可。因此,由国际组织或当地政府牵头建立一个既公正又便捷的在线纠纷解决平台变得极为必要。欧洲委员会于 2016 年推出的在线争端解决平台便是一个积极的例子,通过这样的平台,消费者可以在不承担高额法律费用的情况下维权,这种做法也被许多国家所效仿。在线纠纷解决机制通过提供一个低成本、高效率的解决途径,大大增强了消费者的信心,对于提升电商交易的公正性和透明度具有重要意义。

第四,税制的公平性对于维持市场公平竞争和促进跨境电商健康发展同样重要。跨境电商的特点使得其在税收征管上存在一定的漏洞,如网购产品的税收征管不严和供应链的缩短等,这些因素共同导致了跨境电商产品能以较低的价格销售,从而影响了市场的公平竞争。这一现象不仅导致了商品进口国税收的大量流失,还可能对本土产业造成不利影响。因此,如何在国际多边谈判中确定低值货物的免税门槛,以及如何弥补税收征管上的漏洞,成为促进跨境电商公平发展的关键问题。通过改革和完善跨境电商的税收政策,确保税收政策的公平性和透明度,可以为所有参与者创造一个更加健康和平衡的竞争环境。

（二）自有品牌的创建与发展

在全球化的经济背景下,电子商务作为一种新兴的贸易方式,已经深刻影响了国际贸易的格局。特别是对于我国的外贸企业而言,跨境电商不仅开辟了新的销售渠道,增强了市场的竞争力,同时也带来了前所未有的挑战。这些企业面临的一个主要问题是,在初期阶段,很多公司依赖于传统的贸易模式和价格竞争策略,没有充分认识到自主品牌建设的重要性,导致在激烈的市场竞争中处于劣势。随着生产成本的不断上升和互联网渠道红利的逐渐消失,外贸企业开始意识到简单的贴牌生产和依赖低价竞争已经难以为继,必须转变经营思路,寻求新的发展路径。在这个过程中,发展自有品牌成为一种新的战略方向。通过建立和发展自有品牌,企业可以更好地控制产品的质量和市场定位,提高产品的附加值,从而获得更高的利润空间。

为了成功建立和发展自有品牌,外贸企业需要采取一系列的策略。首先,企业应该积极利用互联网和电子商务平台,通过这些新兴的渠道加强产品推介,提高品牌的曝光率和知名度。同时,利用平台中的大数据分析机制,精准地研究消费者的购物习惯和需求,以便更好地定位品牌和产品,满足市场的具体需求。然后,外贸企业还需要优化线下服务机制,提升消费者体验,建立品牌忠诚度。在全球市场上,消费者对品牌的认知不仅来源于产品本身,还包括企业提供的服务和体验。因此,提供优质的客户服务和售后支持是建立和维护品牌形象的关键。最后,随着"普惠贸易"的兴起,政府在优化电商体系和通关服务方面做出了大量努力,为跨境电商的发展提供了有利条件。这包括加速推进"单一窗口"平台的构建工作,改善货物监管和外汇体系等。这些措施为外贸企业提供了更为便捷的操作环境和政策支持,有助于促进企业的快速发展。

综上所述,对于我国的外贸企业而言,转型升级,建立和发展自有品牌已经成为一种迫切的需求。通过利用新兴的互联网平台,精准定位市场和消费者需求,提升服务质量,以及利用政府提供的政策和服务优势,企业可以在激烈的国际市场竞争中脱颖而出,实现可持续发展。在这一过程中,企业需要不断创新,积极应对市场和行业的变化,解决知识产权、服务水平和品牌塑造等方面的挑战,为未来的发展奠定坚实的基础。

(三)"新国货"品牌模式向海外复制驶入快车道

随着中国网络零售市场的蓬勃发展以及新一代信息技术的广泛应用,一系列高品质、高颜值的中国品牌迅速崛起,开创了以"新国货"为代表的品牌电商化新浪潮。这些"新国货"品牌,如李子柒、花西子等,不仅在国内市场获得了巨大成功,也开始加速向海外市场拓展,展示了中国品牌出海的新模式和新路径。这一过程不仅为中国品牌的国际化提供了成功案例,而且激发了更多中国品牌通过跨境电商实现国际扩张的动力和信心。在国际视角下,全球经济增速放缓,许多国家迅速进入消费分级阶段,这导致对新产品、新供给以及新品牌的需求出现井喷式的增长。在这样的背景下,中国品牌特别是那些已经在国内市场证明了自身价值的"新国货",有机会在全球市场中占据更加重要的位置。这不仅因为它们能满足多样化和个性化的消费需求,也因为这些品牌能够代表中国的创新和高品质生产力。

当前,随着全球经济格局的变化,中国品牌出海正处于重要的窗口期。这些"新国货"品牌借助跨境电商平台,不仅可以更有效地触及全球消费者,还能够借此机会优化自身的产品和服务,进一步提升品牌价值和国际竞争力。通过"国内打造+海外复制"的模式,中国品牌不仅能够在国际市场上复制其在国内市场的成功,还能够根据不同市场的特点和需求,适时调整和优化策略,从而实现持续的成长和发展。

三、跨境电商的技术环境优势

在过去几年内,数字化技术如云计算、大数据、人工智能以及区块链等的快速发展,不仅极大地推动了全球贸易的变革,还为跨境电商领域带来了新的发展机遇和挑战。这些先进技术的应用,极大地优化了跨国贸易的流程,促进了贸易效率的提升,同时也孕育了一系列新兴的跨境电商服务,包括跨境支付、海外仓储管理、多语言服务及跨境数据分析等。这些服务不仅为消费者提供了更便捷、高效的购物体验,也为企业开拓国际市场提供了强大的技术支撑。

随着互联网技术的不断进步,中国的外贸企业特别是中小企业,面临着前所未有的挑战和机遇。一方面,这些企业在传统贸易模式下的数字化水平普遍较低,难以适应快速变化的国际市场环境;另一方面,正是这种背景促使中国的外贸企业加速数字化转型,寻求在跨境电商领域的新发展。特别是对于中国最大的出口主体——民营企业来说,其中大多数为中小规模企业,它们在数字化转型过程中显示出了极大的活力和潜力。这些企业的转型不仅能够提升自身的竞争力,也为跨境电商领域的数字化服务市场带来了巨大的发展空间。

数字化技术的应用为跨境电商带来了技术环境的优势,使得企业能够更加灵活地应对市场变化,更加精准地捕捉消费者需求。例如,通过大数据分析,企业可以深入了解目标市场的消费习惯和偏好,优化产品设计和营销策略;利用云计算技术,企业可以实现资源的高效配置和管理,降低运营成本;借助人工智能技术,企业可以提供个性化的客户服务,增强用户体验;通过区块链技术,企业可以实现供应链的透明化管理,提高交易的安全性和可靠性。因此,数字化技术的发展不仅是跨境电商领域的技术驱动力,也是推动中国外贸企业尤其是中小企业转型升级的关键因素。在未来,随着数字化技术的不断进步和应用,跨境电商领域将迎来更加广阔的发展前景,为全球贸易带来更多的便利和效率。对于中国的外贸企业来说,把握数字化转型的机遇,积极拥抱跨境电商领域的新技术和新服务,将是实现可持续发展和开拓国际市场的关键。

四、跨境电商的政策优势

在全球贸易格局中,跨境电商已成为推动国际贸易增长的重要力量。特别是对于B2B领域,随着政策环境的持续优化和技术进步,企业面临着前所未有的发展机遇。中国政府对跨境电商领域的重视程度不断提升,一系列利好政策的出台极大地促进了这一行业的快速发展。具体而言,中国已经建立了165个跨境电商综合试验区,这些试验区在推动跨境电商B2B模式创新方面发挥了重要作用。政府鼓励这些试验区在技术标准、业务流程、监管模式以及信息化建设等关键领域进行探索和创新,同时加大政策扶持力度。此外,为了进一步促进B2B跨境电商的健康发展,海关总署还特别制定了监管机制和一系列通关便利措施,从而为企业提供更为高效、便捷的跨境交易环境。随着市场需求的不断扩大,跨境电商相关的专业服务也迎来了快速发展,包括海关通关、跨境物流、海外仓储、支付结算、代运营服务、海外营销以及人才培训等,这些服务的完善为跨境电商B2B模式的发展提供了坚实的支撑,也使得服务生态日趋成熟。

在法律层面,《中华人民共和国电子商务法》以及一系列相关政策的制定和实施,为跨境电商市场提供了更加规范的营商环境,促进了市场内的良性竞争。这些政策不仅保障了企业的合法权益,也提高了整个行业的运营标准,为消费者提供了更加安全、便捷的购物体验。总的来说,得益于国家政策的有力支持和市场生态的持续完善,跨境电商尤其是 B2B 模式正迅速成为推动中国外贸增长的新引擎。在这样的大背景下,企业应积极把握政策红利,利用先进的技术和服务,不断创新商业模式和运营策略,以期在全球市场中占据有利地位,开拓更广阔的发展空间。随着互联网技术的不断进步和海外市场电商渗透率的提高,海外消费者的在线购物习惯也将进一步加强,为跨境电商的发展提供了更广阔的市场前景。

第四节　高校跨境电子商务人才培养的理论基础

将高校跨境电子商务人才培养建立在坚实的理论基础上是至关重要的。这些理论基础不仅为学生提供了深入理解电商行业的框架,而且指导了教育实践的方向和内容。以下几个理论构成了跨境电子商务人才培养的核心基础。

一、人力资本理论

在经济学领域,人力资本理论是解释经济增长和产业发展不可或缺的理论之一。这一理论的核心观点是,通过对个人的教育和技能培训进行投资,可以显著提升劳动力的价值和生产力,从而推动经济的持续增长。美国经济学家西奥多·舒尔茨和罗伯特·卢卡斯、保罗·罗默等人对这一理论进行了深入的研究和发展,强调了教育在人力资本积累中的重要作用及其对经济增长的积极影响。

在知识经济时代,对人力资本的教育和培训的重视程度越来越高,政府和学术界都在积极探索如何通过教育提高人力资本的质量和效率。教育投资被视为提高个人收入和社会整体福祉的关键手段。尤其是在专业化技能和知识的培养方面,教育的作用变得更加显著。然而,随着经济和技术的快速发展,特别是在跨境电商这一新兴领域,高等教育机构在人力资本培养方面面临着诸多挑战。当前,我国高校在跨境电商领域的教育投入逐渐增加,旨在培养具备国际视野和电子商务专业技能的人才。然而,这一教育投资的经济效益尚未达到预期,表现在高投入与低回报的矛盾之中。这一问题的存在,不仅影响了教育资源的有效利用,也制约了跨境电商人才培养的质量和效率。为了解决这一问题,有必要深入分析当前跨境电子商务教育的现状和存在的问题,从人力资本理论的视角出发,评估教育投资的效益,探讨提高教育投资回报率的策略。这包括但不限于优化教育资源分配、创新教育模式、加强与企业的合作、更新课程内容以及强化实践教学等。通过这些措施,可以提高跨境电商人才的培养质量,促进学生的就业率和创业能力,从而提高教育投资的经济效益,为社会和经济的发展做出更大的贡献。

二、政策网络理论

在当前公共政策制定过程日益复杂化的背景下,政策网络理论为理解和解析政府与各方利益团体之间的互动提供了新的视角。该理论揭示了政府在制定和执行公共政策过程中,并非独立行动的唯一决策者,而是众多利益相关方构成的动态网络中的一个参与者。这些参与者包括政府机构、私营企业、非政府组织、社会团体以及公民等,它们通过竞争与合作,共同影响着政策的形成和实施。

政策网络理论突破了传统公共管理理论中政府中心主义的限制,强调了政策制定是一个多元主体参与、相互作用的过程。这一理论认为,政策过程中的每一个主体都拥有自己的资源和目标,它们之间的互动构成了复杂的政策网络。在这个网络中,不同的政策主体依靠彼此的资源和能力来实现各自的目标,同时,这些目标的实现也受到网络内其他主体行为的影响和约束。

应用政策网络理论于跨境电商人才培养领域,可以揭示高校、政府、企业和社会组织等不同主体之间的相互关系和作用机制。在跨境电商人才培养政策网络中,高等教育机构作为知识和技能的提供者,政府部门作为政策制定和监管的主体,企业和行业协会则代表市场需求和实践经验,而社会组织和公民群体则反映社会需求和期望。这些主体通过各自的行动和互动,共同塑造了跨境电商人才培养的政策环境和实施效果。

通过深入分析跨境电商人才培养政策网络的结构、参与主体的期望以及它们之间的利益冲突和合作机会,可以更加全面和细致地理解政策过程中的复杂性和多维性。这种分析有助于识别和解决政策制定和实施过程中可能遇到的问题，从而提出更加合理和有效的政策建议。通过促进不同政策主体之间的有效沟通和合作，可以为跨境电商人才培养创造更加有利的政策环境，推动跨境电商行业的健康发展和人才的持续成长。

三、产学研合作理论

在当今知识经济与创新驱动发展的背景下，产学研合作模式已经成为高等教育领域关注的焦点，尤其在应对高校教育质量挑战和社会需求变化的过程中显示出其独特的价值。这种合作模式涉及高等教育机构、企业及科研机构的紧密合作，旨在通过资源共享、优势互补实现技术创新和人才培养的双重目标。特别是在跨境电子商务这一新兴领域，随着全球化贸易的加速和数字化转型的深入，对于具备实践技能和国际视野的应用型人才的需求日益增加。

《国家中长期教育改革和发展规划纲要（2010—2020）》的提出，进一步明确了产学研合作在我国教育体系中的重要位置，尤其是高校与科研院所、企业和行业的联合培养人才机制的建立，标志着我国高等教育人才培养模式的创新和转型。这种合作不仅能够促进高校教育质量的提升，更能够满足经济社会发展对于应用型人才的实际需求。然而，产学研合作模式在实践中也面临着诸多挑战和问题。这些挑战包括但不限于合作各方利益的平衡、合作模式和机制的创新以及如何有效整合资源等。为了解决这些问题，本书提出了引入政府主体参与的高校跨境电子商务人才培养新模式。在这一模式中，政府不仅作为政策制定者和调控者，通过政策引导和支持促进产学研合作的深入发展，同时也作为合作伙伴之一参与到人才培养过程中，以确保教育培养方向与国家经济社会发展需求相匹配。

通过建立政府、高校、企业及科研机构四方联动的合作机制，可以有效整合各方资源，优化人才培养体系，实现教育资源与市场需求的有效对接。这种模式不仅能够提高教育质量和培养效率，还能够促进科技创新和经济发展，形成教育、科研与产业的良性互动。尤其对于跨境电子商务领域，这种新模式能够为培养具有国际竞争力的电商人才提供有力支撑，推动我国跨境电商行业的持续健康发展。

第二章
高校跨境电子商务人才能力要求及人才需求

本章构建了跨境电商人才能力评价的二维分析框架：纵向维度基于"岗位胜任力模型"，将跨境电商人才能力解构为专业知识、专业技能与职业素养三大模块；横向维度依托"人才需求层次理论"，划分基础操作层、运营管理层与战略决策层三级能力梯度。通过实证调研发现：当前高校人才培养存在显著结构性矛盾，表现为专业知识更新滞后于技术迭代速度、实践能力培养脱离真实商业场景、跨学科融合深度不足。研究进一步对比美欧日等发达国家的人才培养模式，提出"产教融合协同体""双元制培养体系""数字孪生实训平台"等创新路径。

第一节　跨境电子商务人才的界定

在现代服务行业领域，跨境电子商务占据了一个非常重要的位置，它是国际贸易与电商技术融合的产物。这一领域的专业人才需求呈现出明显的专业化与多元化特点。从事这一行业的专业人员不仅需要具备良好的外语沟通能力和跨文化交流技巧，以便理解和满足不同国家消费者的购物需求和习惯；同时，他们还必须对电子商务的基础知识有深入的了解，掌握如何有效运营电商平台、实施跨境营销策略以及管理电商业务的技能。在跨境电子商务的世界里，了解国际市场的动态、消费者的购买行为以及全球电商趋势变得尤为关键。

这要求相关人才不仅要有能力捕捉到这些趋势的变化,还要能够灵活地应对国际贸易中的各种挑战,包括但不限于支付安全、物流配送和关税政策等方面的问题。因此,跨境电商领域的人才培养不仅注重专业技能的提升,也强调对市场敏锐度的培养和跨文化交流能力的提高。这样,他们才能在全球化的商业环境中占据一席之地,推动企业的跨境业务扩展,促进国际贸易的发展。

一、跨境电商人才的基本要求

跨境电商领域的迅猛发展对从业人员提出了一系列专业要求,以确保他们能够在全球市场中有效竞争和成功。具体来说,对跨境电商人才的基本要求主要包括以下四个方面。

(一)素质要求

在跨境电子商务行业中,人才的素质要求综合而多元。首先,专业人员必须严格遵循国家对信息和互联网治理的相关规定,展现高水平的网络文化认知与文明的在线行为。他们应当在跨境电商活动中坚守诚实守信的原则,重视信息安全及其保密性。其次,这一领域的工作人员需要具备优秀的道德观念、广泛的人文知识、扎实的科学素养和专业的职业态度,以便在网络环境下进行有效沟通和交流。网络沟通能力的高低直接影响着跨境电商事业的成功与否。最后,跨境电商人才应具有出色的人际交往能力和团队合作意识,因为这是确保项目顺利进行和实现商业目标的关键。在跨文化的背景下,能够协调各方差异,促进团队协作,是每位跨境电商从业者不可或缺的素质。这样综合的素质框架,为跨境电商行业的健康发展和人才成长提供了坚实的基础。

(二)能力要求

在跨境电商领域取得成功,不仅需要专业知识,还要求具备一系列关键能力。首先,专业人员需要熟练掌握常用的办公软件,如 Office 套件,能够高效地进行文档处理、演示文稿制作及基本的图像编辑。其次,良好的多语言沟通能力——包括听、说、读、写——是跨文化交易中不可或缺的。此外,能够运用网络思维解决电商中的各种问题也是跨境电商人才必须具备的能力。这意味着要能灵活运用互联网资源,有效进行在线商务活动。跨境电商领域的工作者还需具备出色的业务操作和市场开拓技巧,这包括了解并应用电商平台的工作原理,以及如何进入和扩展新的市场。商务大数据的分析能力同样重要,这能帮助人才从海量的数据中提取有价值的信息,以指导决策和策略制定。在国际环境中,跨文化管理和沟通的技能也至关重要,这能够帮助企业在多元文化的背景下顺畅运作,有效地处理各种文化差异带来的挑战。最后,创新能力和创业精神也是跨境电商人才所必须具备的。这包括利用创造性思维来进行科学研究,以及将不同学科的知识整合应用,从而产生新的创意、创新和创业机会。这样的综合能力配置,能使从业者在跨境电商的激烈竞争中脱颖而出,推动业务的持续发展与创新。

（三）知识要求

在当前的经济环境中,具备一定的专业知识是实现职业发展的重要基础。首先,对于现代管理、网络经济以及信息技术的核心概念和理论,需要有深入的理解和掌握,这些是适应快速变化的商业环境的基石。其次,对于那些志在跨境电商领域内发展的专业人士来说,不仅要熟悉该领域的基础理论和实践方法,还要紧跟其快速变化的趋势和最新的行业发展。同时,了解中国在电子商务和对外贸易领域的政策导向,法律法规是至关重要的。这不仅涉及国内的法律体系,还包括对国际法律、各国的商业习惯及规则有深入的认识,以确保跨国交易的顺利进行。除此之外,电子商务企业的运营管理是一个复杂的领域,需要专业人士具备相应的管理知识,同时关注技术和商业模式的创新,这对于企业在激烈的市场竞争中保持竞争力至关重要。

（四）跨境电商从业者必备技能

要成为一名成功的跨境电商专业人士,以下七个关键技能是不可或缺的。

1. 外语交流

掌握一门或多门外语,特别是英语,对于跨境电商来说极为关键。英语作为国际商务中最广泛使用的语言,基本的交流能力是进入这一领域的基础门槛。

2. 贸易实务

对外贸的实际操作流程有深入理解,包括熟悉国际贸易的各个环节,如信用证操作、海关流程等,以及如何高效处理客户的投诉,设计国际市场的营销策略,优化出口绩效,以及构建和管理高效的外贸团队等。

3.行业背景

对于所在行业的深入了解也是必要的。这意味着不仅要精通自己产品的知识，还要通过分析竞争对手的资料来制定策略，并且通过广泛阅读，增加自己的经济和销售知识，以便在与客户的沟通中更加得心应手。

4.国际营销

在国际营销方面，掌握电子商务的相关技能至关重要，比如如何在各大国际电商平台上优化产品展示，提升搜索引擎排名，提高询盘转化率，以及运用各种在线营销工具来增强品牌的国际影响力。

5.法律法规

了解国际贸易的法律法规，随时关注全球贸易规则的最新变化，以及对进出口形势有深刻的认识和分析，以防在跨境交易中发生法律风险。

6.人文地理

对世界各国的文化、风俗、购物习惯等有一定程度的了解，这有助于在全球市场中更好地定位产品，理解消费者行为，从而更有效地进行市场分析和产品推广。

7.良好心态

保持积极的心态和优良的职业素养，这包括良好的沟通能力、处理纠纷的技巧以及对工作的热情和持久的奋斗精神。在面对挑战和困难时，能够保持乐观和坚持不懈，是实现长期成功的关键。

综上所述，跨境电商的成功不仅建立在专业知识和技能的基础上，还需要持续学习和自我提升，以及保持对新兴市场趋势的敏锐洞察力。通过这些综合能力的培养，跨境电商从业者可以在全球市场中稳健前行，实现自己的职业目标。

二、跨境电商人才的职业素养

跨境电商人才的职业素养是其成功的关键因素之一，尤其在快速变化和高度竞争的国际商务环境中。这种素养不仅包括专业知识和技能，还涵盖了一系列软技能和个人品质，这些都对于在跨境电子商务领域建立信誉、维持客户关系和推动业务发展至关重要。跨境电商人才所需的核心职业素养可概括为以下两个方面。

（一）职业意识

在跨境电商领域,职业素养尤为重要,尤其是职业意识的培养。这包括快速适应互联网时代外贸模式的变化,拥有以"互联网+"为导向的思考模式。在这个快速变化的行业中,从业者需要展现对新技术和趋势的热情,以及不断求知和突破自我的决心。此外,专注于自己的工作并持之以恒地追求卓越,也是跨境电商成功的关键要素。这些职业意识的特质不仅能帮助个人适应行业的发展,还能推动整个跨境电商领域的进步和创新。

（二）职业道德

在跨境电子商务行业内,从业者的职业道德是保证行业健康发展的重要基石。以下三大原则是每位跨境电商从业人员必须遵守的职业道德标准。

第一,遵守法律法规是跨境电商行业从业者的基本要求。这意味着在进行跨境交易时,所有活动都应严格按照相关国家的政策、法律法规以及电商平台的规定来执行,确保每一步操作都合法合规。

第二,诚信是跨境电商领域的金律。这要求从业人员在经营过程中坚持诚实守信,按时完成订单,真实履行服务承诺,绝不允许进行任何形式的欺诈行为,如虚假交易或发货等。诚信不仅是维护消费者权益的基础,也是建立企业信誉和长期发展的关键。

第三,保障产品质量和安全是每一个跨境电商从业者的责任。这包括确保销售的商品在预期的使用期限内保持正常的使用性能,不会存在任何可能危害消费者身体健康和财产安全的隐患。商品质量的保证是赢得消费者信任和满意的重要因素。

第二节　跨境电子商务人才知识能力要求分析

在跨境电商产业生态快速迭代的背景下,传统国际贸易人才的知识结构与能力体系已难以满足新型业态需求。本节基于能力本位教育理论,从知识图谱重构、技能矩阵构建与素养特征解构三个维度,系统分析跨境电商复合型人才的核心能力要素。研究发现,当前高校人才培养存在显著的知识滞后性、实践场景割裂与跨学科融合不足等结构性矛盾。研究通过整合 OECD 核心素养框架与跨境电商岗位胜任力模型,构建包含专业知识、专业技能与职业素养的三维能力矩阵。

一、跨境电商人才缺口分析

随着全球化贸易的加速和数字经济的兴起,跨境电商行业迎来了蓬勃发展的时期,同时也对人才提出了更高的要求。业界对于能够熟练掌握国际贸易规则、电子商务技术、外语沟通能力以及具备实战经验的复合型人才的需求日益增长。然而,目前的人才培养机制与行业需求之间存在显著的差距,导致了人才供给不足以及质量不达标的问题。

根据阿里研究院及国外相关机构的研究报告可知,绝大多数企业均面临着跨境电商人才的严重短缺,而且现有人才无法满足工作的实际需求。企业普遍反映,当前毕业生缺乏必要的跨境电商操作技巧和市场应对策略,难以胜任快速变化的电商环境下的工作任务。这种状况在很大程度上归咎于当前教育体系未能与时俱进,未能充分整合国际贸易、电子商务等相关学科的教学内容,以适应跨境电商行业的复杂需求。目前,跨境电商人才主要来源于国际贸易、电子商务、外语和国际商务等专业,但这些专业的课程设置往往未能全面覆盖跨境电商的实际需要。企业界呼吁高等教育机构能够开设更多与跨境电商密切相关的课程和专业方向,注重实战技能和战略思维的培养,以提高学生的综合竞争力。

在这一背景下,提升跨境电商人才培养质量,缩小教育与行业需求之间的鸿沟,成为教育机构、政府部门、企业以及社会各界共同关注的问题。建议高职院校和综合性大学加强与行业的合作,通过产学研结合的方式,创新人才培养模式,强化学生的跨境电商实操能力和国际视野。同时,政府部门可以通过政策引导和资源支持,促进教育体系的改革和优化,激发高等教育机构在人才培养方面的积极性。

二、跨境电商企业需求岗位及其对知识能力的要求分析

随着全球化贸易的日益加深和数字技术的快速进步,跨境电子商务作为一个新兴产业迎来了爆炸性的增长。这一行业的蓬勃发展迫切需要一批既具备

高校跨境电商产教融合人才培养理论与实践

专业技能又能适应国际市场变化的复合型人才。企业在招聘时倾向于寻找那些不仅懂得国际贸易原理、电子商务运营技巧,还能够熟练使用外语进行沟通、掌握多文化市场营销策略的人才。目前,尽管跨境电商领域的人才需求量大,但符合企业需求的专业人才却相对稀缺。

跨境电商企业在招聘人才时主要集中在几个关键方面。首先,外语能力特别是英语交流能力被视为基础技能,它不仅包括日常的交流能力,还需涵盖专业的商务沟通、产品介绍以及文案编写等方面。其次,基本的计算机操作能力、图片处理及办公软件的运用能力也是求职者必须具备的技能。进一步地,对于跨境电商平台的熟练操作和管理、客户服务、风险预测与处理能力亦极为重要。此外,企业还非常看重求职者对外贸知识、跨境物流处理、国际支付方式的理解与运用。

在市场营销能力方面,跨境电商企业需要那些能够进行有效海外推广、精通各类社交媒体营销工具、了解不同国家消费者心理和购物习惯的人才。同时,数据分析能力也成为企业高度重视的能力之一,包括对营销数据的解读、销售数据的分析以及如何基于数据调整营销策略以提升转化率和销售额。

除了上述专业技能之外,跨境电商行业的从业人员还需要具备优秀的职业素养,如适应性强、良好的沟通技巧、认真负责的工作态度以及强烈的团队合作精神等。这些素质对于在快节奏和多变的国际商务环境中取得成功至关重要。

（一）跨境电商企业需求岗位

跨境电商企业的需求岗位多样,涵盖了整个电商运营生命周期的各个环节。常见的跨境电商企业需求岗位主要可概括为以下三种类型。

1.跨境电商业务岗

（1）岗位职责描述。在当今的跨境电商领域,企业对于专业人才的需求日益增长,尤其是在电商平台运营岗位上。这一岗位的核心任务是全方位管理和优化跨境电子商务平台的运营活动,以确保产品的最大曝光度、提升销售业绩以及优化客户体验。具体而言,该岗位的职责覆盖了从产品上架到销售后跟进的整个流程,包括但不限于商品信息的准确发布与上传、在线产品的持续优化以促进其曝光度和搜索排名的提升。此外,该岗位还需负责处理客户询盘,通过有效沟通提高转化率,并跟进潜在客户以锁定订单。工作中,细致的订单管理也是该岗位的一项重要职责,涉及订单确认、款项追踪以及发货监控等环节。与此同时,确保交易文件及时递交至客户以便清关报关,也是确保交易顺利进行的关键一环。此外,维护平台账户的稳定性与安全,协助管理社交媒体账户以增强品牌影响力,也是岗位职责的一部分。有效的客户沟通策略和工具的应用,对于开发新客户、维护现有客户关系以及跟踪产品使用情况至关重要。同时,岗位还要求处理客户的争议、换货和退款请求,及时收集并反馈客户意见,以持续提升客户满意度。通过筛选、整理和归纳客户信息,该岗位还需定期维护客户数据库,加强与客户的长期互动和关系建立。

(2)岗位职业能力与素质分析。在全球化和数字化时代的背景下,跨境电商行业成为国际贸易中的重要力量,对于从业人员的专业能力与职业素质提出了更高的要求。成功的跨境电商平台运营不仅依赖于高效的商品管理和优秀的客户服务,还需要从业者具备广泛的专业知识、语言能力以及优秀的个人素质。一方面,语言能力是跨境电商岗位的基础要求。无论是在商品描述、关键词优化,还是与国际买家的沟通过程中,流利的英语或其他小语种能力都是确保交易顺利进行的关键。许多跨境电商平台虽然提供中文后台操作,但在面向国际市场时,英文版的界面和沟通能力变得尤为重要。另一方面,掌握国际贸易和网络营销的专业知识对于跨境电商岗位同样重要。这包括对不同国家的贸易规则、法律法规、文化及消费心理的了解,以及熟练掌握电商平台的运营技巧,这些知识和技能的综合应用能够帮助企业更好地拓展国际市场,提高交易的成功率。

除了专业知识和技能外,个人素质也是该岗位不可忽视的要素。具备强烈的学习意愿和自我提升能力,能够迅速适应行业变化和技术更新,是跨境电商行业快速发展下的必备品质。同时,认真负责、有强烈责任心以及良好的沟通和协调能力,能够在多变的工作环境中保持高效的团队合作,对于提升工作效率和维护团队稳定性至关重要。激情与活力、抗压能力强也是跨境电商从业人员需要具备的,这有助于其在激烈的市场竞争中保持积极的工作态度,迎接各种挑战。

2.跨境电商技术岗

（1）岗位职责描述。在数字营销和电子商务领域,网络推广和网站美工岗位扮演着至关重要的角色。网络推广专员主要负责制定和实施网站及产品的推广策略,包括网站架构的优化、搜索引擎优化(SEO)、关联营销以及各推广平台的内容管理和效果最大化。此外,该岗位还需制订关键词广告计划,并通过持续的数据分析来监控和提升推广活动的效果,对营销和交易数据进行深入分析,以不断优化推广策略,提高转化率。网站美工专员则专注于网站和店铺的视觉设计,包括更新店面的整体形象、设计网站模板、产品摄影和图像处理,以及制作促销素材和视频内容。这一岗位要求具备出色的设计能力和对美学的敏感度,以确保产品页面和促销活动的视觉吸引力,进而提升用户体验和销售业绩。这两个岗位虽然职责不同,但都是为了增强品牌的市场竞争力和可见度,提升用户体验,驱动销售增长。在跨境电商的快速发展背景下,企业对这些岗位的专业人才需求持续增加,期望候选人不仅具备专业的技术或设计技能,还需具有良好的数据分析能力、创新思维和团队合作精神。

（2）岗位职业能力与素质分析。在跨境电商领域,技术和美工岗位的专业人才不仅是企业运营的重要支柱,也是品牌国际化战略的关键执行者。这些岗位要求员工不仅具备专业的技术和设计能力,还需要具备良好的英语阅读和理解能力,即使不直接面对国际客户,也能通过英语资料学习和应用国际先进的技术和设计理念。此外,对于从事网络推广的技术人员来说,熟练掌握网络信息技术,能有效执行搜索引擎优化、网络营销策略,以及处理和美化产品照片,制作引人注目的商务网页是其具备的基本工作能力。此类岗位的工作人员还需具备出色的逻辑思维和数据分析能力,能够依据不断变化的市场动态制订灵活多变的网络推广计划。应变能力和创新精神对于应对跨境电商领域的激烈竞争尤为关键,能够使技术与美工岗位的专业人才快速适应市场变化,并提出创新解决方案。同时,良好的文案创意和策划能力也是这些岗位不可或缺的素质之一,有助于提高产品推广效果,吸引更多的目标客户。

3.跨境电商管理岗

（1）岗位职责描述。跨境电商管理岗位扮演着企业中枢神经的角色,负责梳理并优化电商运营的各个环节,确保企业资源的高效利用和市场竞争力的不断增强。从市场调研到运营策略的制定,从货源管理到物流配送,再到网站推广和客户服务,该岗位涉及电子商务运营的全方位任务。这一职位要求员工不仅具备扎实的电商运作知识和国际贸易背景,还需熟悉物流体系的构建和管理,能够精确掌握市场动态,制定与之相适应的营销策略。

（2）岗位职业能力与素质分析。该岗位的工作人员需要具备出色的供应链管理能力,包括对产品方案的技术要求、成本控制、生产与交货周期的全面了解,以及对产品卖点的精准提炼和推广节奏的有效设计。高效的组织销售能力和优质的售后服务体系的建立也是不可或缺的。跨境电商管理人员不仅要有敏锐的市场洞察力和创新思维,更需具备强烈的责任心和进取精神,能够在快速变化的市场环境中稳步推进公司的跨境电商业务,实现企业的长期发展目标。

（二）跨境电商企业知识能力的要求分析

在全球电子商务的舞台上,跨境电商正成为连接国际贸易与电商创新的重要桥梁。这一领域不仅急需能够精通营销推广、掌握跨境物流流程以及具备高级视觉设计技能的专业人才,同时也对那些能够灵活运用电商平台、深谙大数据分析、用户体验优化及金融支付体系的多面手型人才有着极高的需求。随着市场的不断扩展和技术的日新月异,跨境电商领域对人才的要求愈发全面,旨在构建一个技术先进、市场敏锐、用户导向的跨国电商生态系统。

1.专业型人才介绍

跨境电子商务的蓬勃发展正推动着对一系列专业化及综合技能型人才的需求。这一领域的特殊性在于它融合了国际贸易和电子商务的复杂性,要求从业者不仅熟悉在线销售的技巧和策略,还需具备深入了解全球市场的能力。以下是跨境电商领域对人才的主要需求概述。

第一,市场分析师成为企业寻求的关键角色。他们负责深度分析目标市场的消费者行为、文化倾向和购物习惯,为产品定位和采购决策提供数据支持。此外,与供应链管理的紧密合作也是其职责之一,以确保产品的市场适应性和供应的连续性。

第二,技术开发和网站维护人员对于建立和优化企业的在线销售平台至关

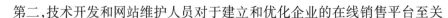

高校跨境电商产教融合人才培养理论与实践

重要。这包括具备多语种能力的程序开发人员和能够进行视觉设计的网页美工,他们共同作用于打造既吸引又易用的电商网站和店铺。

第三,视觉营销专家,如专业的摄影师和图像编辑人员也是跨境电商领域的重要人才。他们通过高质量的产品拍摄和创意图片编辑,增强产品页面的吸引力,从而提升消费者的购买意愿。

第四,客服代表同样扮演着不可或缺的角色,特别是在处理国际消费者咨询和售后服务方面。熟练掌握多种语言,能够根据不同文化背景有效沟通,解决纠纷的能力,对于维护品牌形象和消费者满意度至关重要。

第五,物流专家在跨境电商中起着核心作用,他们不仅负责订单的高效处理,还需熟悉国际物流的各项规定和流程,确保商品能够安全、及时地送达消费者手中。

跨境电商对人才的需求涵盖了从市场分析到技术支持,再到视觉营销和客户服务的各个方面。这要求相关专业教育和培训机构能够提供相应的跨学科课程和实践机会,以培养满足行业需求的复合型人才,进而推动跨境电商行业的进一步发展和创新。

2.综合型人才介绍

在全球化贸易的大潮中,跨境电商面临着一个多元化和高度复杂的国际环境。各个国家对电子商务的政策和规章各不相同,使得从事此领域的企业必须应对一个由多样化需求、长链条运营和复杂匹配需求构成的挑战。这种情况下,拥有广泛知识、多领域能力和灵活应变技巧的综合型人才,成为企业顺利开展跨境电商活动,实现国际市场扩张的关键力量。

(1)初级人才。初级人才是企业开展国际电商活动,实现从理论到实践转变的关键。具体而言,初级跨境电商人才须具备的能力可以从以下几个方面进行详细解读。

第一,跨语言沟通能力成为基石。对于以欧美为主要市场的跨境电商平台,如亚马逊、易贝等,英语交流能力是必备技能。同时,随着速卖通等平台在俄罗斯、巴西等新兴市场的迅猛发展,对于俄语、西班牙语等小语种的需求也日益增加。这要求初级人才不仅要能够用外语进行基本的沟通交流,还需要能够通过语言来理解和把握市场动态。

第二,深入了解海外市场的消费文化和需求是跨境电商成功的关键。这包括对目标市场的文化背景、消费习惯以及商品偏好的深入理解。这种文化和市场的敏感性能够帮助企业更好地定位产品,制定符合当地市场的营销策略。

第三,掌握国际知识产权保护和相关法律法规知识也至关重要。由于跨境电商活动涉及多国法律环境,初级人才需要具备一定的法律知识,能够有效应对知识产权纠纷等法律问题,保护企业和产品的合法权益。

第四,熟悉不同跨境电商平台的运营规则和技巧,能够根据平台特点调整运营策略,是初级跨境电商人才必须具备的能力。不同平台有着各自的规则和用户基础,能够灵活运用这些规则,优化产品展示和推广策略,对提高企业的市场竞争力至关重要。

(2)高级人才。在跨境电商领域,高级人才的角色不仅限于日常运营管理,更在于能够从战略高度审视行业发展趋势,预见未来变化,并据此制定有效策略。这类人才拥有深厚的跨境电商技术背景,同时在营销策略、数据分析、用户体验设计、国际物流及电商金融等多方面有着丰富经验和独到见解。他们能够综合利用这些技能,不仅为企业当前的运营提供强有力的支持,更重要的是能够带领企业顺应全球电商发展的潮流,走在国际化扩张的前列。

第一,需求匹配能力。精准的需求匹配能力是跨境电商企业的关键。这要求企业能够深刻理解不同市场、不同用户的具体需求,并据此制定针对性的产品和服务策略。高级人才需具备全球视野,能够准确识别国际市场的差异化需求,通过灵活的贸易链重构,选择最合适的渠道和营销策略,实现产品和服务的本地化匹配。

第二,高效整合能力。高效的资源整合能力对于跨境电商企业同样至关重要。在全球化的分工体系中,企业需要通过生态圈的建设,整合内外部资源,构建一套高效、协同的运作体系。这不仅包括对目标市场营销渠道的深入理解和本地化服务供应商的有效整合,也涉及如何利用企业的核心竞争力,实现资源的最优配置,提升本地化服务的竞争力。

第三,团队领导能力。卓越的团队领导能力是高级跨境电商人才不可或缺的素质。面对人才短缺的挑战,高级人才需具备敏锐的人才识别和培养能力,既能在内部发掘和培育潜力股,也能从外部吸引符合企业发展需要的高素质人才。此外,高级人才还需要具备强大的团队管理能力,不仅要能留住人才,还要营造一个积极向上、鼓励创新的团队文化,从而激发团队的潜能,共同推动企业的持续发展。

第四,政策规则应对能力。全球贸易政策和规则正经历着前所未有的变化,这对跨境电商企业提出了更高的要求。高级人才需要具备敏锐的政策洞察力,能够及时捕捉国际贸易规则、政策变动以及关税制度的最新动态。这不仅要求他们能够深入理解和分析各国的进出口政策和市场趋势,还要能够基于这些变化制定灵活的应对策略,以保证企业能够顺畅地进行国际交易,降低潜在的贸易风险。

第五,创新创业精神。面对跨境电商这一不断发展的新兴领域,高级人才需具有强烈的创业心态和创新精神。在没有固定模式可循的情况下,他们必须敢于实验新的商业模式、探索新的市场机会,并勇于面对失败,从中汲取经验,持续学习和改进。这种不断尝试和勇于承担的精神是推动企业在激烈竞争中保持领先地位的重要动力。

(三)跨境电商人才培养目标以及培养要求

1. 人才培养目标

教育机构与企业联合的目标是培育出一批既具备坚实的英语语言技能,又拥有全球化视野的新型商务人才。这些人才不仅需精通国际商务的专业知识和技巧,还应掌握经济、管理以及数字营销等多领域的基础理论和实践知识。此外,他们应具有优秀的跨文化沟通技巧和深厚的人文关怀,能够在全球化的商业环境中,以英语为工作语言,在跨境电子商务、国际贸易、企业管理及金融服务等多个领域展现出色的职业能力和综合素质。这样的培养目标旨在为国际商务领域输送具备理论知识且能够适应并解决实际问题的高素质专业人才。

2. 人才培养要求

(1)跨文化素质。在培养跨境电商人才的过程中,强调多维度素质的全面提升至关重要。首先,跨文化理解能力成为基石,要求人才不仅深入了解中国的丰富文化遗产,还需对英语国家及其他国家的历史背景、文化特征及社会发展有全面的认识。这样的文化敏感性和人文关怀能助其在全球商务环境中更有效地沟通与协作。科技能力也是跨境电商人才不可或缺的基础素质之一。这包括熟练掌握现代办公软件与设备,以及具备基本的科学研究方法和技能,为未来的专业深造和创新工作打下坚实的基础。此外,良好的心理素质亦是跨境电商成功的关键。在快速变化的国际商务环境中,人才需要展现出优秀的团队合作精神、快速适应变化的能力、熟练的社交技巧以及在压力下作出灵活应对的能力。这些素质的综合,为跨境电商人才在面对复杂挑战时提供了有力的心理支撑和行动指南。

(2)英语语言知识与技能。为了适应跨境电商的需求,培养具有国际竞争力的商务英语专业人才,必须着重培养对英语语言的全面掌握和实际应用能力。这包括深入学习和精通英语的基础知识——语音、词汇、语法等,以及全面发展听、说、读、写、译等关键技能。此外,实践中的语言运用能力,如有效的交际技巧和灵活运用语言学习策略也是不可或缺的。具体而言,课程设计应涵盖商务英语的各个方面,从基础的商务英语听、说、读、写到更为专业的商务英语翻译和视听说课程,旨在通过综合训练,提升学生在真实商务环境中使用英语进行有效沟通的能力。这样的课程设置不仅有助于学生掌握丰富的商务专业知识,还能够让学生在实践中不断提高自己的语言实际应用能力,为将来在跨境电商领域的职业生涯打下坚实的基础。

(3)商务知识与技能。为了满足跨境电商行业对复合型商务人才的需求,教育机构必须提供一个全面的商务知识教学体系。这意味着,除了基本的经济和管理学科知识,学生还应深入学习国际贸易法规、营销策略以及电子商务等领域的专业知识。课程设计应囊括国际贸易实务、跨境电商运营等实用课程,旨在加强学生的专业能力培养。通过结合理论学习与实际操作训练,以及积极鼓励学生参与社会实践和实习项目,学生能够获得必要的实战经验,提高解决实际问题的能力。这样的教育模式不仅帮助学生建立扎实的基础商务知识,还能培养他们在复杂的国际商务环境中灵活应对各种挑战的能力,为未来在跨境电商领域的职业发展奠定坚实基础。

(4)跨文化交际能力。培养具备高效跨文化交际能力的跨境电商专业人才,是对接国际市场、促进跨国商务活动顺利进行的关键。这种能力不仅涉及掌握全球化的商务意识和对国际商务惯例的熟悉,还包括对不同文化背景下交流的敏感性和适应性。具体来说,跨境电商人才需发展以下几个方面的能力:首先,跨文化思维能力是基础。这要求人才能够理解并尊重不同文化的价值观和行为习惯,具有全球视野,能够在多元文化的背景下进行思考和决策。这包括对贸易伙伴国的政治、经济和文化背景的深入了解,以及能够系统地分析和比较不同文化现象的能力。其次,跨文化适应能力对于在多元文化环境中的有效沟通至关重要。这不仅涉及心理层面的调整,如在面对文化差异带来冲突时保持积极的态度,还包括在实际交流中能够灵活应对、有效克服交际障碍的实践能力。最后,具体到跨文化沟通能力,跨境电商人才需要能够在国际化商务环境中,通过适当的语言和非语言交际策略,与来自不同国家的人有效交流和合作。这不仅意味着能够在商务交际中正确表达自己的情感和态度,还包括能够理解和利用文化差异对交际效果的影响,以促进商务活动的成功进行。

(5)网络营销能力。在当今数字化营销时代背景下,跨境电商行业对网络营销能力高素质人才的需求愈发迫切。这类人才不仅需要掌握丰富的营销知识和现代营销理念,更要具备熟练的网络营销技能和良好的职业道德。为此,教育机构和企业需共同努力,针对性地培养能够满足跨境电商发展需求的复合技能型营销人才。首要任务是加深学生对网络营销的理论基础和专业技术的理解,这包括但不限于数字营销工具的功能特性、运营策略、相关法律法规以及市场营销的基本理论。进一步讲,学生应通过实践学习掌握如何有效利用这些工具进行市场分析、目标定位、营销推广等操作流程,培养其应对网络营销活动中可能遇到的各种情况的专业判断和处理能力。除了专业技能的培养外,塑造学生的职业素养同样重要。这不仅涵盖了网络礼仪的遵循,更强调了培养学生的职业道德、思想境界和身心素质,确保其能够以健康积极的态度面对职业挑战,引领网络营销的创新和发展。

面对跨境电商领域激烈的国际竞争和人才缺口现状,教育机构需依据企业的实际需求,调整和优化课程设置,通过校企合作模式,加强学生的实践能力和创新能力培养,为社会输送具备全面技能、高素质的跨境电商营销人才。通过这样的教育改革和人才培养策略,可以更好地满足跨境电商快速发展的人力资源需求,助推企业和行业的持续健康发展。

第三节　跨境电子商务人才需求的现状分析

跨境电商领域正迅速扩展,吸引了众多传统企业的加入,进一步激增了对专业人才的需求。当前,该行业面临的挑战不仅是人才数量的不足,更重要的是在人才的质量上也存在缺口,导致供求矛盾日益突出。跨境电商不只青睐年轻的工作力量,还特别需要具备管理能力和跨学科技能的人才。尤其是在国际贸易、电子商务及外语能力方面的专业人才,成为市场上的热门需求。这种趋势凸显了跨境电商领域对于高质量人才的渴望和追求。

具体来说,跨境电商人才需求的现状主要突出在以下七个方面。

一、市场扩展刺激人才需求

随着跨境电商行业的蓬勃发展,市场的持续扩大正引领着对专业人才的高需求。根据 eBay 进行的一项研究显示,超过 94% 的受访企业计划在不久的将来扩展业务规模、增加产品种类及市场范围,并积极招募新的人才。这种积极的招聘趋势反映了跨境电商企业对该行业未来发展的坚定信心,预期业务的增长将伴随着对人才的大量需求。此外,跨境电商的扩展不仅得益于行业内部的创新和进步,还受到了政府政策的鼓励和支持。这种外部环境的有利因素促进了企业规模的扩张,同时也加剧了专业人才供不应求的局面。企业在追求增长的同时,面临着如何吸引和保留具有国际视野、电子商务专长以及外语能力的复合型人才的挑战。

因此,跨境电商企业正处在一个人才需求快速增长的阶段,需要通过各种策略来满足其对高质量人才的迫切需求。这包括提供有竞争力的薪酬福利、职业发展机会以及创造一个积极向上的工作环境,以吸引和留住行业精英,支持企业的持续发展与市场扩张目标。

二、特定专业人才需求扩大

跨境电子商务行业的崛起对特定领域的专业人才产生了巨大的需求,特别是在国际贸易、电子商务和外语这三个专业领域。这种需求的增长既反映了中国高等教育体系中这些学科的培养现状,也密切关联跨境电商业务的特殊要求。尽管跨境电商作为一个领域,与传统的国际贸易和电子商务相比,有其独特性,但它们之间存在众多相似之处。

跨境电商可以视为电子商务在全球市场的延伸,也是在新兴的信息和网络技术驱动下,传统国际贸易的自然演进。在这一背景下,拥有国际贸易知识、电子商务技能以及外语能力的专业人才,就在跨境电商领域占据了独特的竞争优势。他们不仅能够理解国际市场的复杂性,还能利用最新的电子商务技术和工具有效地沟通和交流,从而推动企业在全球市场中的扩展和成功。

因此,跨境电子商务企业在扩展其全球业务时,对于这些专业背景的人才有着极高的需求。这不仅要求教育机构加强这些领域的专业培养,以满足行业的人才需求,同时也意味着从业者需要不断更新自己的知识和技能,以适应跨境电商不断发展变化的需求。

三、年轻群体受行业偏爱

根据 eBay 进行的一项调查,接近一半的企业表达了在人才招聘过程中对于新毕业生的偏好,同时有超过半数的企业计划在未来一年开展校园招聘活动。这一趋势揭示了跨境电商行业对年轻人才的高度重视。作为一个兴起和快速成长的领域,跨境电商特别需要那些能迅速适应新兴事物、对网络时代生活方式有深入了解和体验的年轻人。这一群体不仅学习新知识的速度快,而且具备较高的适应性和创新能力,这对于处在不断变化中的跨境电商行业来说至关重要。

年轻人,尤其是应届毕业生,因其较强的可塑性和相对较低的招聘成本,成为跨境电商企业招聘策略中的重要组成部分。这不仅有助于企业构建一个充满活力和创新精神的团队,也使企业能够以较低成本满足对基层人员的大量需求。此外,随着跨境电子商务市场的扩张,对于年轻人才的需求不仅限于基础层面,更在于他们能够为这一行业带来新的思维方式和解决问题的方法。因此,跨境电商行业对年轻群体的偏爱不仅体现在招聘策略上,更反映出企业对创新和未来发展的重视。通过吸纳年轻人才,跨境电商企业不仅能保持竞争力,也为行业的持续发展注入了新鲜血液。

四、管理型人才相对稀缺

根据 eBay 最新的调查结果,管理类人才在跨境电商企业中显得尤为紧缺。数据显示,约35%的受访企业正计划引进管理层次的专业人才,而近30%的企业表示有意招募供应链和物流管理方面的专才。技术开发人才的需求也显示出较高的比例。随着跨境电商领域的快速扩张和技术应用的深化,企业的运营和管理变得越来越复杂,从而迫切需要具备高级管理和专业技能的人才来优化业务流程和提升管理效率。

这种对管理型人才的迫切需求,不仅反映了业务发展的多元化和复杂化,也突显了内部管理提升的重要性。企业在快速成长的同时,面临着如何有效整合资源、提高运营效率、降低成本和提升客户满意度的挑战。因此,不仅是业务管理人才,那些在技术开发、供应链管理和物流管理等领域有深入了解和实践经验的专业人才,成了跨境电商企业亟待补充的关键力量。这一现状要求跨境电商企业不仅要加强对技术和专业型人才的招聘力度,更要关注那些能够带领团队应对市场变化、优化管理流程、提高业务效率的管理型人才。只有构建一个多元化、专业化、高效率的团队,企业才能在竞争激烈的跨境电子商务市场中占据优势,实现可持续发展。

五、复合型人才需求紧迫

在跨境电商的独特领域内,对于具有多重技能和知识的复合型人才的需求正变得日益迫切。尽管这一行业与国际贸易和电子商务分享了许多共通点,但其特定的业务需求和挑战要求从业者拥有更为广泛和深入的技能集合。具体而言,跨境电商企业寻求的人才,不仅需要掌握电子商务的基本知识,如平台的搭建、运营管理等,还要能够有效进行市场开发、策划营销活动,同时对跨境物流、国际支付方式以及跨国经营管理等领域有深刻理解。

此外,鉴于跨境电商的全球性质,从业者还必须具备强大的外语沟通技能,能够跨文化交流,理解目标市场的文化背景、消费习惯和法律法规等,这对于成功进入和拓展国际市场至关重要。因此,跨境电子商务领域不仅需要那些在技术或商业管理上有专长的人才,更需要那些能够融合这些知识与技能,适应复杂多变的国际市场需求的复合型人才。

随着跨境电商行业的不断扩展和国际市场的竞争加剧,企业对于这类能够跨学科工作、理解多元文化,并能在快速变化的市场环境中做出灵活应对的复合型人才的渴求越来越强烈。这种人才能够为企业带来创新的思维方式和解决问题的全新方法,帮助企业在全球竞争中保持领先。

六、不同规模企业对人才需求的差异显著

在跨境电商领域,企业的规模往往是决定其人才需求差异的关键因素之一。小型企业由于资源有限,因此更偏向于招聘复合型人才,这些人才需要具备多方面的技能,能够胜任多种工作任务。在小型企业中,员工需要灵活应对各种电商运营任务,同时还需要具备市场开发、客户服务等能力,以确保企业资源的最佳利用。相对而言,中型企业对专业型和复合型人才的需求则相对平衡。随着企业规模的扩大,中型企业开始注重团队成员的专业性与多样性,这有助于支撑企业的稳定发展和提升市场竞争力。而对于大型企业而言,其业务范围广泛且组织结构复杂,因此对复合型人才的需求更为迫切。这些企业需要具备跨领域知识和技能的人才,能够协助处理复杂的业务问题和挑战,支持企业在拓展业务、创新服务及管理团队等方面取得成功。综上所述,不同规模的跨境电商企业因其业务特点和组织结构的不同而对人才的需求也有所差异,灵活应对并有效匹配人才是企业成功发展的关键之一。

七、从业人员缺少培训

随着跨境电商行业的蓬勃发展,人才培训成为业内的重要议题。然而,当前的现状是绝大多数从业人员尚未接受过专业的培训,这引发了业界的关注与反思。在跨境电商行业的快速发展趋势下,这一现象愈发显著。尽管从业人员普遍表现出强烈的学习愿望和自我提升意识,但他们意识到单凭自身原有的知识结构已无法满足行业的快速变化和市场需求的挑战。

尤其值得注意的是,跨境电商平台提供的培训备受从业人员青睐。这类培训因其紧密贴合实际操作和最新市场动态而受到广泛欢迎。从业人员对于这种培训表现出了极高的兴趣,因为培训能够帮助他们更好地适应行业的变化和发展。此外,企业自行组织的内部培训和商业机构举办的专业培训也比较受欢迎。这些培训项目在一定程度上填补了市场上的培训空白,为从业人员提供了更多的学习和提升机会。

然而,政府和大学主导的培训项目却未能得到从业人员的广泛认同。主要原因在于这些培训项目与市场需求脱节,无法及时反映技术发展和市场变化的最新趋势。因此,这些培训项目需要更具灵活性和实践性,以满足从业人员的需求。

因此,跨境电商行业的人才培训面临着诸多挑战和机遇。有效的培训机制将有助于提高从业人员的专业素养和竞争力,推动整个行业的健康发展。

第三章

高校产教融合发展与跨境电子商务教育实践

本章聚焦高校教育与跨境电商产业的深度融合机制,提出"七维协同推进框架":通过目标协同、资源协同、课程协同、师资协同、文化协同、评价协同及利益协同,构建产教融合生态闭环。研究创新性地提出"校企双元育人机制",通过四阶路径,破解传统教育与产业需求脱节难题。

第一节 产教融合的内涵

"产教融合"作为职业教育的核心观念,其基本定义、影响因素以及创新的组织架构等方面在教育领域内仍未达成共识。因此,本书旨在对这一议题进行必要的探索和讨论。

一、产教融合的基本理论

产教融合是近年来教育改革的重要趋势之一,强调产业界与教育界的紧密合作,以期达到教育资源的优化配置和提高教育质量的目的。下面是产教融合的一些基本理论。

(一)三螺旋理论

在20世纪末期,亨利·埃茨科威兹(Henry Etzkowitz)和罗伊特·雷德斯多夫(Loet Leydesdorff)两位具有前瞻性的学者合著了一部划时代的著作,引入了一种全新的理论模型——三螺旋模型。该模型深刻阐释了在现代社会经济发展中,政府、大学与产业之间复杂而又紧密的相互作用。这一理论模型不仅为理解各方在知识创新过程中的角色提供了新的视角,也为促进科技进步和经济增长开辟了新的途径。

根据三螺旋理论,政府不仅是制定政策的权威机构,更是促进合作和创新的关键力量。通过有效的政策支持和资金投入,政府可以激发大学和产业界的创新潜力,推动科技成果的转化和应用。而大学作为知识和技术的孵化器,不仅负责培养未来的科技人才,还致力于基础科学和应用科学的研究,为社会经济发展提供强大的智力支持。产业界则将研究成果转化为实际的商品和服务,推动经济的持续增长和社会的全面进步。

三螺旋理论的独特之处在于其强调了三方之间的角色重叠和功能互补。在这一模型中,每个参与方既保持其核心职责,又在某种程度上承担了其他两方的角色:大学在进行科研活动的同时,也可能承担企业化的特性,参与产品的开发和市场化;产业界则可能参与研究项目,支持学术研究;政府在制定政策的同时,也可能直接参与到科研项目和创新活动中。这种角色的互补和交错,促成了一个动态的创新生态系统,为社会经济的发展提供了强有力的驱动力。此外,三螺旋理论还强调了区域发展的重要性。通过促进地方政府、地方高校和地方产业的深度合作,可以有效整合资源,发挥地方特色和优势,推动区域经济的发展和升级。这种以合作为核心的创新模式,不仅加快了科技成果的转化速度,也为解决地方和全球性问题提供了新的思路和方法。

(二)组织理论

在 1981 年的开创性著作《组织理论:理性、自然和开放系统》中,理查德·斯科特(W. Richard Scott)深入探讨了组织的本质,提供了对组织内部结构、组成要素及其与外部环境之间复杂关系的全面分析。Scott 教授将组织定义为一个由相互依存的行动、人员、资源和信息流组成的动态集合体,这个集合体通过不断演变的联盟将参与者联系起来,同时这些联盟又深植于更为广泛的物质资源和制度环境之中。斯科特的理论提出组织主要分为理性系统、自然系统和开放系统三种基本类型,为我们提供了理解组织行为和管理实践的重要视角。在他看来,这些系统特征不仅彰显了组织的持久性、可靠性和责任能力,还体现了组织之间融合的必要性。组织的融合度反映了其自组织能力的强弱,指出了一种向更高效、更自主的组织形态演进的路径。此外,斯科特强调了组织的开放性,指出在维护各自利益的同时,不同的社会组织应当寻求与其他组织的融合与共同发展。① 这种观点不仅为组织理论提供了新的维度,也为管理实践和社会组织的发展指明了方向。

（三）协同学理论

1976 年,德国物理学家赫尔曼·哈肯(Hermann Haken)所著的《协同学导论》为科学界揭开了一个全新的视角,探索了系统之间如何通过相互作用与合作来促进秩序和变化。此著作之后在中国被译为《大自然构成的奥秘》等版本,提出了一个核心观点:无论是生物系统、物理系统还是社会系统,它们都能通过一种被称为"协同效应"的过程相互协作,实现从无序到有序的转变,反之亦然。哈肯的协同学理论不仅深化了我们对自然界和社会现象演进规律的理解,还为解释复杂系统如何能够自我组织和演化提供了理论基础。协同学理论的精髓在于强调系统组成部分之间的相互作用,这些作用超越了单个组成部分的简单叠加,产生了全新的甚至是意想不到的整体效应。这种观点指出,即使是最简单的元素,当它们以特定的方式相互作用时,也能产生复杂且高度有序的结构和行为模式。哈肯的理论启示我们,通过研究系统内部的相互作用机制,我们可以更好地理解系统如何响应外部挑战、如何在混沌中创造秩序,以及如何通过内在的调节机制实现自我优化和适应性发展。协同学理论在多个学科领域都有着广泛的应用,从物理学到生物学,从经济学到社会科学,甚至是技术创新和组织管理,都可以找到它的身影。通过揭示复杂系统内部动态的基本原理,这一理论为我们提供了一种全新的理解和解决问题的方法。它强调的不仅是系统内部元素的相互作用,更重要的是这些作用如何协同合作,产生超越个体能力的集体智慧和能力。② 哈肯的协同学理论提供了一个框架,帮助我们认识到在自然界和人类社会中,协同合作不仅是一种普遍现象,而且是形成更加复杂、更加有序和更强适应性的系统的关键机制。

---

① 王保宇.深化产教融合:协同主体及影响因素[J].职业技术教育,2018,39(18):29-33.
② 贺晶晶.基于协同理论的高职"芙蓉工匠"人才培养机制研究[J].职业教育研究,2020(5):10-14.

(四)教育内外部基市矛盾理论

1997 年,潘懋元先生提出了一个深刻的教育理论观点,即"教育内外部矛盾基本规律",这一理论深入探讨了教育系统内部与外部因素之间复杂且微妙的相互作用和制约关系。根据潘先生的理论,教育系统不仅需要与社会发展的要求保持一致,同时也要对社会的政治、经济、科技和文化等领域做出贡献。这种双向互动的核心,旨在实现教育的社会服务功能,同时确保教育活动本身的内在价值和目标得到实现。潘先生进一步阐释了教育系统内部的基本规律,即在社会主义教育框架下,教育的根本目的是培养全面发展的人。这一点凸显了教育活动不仅仅是传授知识和技能的过程,更重要的是促进个体的全面发展,包括道德、智力、体质等各个方面。教育的这一内部要求,与其外部功能——为社会的政治、经济、科技、文化发展提供支持和服务之间存在着紧密且复杂的相互关系。在潘先生的理论中,教育内外部矛盾的概念提供了一个分析和理解教育系统如何在不断变化的社会环境中找到其定位和路径的框架。教育系统的内部规律需要在外部社会环境的制约下得以实现,而外部环境的需求又通过教育系统的内部机制得到满足。这种动态平衡的实现,要求教育政策制定者、实践者和学者们不断地在教育的内在价值与外部服务功能之间寻找最佳的平衡点。[1] 该理论的实践价值在于,它为教育改革和发展提供了明确的指导原则,即在忠实于教育内在目标的同时,也要主动适应和服务于社会发展的需要。特别是对于高等教育机构而言,树立主动服务社会的意识,不仅是其社会责任的体现,也是其发展和提升自身影响力的关键。高等教育机构应通过科研创新、人才培养等活动,为解决社会面临的挑战贡献力量,同时也促进了教育本身的质量和效率的提升。

(五)教学服务理论

2007 年,刘献君先生提出了"建设教学服务型大学"的高等教育思想,这一理念旨在重新定义高等教育机构的角色和使命,强调高职院校应当致力于培养符合地方经济社会需求的技术技能人才,并产出服务于地方发展的应用性成

---

① 黄智字,潘懋元.高等教育思想研究笔谈[J].有色金属高教研究,1999(2):3-13.

果。刘先生的思想核心在于,教育和教学不仅仅是知识传递的过程,更是服务于学生个人发展和社会经济进步的活动。这一观点主张教育应与地方经济社会发展紧密结合,推动知识的创新、传播和应用,通过构建新型的教学与科研模式及组织制度,实现教育的社会服务功能。刘献君先生的"教学服务理论"在当今中国高等教育领域具有深远的影响和指导意义。它不仅为高职院校提供了一种切实可行的发展方向,也为整个高等教育系统的改革和发展提供了新的思路。这一理论强调,高等教育机构应超越传统的教学和研究职能,更多地关注其对社会经济发展的贡献,这与马陆亭教授和别敦荣教授的观点不谋而合。他们认为,美国的研究型大学之所以能够取得领先地位,并非仅仅依靠学术论文的产出,而是因为其突出的社会服务功能。

此外,"教学服务理论"也强调高等教育在培养学生时,不仅要注重知识的传授,更要着重于学生能力的培养和实践经验的积累,使学生能够更好地适应社会需求,为社会发展做出贡献。这一理论倡导高校教师应转变传统观念,将"服务科学"与"服务生产"视为同等重要,强化教育的实践性和应用性,促进学术研究与社会需求之间的有效对接。①

二、产教融合内涵分析

(一)"产"与"教"的含义

在当代社会的经济发展与人才培养中,"产教融合"作为一个创新概念,显得尤为关键。其中,"产"代表着产业界,它涵盖了生产物质产品和提供劳务的所有经济活动,包括广泛的国民经济中的各行各业。这一概念在宏观管理中通常被理解为广义上的产业,包括了从事物质产品生产到提供各种服务的集合体。② 而"教"即教育,其核心不在于直接创造物质财富,而是培养和提供人力资源,为其他产业的发展提供支持。

职业教育在"产教融合"中扮演着至关重要的角色,它专注于为产业界培养

---

① 别敦荣.现代大学制度建设必须服务于全面提高高等教育质量[J].大学(学术版),2012(1):47-49.

② 曹丹.从"校企合作"到"产教融合"[J].天中学刊,2015(1):133.

急需的技术技能人才,包括生产、管理以及服务领域的专业人才。这样的教育不仅为学生提供了就业前的必要技能训练,也直接响应了产业界对高素质人才的迫切需求。通过这种融合,教育系统与产业界紧密配合,不仅能够加快知识与技术的更新换代,还能促进社会经济的协调发展和技术创新。"产教融合"实际上是一种双向互动与共赢的策略。从教育的视角来看,这种融合有助于职业教育体系更紧密地与产业发展趋势相结合,使教育内容和教学方法更加贴近实际工作需求,从而提高教育的质量和效果。从产业的视角来看,通过与教育机构的合作,产业不仅可以获得更加匹配的人才,还可以影响教育内容的设计,使之更加符合未来发展的需求。

"产教融合"不仅是一种教育和产业发展的策略,更是一种社会发展的必然趋势。它要求教育与产业界的深度合作,共同培养符合社会发展需求的高素质人才,以促进社会经济的全面进步。这种合作不仅能够为学生提供更多的实践机会,加强其职业技能,也能为产业界注入新鲜血液,推动技术创新和产业升级。因此,深化"产教融合",构建紧密协作的教育与产业发展模式,已成为推动现代社会发展的关键动力。

(二)产教融合的内涵

在当前教育和产业发展的交叉领域中,"产教融合"已成为促进职业教育进步和产业创新的重要策略。学术界对于产教融合的定义各异,展现了这一概念的多维度和复杂性。例如,曹丹将其视为教育与生产的一体化过程,而长沙环境保护职业技术学院的罗汝珍更倾向于认为产教融合是职业教育与物质生产、社会服务行业共同开展的一种新型组织形态。[①] 其他学者如安庆职业技术学院的高飞和黄冈职业技术学院的陈年友,分别强调了校企互动和职业教育与产业深度合作的重要性。[②] 淮海工学院的王秋玉认为:"产教融合是由高职院校与地

① 罗汝珍.职业教育产教融合的价值判断、现实困境及路径选择[J].职业技术教育,2017,38(25):49-53.

② 陈年友,周常青,吴祝平.产教融合的内涵与实现途径[J],中国高校科技,2014(8):40-42.

方特色优势企业在产学研等方面开展的类型丰富、层次多样的合作。"①这些观点虽然各有侧重,但都体现了一个共识:产教融合是教育与产业界紧密合作的必然结果,旨在通过这种合作提升人才培养质量和满足产业发展需求。然而,这些定义也暴露出对产教融合更广泛的参与主体——政府、行业组织和中介机构角色的忽视。这些参与者在促进教育与产业融合、构建协同发展的生态系统中扮演着不可或缺的角色。

在笔者看来,对"产教融合"这一概念的理解应分为宽泛和具体两个层面。在宽泛的意义上,产教融合被视作教育体系与产业界在发展轨迹上的一种全面融合,这不仅仅涵盖了从基础教育到高等教育乃至成人教育的全生命周期,而且强调了终身学习的重要性。这种广泛的定义揭示了教育与产业发展之间的内在联系,认为二者的融合是贯穿个体教育和职业生涯发展的持续过程。

具体而言,产教融合特指在高等职业教育层面,学校、企业以及政府、行业组织和社会各界围绕人才培养、技术创新及应用、职业技能提升和就业创业支持等方面进行的深度合作。这一定义更侧重于解决中国高等教育和职业教育面临的实际需求,即通过加强教育系统与产业界的连接,提升教育质量,以促进社会经济的进步。这种紧密的协作不仅有助于优化资源配置,更能有效对接教育输出与市场需求,实现教育内容与产业实践的无缝对接,促进学生的全面发展和就业能力的提升,进而推动社会经济的持续健康发展。

(三)产教融合与产学研合作、校企合作的关系

在当代教育与产业融合的讨论中,概念的深入理解与区分尤为重要。虽然学术界存在将产教融合直接等同于产学研合作或校企合作的观点,但这种简化的认识未能完全揭示这些概念的全貌及其内在联系。事实上,产教融合、产学研合作、校企合作三者之间存在着既有联系也有区别的复杂关系,这些关系涵盖了教育与产业合作的不同维度与层次。

产教融合是一个宽泛的概念,它不仅仅局限于职业教育领域,同样适用于研究型大学、应用型本科院校以及高等职业院校。这一概念强调的是教育体系

---

①　王秋玉.产教融合背景下应用型人才培养实践教学模式改革研究[J].开封教育学院学报,2018,38(8):144-145.

与产业界在人才培养、科技研发和技术应用等方面的全面一体化合作。与此同时,产教融合还涉及政府、行业、中介等多方参与,形成一个更为全面的合作网络,旨在推动教育质量的提升与产业发展的创新。产学研合作则更多聚焦于高等教育机构、研究机构与企业之间的合作,侧重于科学研究与技术开发。这种合作形式往往以项目为基础,注重短期成果的产出,而其合作的持续性和深度相较于产教融合来说有所不足。校企合作则更加聚焦于教育机构与企业之间的直接合作,特别是在人才培养和实践教学方面的合作。它作为产教融合的重要组成部分,体现了教育与产业紧密联系的具体实践,但其覆盖范围与合作深度相对较小。

产教融合与产学研合作、校企合作之间的区别和联系体现了教育与产业合作的多层次、多维度特性。产教融合作为一种宏观层面的策略,旨在通过多方参与者的密切合作,构建一个涵盖教育、研究和产业实践全过程的综合体系。这种综合体系不仅包含了校企之间的直接合作,还融入了政府、行业组织、中介等多方力量,共同推动人才培养模式的创新,加速科技成果的转化与应用,促进社会经济的全面发展。

因此,理解这三者之间的关系,需从宏观到微观、从理论到实践多个层面进行深入分析。在实际操作中,不同教育机构和产业企业应根据自身定位和需要,选择合适的合作模式,以实现教育质量的提升和产业发展的互利共赢。同时,政府和相关部门也应发挥其在政策制定、资源调配和环境构建中的作用,为产教融合与产学研合作提供更加有力的支持与保障。

三、产教融合影响因素

在推动产教融合的过程中,各参与主体——政府、行业组织、教育机构、企业以及中介机构面临着一系列因素的影响与挑战。这些因素对于促进教育与产业深度融合至关重要,它们共同构成了产教融合成功实施的基础。在这个体系中,人才培养与技术创新被视为核心驱动力,它们直接关系到产教融合的效率和成效。除此之外,还有一系列辅助性因素对产教融合的推进起着不可忽视的作用。这包括但不限于改革观念的更新、体制机制的完善、资金支持的保障、项目合作的具体实施、远见卓识的愿景规划、资源的合理配置、机构的有效运作、平台建设的优化、信息流通的畅通以及文化融合的促进等。这些因素相互交织，共同影响着产教融合的全局和细节，是各方需共同关注和优化的关键因素(图3-1)。理解并有效整合这些因素，将为教育与产业的深度融合提供坚实的支撑，促进双方互利共赢，共同发展。

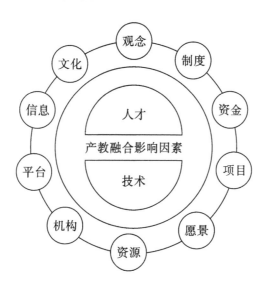

图3-1　产教融合影响因素

（一）产教融合的核心影响因素

1. 人才因素

在产教融合的进程中，人力资源的角色至关重要，它直接决定了该领域发展的动力和质量。这些人力资源不仅涉及教育界、工业界、政府部门、中介组织的专业人员，还包括推进产教融合的各方面人才。在没有这些关键人才的情况下，科技创新及其在产业中的应用几乎是不可能的。特别是对于高等职业教育机构而言，对高级、实用型人才的需求尤为迫切。这包括能够引领技术和创新方向的领军人物、能共同进行创新工作的团队、精通技术应用的专家和掌握专业技能的技工。这四种类型的人才构成了满足产教融合需求的基础，是实现教育与产业深度融合的关键所在。因此，培养和吸引这些人才是推动产教融合向前发展的首要任务。

2.技术因素

推进产教融合的过程中,技术因素起着至关重要的作用,它涉及新技术的创造、新工具的开发、新工艺的应用以及新产品的推出,构成了能够显著提升社会经济效益的知识和技术体系。根据《国务院办公厅关于深化产教融合的若干意见》,企业、教育机构和科研单位被鼓励在产业的关键技术和核心工艺领域进行共同研究和创新,以促进科研成果快速转化为实际生产力。

在这一体系中,技术不仅是连接政府、行业、企业、教育机构及中介机构的关键纽带,也是推动产教融合向前发展的核心动力。市场的需求促使技术不断更新,政府作为推动者,通过制定相关政策和提供资金支持促进技术创新和应用;教育机构作为技术供应方,培养技术创新人才,进行基础与应用研究;行业和企业则作为技术需求方,指明技术发展的方向和应用的场景;中介机构则在这一过程中扮演着技术转移的角色,桥接不同主体间的技术需求和供应。

(二)产教融合的其他影响因素

1.观念影响

认识和态度对于推动产教融合的进程起着决定性的作用。一个清晰且积极的理念能够激励参与者积极行动,而对于产教融合概念的模糊理解或消极态度则可能成为实施过程中的障碍。通过对高职院校和企业进行调查发现,两者对于产教融合的深刻含义及其在实践中的应用缺乏足够的理解。高职院校方面,许多院校尚未充分认识到产教融合在提升教育质量和满足行业需求方面的关键作用,对如何有效实施产教融合缺乏明确的方向和策略。在企业层面,尽管存在与教育机构合作的意愿,但对于如何深化校企合作,如何通过产教融合促进企业和教育双方共同发展的具体途径理解不足。这种观念上的差异和不足反映了当前产教融合面临的挑战之一,即需要在全社会范围内提高对产教融合重要性的认知,明确产教融合的目标、内容和实施路径。

2.制度影响

制度框架在推动产教融合的过程中扮演着基础性角色,涉及国家层面的法律法规、教育机构的管理体系、行业的标准制定以及企业内部的融合实施规范。当前,这些制度性安排在很大程度上未能及时适应产教融合快速发展的需要,表现出一定程度的落后。这种滞后性不仅影响了产教融合的效率和效果,也限制了其在更广泛领域内的深入推进。为了解决这一问题,迫切需要对现有的制度进行审视和更新,确保它们能够更好地支持和促进产教融合的健康发展。

3. 资金影响

在产教融合的进程中,资金的支持起到了关键性的作用。资金来源的多样性,包括政府拨款、企业投资、学校自筹以及社会资本的参与等,对于保障这一复杂体系的顺畅运作至关重要。国际经验表明,企业在资金投入方面日益成为产教融合及校企合作的重要力量,这一变化反映了企业对于人才培养和科技创新的重视及其愿意为之投入资源的态度。相较之下,我国在产教融合及校企合作的资金投入结构中,政府和教育机构仍然扮演着主导角色。然而,由于财政资源的有限,很多高职院校面临资金不足的问题,这限制了它们在推动产教融合、加强校企合作方面的能力。尽管高职院校认识到产教融合对于提升教育质量和满足产业需求的重要性,但财政紧张的状况使其难以将足够的资源投入这一领域。

4. 项目影响

项目合作在促进产教融合过程中扮演着至关重要的角色,它们不仅是实现校企合作的主要方式,也是连接教育与产业界各方面的重要桥梁。具体而言,通过政府引导的项目、企业发起的技术研发项目以及高等教育机构的人才培养与科研项目,可以有效地促进教育内容与产业需求之间的紧密对接。尤其是应用技术项目,它们在促进理论与实践结合、提升学生实践能力、推动技术创新等方面发挥着核心作用。然而,当前高等职业教育院校面临的一个挑战是,来自企业界的项目合作及资金投入相对有限,这在一定程度上限制了产教融合的深度和广度。为了改善这一状况,高职院校需要主动拓展与企业及地方政府的合作渠道,积极参与到地方经济发展和社会服务中去,通过建立更为紧密的合作关系,争取更多的合作项目,这包括但不限于人才培养合作项目、技术研发项目、平台建设项目等,通过这些项目的实施,不仅可以增强学生的实践技能和创新能力,也能为地方经济的发展提供强有力的技术支撑和人才保障。

5. 愿景影响

共同的发展愿景在推进产教融合中扮演着基础性角色。合作各方——教育机构、政府、行业和企业,虽然各自的目标和价值观可能存在差异,但实现有效融合的关键在于寻找和塑造共享的发展目标。缺乏统一的愿景很可能导致合作的方向和效率受到影响,阻碍了产教融合的深入发展。因此,建立一个共识,即所有参与者都认可并致力于实现的长远目标,是促进产教融合向前发展的重要前提。

6. 资源影响

产教融合中的资源影响通过多维度协同机制对跨境电商人才培养产生系统性作用。首先,实践资源整合通过引入企业真实项目案例、数字化设备及海外仓运营系统,构建校企协同实训平台(如考拉海购保税仓实训中心),使学生直接参与跨境电商全链路操作(如选品、物流、支付等),有效解决传统教育中"纸上谈兵"的痛点。研究表明,校企共建实训基地可使学生的平台运营实操能力提升65%,供应链管理效率提高40%。其次,师资资源共享通过组建"双师型"教学团队,将企业专家(如阿里巴巴国际站运营总监)与高校教授的专业能力深度融合,共同开发课程并指导实践。例如,安克创新派资深工程师参与高校《智能硬件出海》课程设计,显著提升教学内容的前沿性与实用性。再者,技术资源协同推动教学内容迭代升级,企业将前沿技术(如 AI 客服系统、区块链溯源平台)嵌入高校课堂,京东国际开放的风控算法模型即为典型例证,此类技术赋能使高校能够开发《数字贸易安全》等创新课程。此外,数据资源赋能通过企业开放行业趋势报告、用户行为数据(如 Shopee 平台东南亚市场消费偏好),构建动态教学反馈机制,83%的高校据此优化课程设置,推动毕业生岗位适配度从58%提升至79%。最后,设施资源共建通过虚拟仿真实验室(如亚马逊 SPN 跨境履约模拟系统)搭建虚实结合的实训环境,学生可模拟不同国家关税计算、清关流程等复杂场景,实验数据显示使用此类系统的班级在"国际物流实务"考试中实操题得分率较传统班级高出 28 个百分点。这些资源协同机制共同破解了产教融合中的"供需错配"难题,实证表明,资源整合可使跨境电商人才培养周期缩短40%,企业用人成本降低25%,真正实现教育链、人才链与产业链的有机衔接。

7. 机构影响

有效的机构建设是推进产教融合实施的关键组织保障。包括理事会、合作处等在内的组织结构,对于促进政府、教育机构、企业和行业之间的紧密合作与协调发挥着重要作用。根据《国务院办公厅关于深化产教融合的若干意见》,将产教融合的任务明确分配给教育、科技、财政等多个部门,这一措施意在通过增强政府内部不同机构间的协调与合作,共同推动产教融合的发展。同时,在教育机构内部,为了有效地管理和推动产教融合及校企合作,很多高等职业院校设立了专门的组织机构,如合作发展处、校企合作处或对外联络处等。这些机构的建立标志着院校对产教融合重视程度的提升和对外合作意愿的增强。然而,这些组织目前仍处于发展初期,面临管理体系不完善、业务拓展有限等挑战,其推动产教融合的效能尚待提高。此外,学校层面的实质性理事会和二级学院的理事会等,能够在连接教育与产业、促进校企合作方面发挥更大的作用。通过这些机构的有效运作,可以为产教融合提供更加有力的组织保障和管理支持。

因此,我国在面向产教融合和校企合作发展的官方管理机构、行业管理机构、企业管理机构和院校管理机构建设方面,仍需进一步加强。这不仅包括完善现有机构的管理制度和业务能力,也涉及创新组织结构和合作模式,以促进不同主体间更高效、更紧密的协作。

8. 平台影响

在实现产教融合的过程中,建设各类平台发挥着至关重要的作用。这些平台,如科技园区、实验室、实训室、研究与开发中心以及实践基地,构成了产教融合实施的物质基础。国家政策已经明确指出了对建设这些平台的支持,强调了企业和教育机构在共建产业技术实验室、试验及工程化基地方面合作的重要性。这些建设不仅是为了促进技术创新,也是为了提供实践教学的场所,以确保学生能够直接接触到行业最前沿的技术与工艺。从已有的成功案例中可以看出,那些拥有更多且更先进平台的教育机构和企业,在产教融合方面取得了更显著的成效。这些平台不仅促进了学术研究与产业需求之间的对接,还为学生提供了宝贵的实践机会,同时也加速了新技术的研发与应用。因此,加强这些平台的建设,不仅能够提高产教融合的效果,也能够推动教育质量和产业创新的双重提升。未来,高等职业院校及其合作伙伴应继续探索与地方企事业单位更为紧密的合作模式,共同投资建设这些关键平台,以实现更加深入和广泛的产教融合。

9. 信息影响

在产教融合的进程中,平台的建设与利用是实现教育内容与产业需求对接的关键物质支撑。根据《国务院办公厅关于深化产教融合的若干意见》,强化企业技术中心及院校技术创新平台的建设,以及鼓励两者之间共建各类实验室与研发中心是推动产教融合发展的重要措施。实践证明,通过共建科技园区、实验室、实训室等平台,不仅可以为学生提供实践学习的场所,也为企业的技术研发和创新提供了有力支持。这些合作平台成为教育机构和企业之间协作的物质基础,通过共享资源和设施,双方能够更高效地开展技术研发、人才培养等活动。

10. 文化影响

文化作为产教融合中的一项软实力,对于保障融合过程的顺利进行具有不可或缺的作用。在这一过程中,高职院校不仅是技术与知识的传播者,更是文化传承与创新的重要载体。产教融合文化的核心在于实现政府、行业、企业及教育机构之间文化理念与价值观的互通与融合,促进各方文化特质的相互借鉴和共同发展。通过产教融合,地方政府能够利用高职院校的人文社科成果促进区域文化的繁荣;行业借助院校的科研力量提升其文化影响力;企业尤其是中小企业可以通过合作打造独具特色的企业文化品牌;中介组织则通过与院校的合作扩大其在区域内的文化影响。此外,高职院校在与这些外部主体文化融合的过程中,也实现了从封闭到开放的文化建设转变,促进了校园文化向更加包容和广泛的大学文化的转型。这种文化融合不仅促进了产教融合各方面的和谐发展,也为创新驱动的教育改革和产业升级提供了深厚的文化土壤和强大的精神动力。

(三)影响因素之间的相互作用

人才与技术构成了产教融合的基石,缺一不可。然而,产教融合的进程也受到观念、制度、资金等多种因素的影响。这些要素不是独立运作的,而是通过相互作用,共同促进产教融合向前发展。

1. 核心因素是推动产教融合发展的根本

在产教融合和校企合作的进程中,人才与技术的重要性不容忽视。它们是驱动这一合作模式成功实施的关键,因为无论是高等职业教育机构还是企业界,都依赖于具有高技能的专业人才和先进技术的支持来实现共同的发展目标。一方面,优秀的科技人才能够通过创新研发推动技术进步;另一方面,领先的技术可以为教育提供新的学习工具和环境,从而培养出更多符合产业需求的高素质人才。即便在其他辅助因素缺乏的情况下,只要有了顶尖的人才和技术,产教融合和校企合作也能够有效推进,达成其促进教育与产业发展的目标。

2. 非核心因素借助核心因素推动产教融合发展

人才与技术是产教融合和校企合作成功的关键,它们为这一过程提供了基础和动力。然而,仅有这两个元素并不足以确保整个融合过程的顺畅进行。一系列非核心但同样重要的因素如观念、组织结构、资金支持、合作项目、资源共享、交流平台、信息流通、共同的愿景、健全的制度以及健康的文化环境,也对产教融合的成效产生了深远的影响。从国内外经验来看,一个开放共赢的合作观念、有效率的管理和组织机构、稳定且充裕的资金来源、多样化的合作项目、广泛的资源网络、高质量的合作平台、畅通无阻的信息交换、远见卓识的合作愿景、完善的政策和法规体系,以及一种积极向上的文化氛围,都是促进产教融合向前发展的必要条件。

3. 各因素共同作用推动产教融合发展

产教融合作为一个综合性的系统工程,依赖于多方面因素的协同推进和相互作用。既包括人才与技术这样的核心因素,也涉及观念、资金、资源等非核心但不可忽视的元素。这些因素之间的相互影响和协作是推动产教融合向前发展的关键。只有当这些核心和非核心因素能够有效结合、相互促进时,产教融合才能实现自身的"加速度发展"和产生类似"核聚变效应"的积极变化。通过所有相关因素的共同努力和相互支持,产教融合能够进入一个良性循环的阶段,促进教育质量的提升和产业发展的创新,实现教育与产业的深度融合和共赢。

4.各影响因素之间的融合度越高,产教融合的效能就越大

产教融合的成功依赖于众多影响因素的相互作用和集成,其中不仅包括关键的人才和技术,还涉及制度、资金、项目等多个维度。这些要素单独作用时的影响有限,但当它们在融合的状态下协同工作时,能够相互补充、相互增强,共同释放巨大的社会和经济效益。高度融合的产教合作体系能够更有效地促进资源共享、知识传递和技术创新,加速产业发展和教育改革的步伐。因此,提高各影响因素之间的融合度,不仅能够增强产教融合的整体效能,也是实现教育与产业深度融合、促进双方共赢发展的关键。

四、产教融合发展模式

在全球范围内,各国针对职业教育与合作教育均形成了各具特色的发展模式。例如,德国的"双元制"教育模式、英国的"三明治"模式、瑞士的"三元制"模式、美国的"CEB 合作教育"模式、日本的"产学官"合作模式以及澳大利亚的"TAFE"模式等。这些模式虽然名称不同,但核心理念相通,即通过教育与产业界的紧密合作,培养市场需要的专业技术人才,进而推进各自国家及地区的产业与经济发展。对于中国而言,"产教融合"可能成为其特有的教育发展模式标签,这一模式强调教育体系与产业界的深度融合。具体到我国高职院校的"产教融合发展模式",通过多角度分析,呈现丰富多样的融合路径。这些路径可以从"融合主导""融合内容""融合对象"和"融合层次"等不同维度进行分类与分析。在"融合主导"维度中,可以识别出政府主导、行业主导、高校主导和企业主导等不同的模式;从"融合内容"的角度来看,则包含了教学融合、研发合作以及多元化合作等模式;从"融合对象"的视角,展现了"校+企""校+政+企""校+行+企"和"校+企+介"等多种合作模式;而在"融合层次"方面,又可细分为浅层次、中层次和高层次的融合模式。

在这些模式中,特别是现代职业教育集团模式、校企共建行业学院模式和工学交替模式,与我国高职院校的发展现状密切相关,为我国高职教育提供了重要的参考和借鉴。

(一)"职业教育集团"的产教融合发展模式

20 世纪 90 年代以来,中国职业教育集团的发展经历了从初创到成熟的过

程。特别是在 2002 年《国务院关于大力推进职业教育改革与发展的决定》发布后,全国范围内涌现了众多职业教育集团。这些集团按照不同的领导模式组建,涵盖了政府主导型、行业主导型和职业技术院校主导型等多种形式。虽然它们在促进地区职业教育发展方面取得了显著成效,但也面临组织结构松散、技术研发水平不足、企业合作动力不足等挑战。

进入 2014 年,随着地方高校转型发展的加速,职业教育集团开始向"现代职业教育集团"模式转变。这一新模式采取了"政府主导、行业引导、高校主体、企业参与"的合作机制,建立了包括理事会、董事会在内的决策机构和秘书处、办公室等执行机构,配备了完善的组织制度架构,为集团的有效运行提供了坚实基础。在此基础上,技术技能人才的培养、应用技术的研发、科技成果的转化以及人才和信息的交流得以在集团内部高效进行,形成了典型的"职业教育集团"的产教融合发展模式。

2015 年 6 月,教育部进一步推动职业教育集团化办学,发布相关意见,明确了职业教育集团化办学的发展目标和保障措施。至今,全国已建立了 1500 多个职业教育集团,与数万家企业建立了紧密的合作关系。依托这些职业教育集团,职业学校与企业在共建教育项目、人才培养、就业合作、发展合作和服务等方面积累了丰富的经验,标志着中国职业教育集团发展进入了一个新的阶段。

（二）"校企合作共建特色产业学院"产教融合发展模式

在我国高等职业教育领域,"校企合作共建特色产业学院"已成为一种普遍采纳的产教融合模式。此模式根据合作方式的不同,主要分为与单一大型企业的"点对点"合作和与特定行业多个相关企业的"面对面"合作两种形式。尤其是后者,随着对行业特色和专业需求的深入理解,逐渐成为高职院校深化校企合作的重要趋势。

通过此模式,高职院校与企业依托各自的资源优势,共同建立特色产业学院,旨在通过合作办学、共同管理、资源共享和利益共赢,进一步深化产教融合的改革。2020 年 7 月,教育部与工业和信息化部推出的《现代产业学院建设指南(试行)》进一步明确了此种合作模式的指导原则,虽主要面向普通高等教育机构,对职业教育机构同样具有重要的借鉴意义。

现代产业学院的建设核心在于紧密结合产业需求与人才培养,通过"产学研用"的系统化设计,加强学院服务于产业发展的能力。同时强调产教融合,力求构建一个产、学、研、转、创、用一体化的人才培养与创新平台,实现资源共享、共同管理,以及多方利益共赢。此外,创新发展的原则鼓励探索多元化的合作办学模式,如"校企联合""校园联合"等,充分利用高校、地方政府、行业协会、企业等多方资源,强化区域产业、教育、科技资源的整合与协调,为产教融合提供新的动力与方向。

(三)"校企合作共建协同创新中心"产教融合发展模式

在当前的高职教育领域,"校企合作共建协同创新中心"成为一种高效推进产教融合发展的模式。这一模式秉承创新驱动发展的战略理念,旨在通过校企合作加速地方产业经济和社会进步,形成了政府、高职院校、行业、企业及中介机构五方面的联动合作体系。虽然职业教育领域尚缺乏专门针对协同创新中心建设的指导性文件,但借鉴高等教育中"2011 协同创新中心"的建设思路,职业院校可以作为牵头组织,围绕市场和产业紧迫需求,建立以解决实际问题为目标的应用技术协同创新平台。这种合作模式倡导通过"核心层""合作层"和"服务层"的三层组织结构,落实"整合、创新、共享、服务"的运营机制。其中,"核心层"主要由职业院校内的技术研发和服务中心组成,而"合作层"则涵盖了政府、高等院校、企业和行业协会等多方参与者,展示了教育与生产、服务及应用的深度融合。"服务层"则直接面向需要协同创新服务的企事业单位,确保中心的活动和服务能够直接回应市场和社会需求。通过这样的模式,职业院校不仅能够在技术研发、人才培养方面发挥自身优势,还能通过与政府、企业和行业协会的紧密合作,共同推动产教融合发展,为地方产业升级和经济发展提供坚实支持。

(四)"校企合作开展技术研发与推广项目"产教融合发展模式

在高等职业教育中,"校企合作开展技术研发与推广项目"模式已成为推动产教融合进程的一个重要途径。通过这种合作模式,学校的教师和学生可以直接参与到企业的技术研发中,这不仅有助于提升学生的实践技能和创新能力,也为企业带来新的思路和解决方案。尽管这种模式具有明显的优势,但在实践中仍面临一些挑战。目前,我国许多院校在管理和服务"横向科研项目"方面的体制尚不完善,导致除了少数获得政府"产学研合作项目"资助的项目外,大多数项目处于自发性,甚至是"非官方"的状态,未能充分发挥其潜在价值。因此,为了更好地利用这一模式,促进产教融合的发展,需要学校在管理制度上进行创新,建立更为健全和完善的项目管理和服务体系。这包括将横向科研项目纳入学校官方管理范畴,建立常态化的合作机制,确保项目的透明化运作和有效监督。同时,也需加强与企业的沟通与协作,确保项目选题与企业技术需求紧密对接,实现校企双方的互利共赢。

五、产教融合组织结构

随着创新驱动发展战略的实施,高职院校正日益与政府、行业、企业及中介机构建立紧密的合作关系,共同构建产教融合的命运共同体。为了深化这种合作,高职院校应采用多元化的创新组织结构,推进教育教学的综合改革。通过这种方式,可以最大化产教融合的效益,促进高职院校与所有合作伙伴之间的创新、协同和融合发展。

(一)产教融合组织形式

在 21 世纪的知识经济背景下,我国产教融合的发展趋势正逐步显现其独特的创新组织结构和动态互动模式。相对于 20 世纪 90 年代美国学者亨利·埃茨科威兹和罗伊特·雷德斯多夫提出的遗传学中的"三螺旋理论",该模式主要探讨了在知识经济时代,政府、产业和大学三者之间的创新互动关系。尽管这一模式为理解创新生态提供了有力的框架,但它未能充分涵盖我国产教融合在实践中呈现的多元主体性质,特别是"行业"和"中介"等新兴参与者的重要作用。随着时间的推移,我国产教融合的实践不断深化,涌现出一种比三螺旋模型更为复杂和包容的创新组织形态——多螺旋模型。这一模型不仅涵盖了政府、行业、高职院校、企业及中介等创新主体,还包括了人才、技术、资金、项目、信息等众多影响因素,更全面地反映了产教融合中的各种动态交互和相互作用。通过"多螺旋"理论的视角,可以更深刻地理解和揭示我国产教融合创新组织结构的独特性和复杂性,为推动产教深度融合、构建创新型国家提供理论支撑和实践指导。

此外,多螺旋模型的提出,不仅是对三螺旋理论的补充和扩展,也是对我国产教融合实践探索和理论创新的重要贡献。它为我们构建符合国情的产教融合新模式提供了有益的参考和启示,也为全球创新与教育融合的理论研究和实践探索开辟了新的视角和思路。

"政府—行业—院校—企业—中介"五螺旋创新组织结构(图3-2)以技术技能人才培养和应用技术研发与推广项目为中心,充分利用各方面的优势资源,形成了一个强有力的创新"内核"。在这个内核的带动下,各参与主体实现了资源的有效整合与优化配置,进而在产教融合领域引发了一场"聚合裂变"的创新潮流。这种模式不仅加速了高职院校与产业界的深度融合,还显著提高了教育与技术开发的社会效益,为我国高等职业教育的发展注入了新的活力与动力。

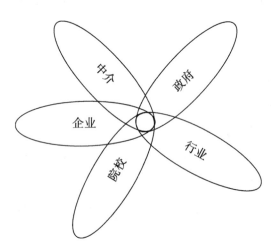

图3-2 "五螺旋"创新组织结构示意图

(二)各主体的地位和作用

1.政府

在当前产教融合的多元化发展趋势中,政府的角色和职能日益凸显,成为推动产教融合向深度和广度发展的关键力量。随着《国务院办公厅关于深化产教融合的若干意见》的发布,各级政府的职责不再局限于传统的管理和监督,已经扩展到了积极参与和引导产教融合的全过程。政府通过制定相关政策法规,为产教融合提供了坚实的法律基础和规范指导,确保了产教融合活动在健康有序的轨道上快速发展。

政府的主导作用体现在两个方面：一方面，通过立法和政策指导，为产教融合创造良好的外部环境和条件；另一方面，政府还需要发挥策划和协调作用，促进行业、企业、高校等多元主体间的有效合作和资源共享。政府的这种"引导与协调"功能，对于搭建产教融合的桥梁、打通教育资源与产业需求之间的通道至关重要。此外，政府还承担着推动创新、引导资本、优化服务等重要职责，旨在构建一个既具有公益性又兼顾产业特征的产教融合新模式。因此，政府在产教融合中的作用不仅是规范与引导，更是推动与实践。通过确立政府在产教融合中的主导地位，结合地方实际情况制定合作机制，政府不仅能够有效保障产教融合的科学发展，还能促进其可持续发展，从而为社会和经济的整体进步贡献重要力量。

2. 行业

在我国产教融合的发展框架中，行业扮演着不可或缺的角色，充当着多方面的桥梁和纽带。《国务院办公厅关于深化产教融合的若干意见》已经明确强调了加强行业协调指导的重要性，指出行业协会或组织在推进产教融合过程中的关键作用。作为政府与企业、高职院校之间沟通的重要平台，行业组织基于其非营利性、民间性的特点，聚集了来自不同企业和教育机构的共同利益和诉求，成为促进产教融合、校企合作的重要力量。行业组织在产教融合的体系中发挥着多重作用。首先，它们通过提供专业咨询、沟通渠道、监督机制和服务支持，为政府、企业和高职院校之间搭建了有效的协调和沟通桥梁。其次，行业组织以其对行业动态、需求和发展趋势的深刻理解，对所属行业的企业在产教融合中的行为进行指导和约束，保障产教融合方向与行业需求高度一致。再次，通过参与高职院校理事会或其他形式的合作监督机制，行业组织确保教育内容与行业发展紧密对接，加强校企合作的实效性。最后，行业组织作为独立于政府之外的第三方评估主体，对企业、高职院校乃至国家层面的产教融合效果进行客观评价，为产教融合的质量提升和政策调整提供了依据和参考。它们的监督和评估功能不仅有助于及时发现并纠正产教融合过程中的问题，还为持续改进和优化产教融合机制提供了重要支持。

3. 企业

在当代产教融合的发展进程中，企业的角色被赋予了前所未有的重要性。《国务院办公厅关于深化产教融合的若干意见》中对企业作用的强调，不仅明确了企业作为产教融合重要主体的地位，更是指明了企业在促进产教融合进程中承担的关键责任和义务。企业不仅是产教融合的受益者，更是整个产教融合生态系统中的核心参与者和重要推动者。企业在产教融合中发挥的作用具有多重维度。企业作为参与者直接介入教育教学改革、双师型师资队伍建设，通过投资合作开展技术研发项目、共建实验实训基地等方式，为高职院校提供实践教学平台和资源支持。这种直接参与不仅促进了教育内容与企业需求的紧密结合，也为学生提供了接触真实工作环境的机会，极大提升了教育培训的针对性和实用性。

作为管理者，企业在产教融合发展链条中扮演着决定性的角色。企业需要对院校培养的人才是否符合市场需求、技术成果是否具有经济效益、校企合作培养的人才和技术研发项目是否符合企业需求进行最终的评价和价值判断。这种评价和判断不仅关系到企业自身的发展，也直接影响到产教融合质量的高低和教育资源配置的有效性。此外，企业在产教融合中还应担负起社会责任，通过积极参与产教融合活动，为社会培养更多符合行业发展需要的高素质人才，同时将自身的发展需求与教育培训紧密结合，推动教育内容的不断更新和优化。

4. 院校

在我国教育改革和产业发展的交汇点上，高职院校作为培养高素质技术技能人才的重要基地，其在产教融合过程中的作用和地位越发凸显。作为"产教融合"的实践场所和主体力量，高职院校承担着连接产业需求与教育供给的双重任务，既是技术与人才的"输出方"，也是校企合作、教育创新的推动者。这一过程不仅涉及课程内容、教学方法的革新，还包括校企合作模式的深化，以及产学研用结合的全面推进。高职院校在推动产教融合的同时，通过校地互动、建立校企联盟、参与双师型师资队伍建设等方式，有效地整合社会资源，促进教育内容与产业需求的紧密对接。这种紧密的合作关系不仅为学生提供了接触真实工作环境的机会,也为企业培养了符合市场需求的专业人才,实现了教育资源与产业发展的共赢。同时,高职院校在产教融合中发挥的"核心"作用,也要求其不断优化教育教学体系,加强专业建设和课程改革,以适应快速变化的产业技术需求。院校需要建立和完善与企业合作的长效机制,加强应用技术研发,以推动产教融合向更高、更深层次发展。

5. 中介

在跨境电商行业中,从业人员普遍面临专业培训的缺失问题,尽管他们普遍表现出了强烈的学习和提升自我能力的愿望。特别是在快速变化的市场环境中,从业者越发感到现有知识和技能与行业需求之间的差距。面对这种情况,他们更偏好与跨境电商平台直接相关的培训项目,因为这些平台通常处于行业发展的前沿,能提供最直接、最实用的技能培训。此外,企业内部和商业培训机构提供的专业培训也受到了一定程度的欢迎,这些培训往往更具针对性和实操性。然而,政府和大学提供的培训项目却未能得到从业人员的普遍认可。主要原因在于这些培训往往缺乏与行业发展同步的更新,不足以应对技术快速迭代和市场需求的变化,导致培训内容与实际工作需求脱节。

针对这一现状,跨境电商平台及其生态系统的核心地位突显了它们在提供行业培训方面的潜力和责任。为了缩小从业人员的知识技能差距,这些平台有机会也有责任组织更多符合市场需求、反应灵敏的培训项目,以促进从业人员的职业发展和行业的整体进步。

第二节　产教融合发展建议

推进高等职业教育与产业深度融合是一项跨领域、长远、复杂和挑战性极高的系统工作。实现这一目标不能仅靠单一主体的努力,而是要求政府、产业界、企业、教育机构以及社会中介机构等多方共同参与和协作。确保产教融合真正实现,需要从制度设计、组织架构、资金支持、监管机制等多个维度进行全面保障,并通过开展相关的融合项目和活动来推动改革的有效执行。

一、认知产教融合发展基本原则

高等职业教育在推进产教融合教育改革时,应谨慎而行,避免急躁行动或一概而论的做法。应实行策略性支持,遵循教育发展的自然规律,以及根据不同情况采取分类的实施方法。

具体来说,产教融合的发展应遵循以下三个基本原则。

(一)重点支持,示范引领

自2016年起,随着"十三五"产教融合发展工程规划项目在全国范围内推进,国家重点投入支持产教融合的发展,主要是在高等职业教育领域。此举旨在通过示范引领,促进高等职业院校在产教融合方面的深化改革。为具体实施这一策略,教育部联手相关部门发布了多项政策和办法,旨在明确职业学校与企业合作的框架和原则,促进双方深度融合。其中,《职业学校校企合作促进办法》(2018),《关于深化产教融合的若干意见》(2017)以及《国家职业教育改革实施方案》(2019)等文件,都强调了通过试点示范项目引导更多院校开展产教融合的重要性。2019年,国家进一步加大了对产教融合型企业的支持力度,通过《建设产教融合型企业实施办法(试行)》选定24家企业作为培育对象,并通过财政、金融、土地使用和信用等激励措施加以扶持。此外,《关于调整部分政府性基金有关政策的通知》为参与产教融合的企业提供了实质性的财政优惠,进一步激发了企业参与职业教育的积极性。同时,国家通过发布《国家产教融合建设试点实施方案》在全国范围内开展产教融合试点,旨在为产教融合提供更广泛的实践平台。

这些措施共同构成了对产教融合发展的全方位支持体系,不仅为高职院校与企业之间的合作提供了政策指导和制度保障,也为促进职业教育与产业发展深度融合铺平了道路。

(二)尊重规律,适时推进

随着经济全球化和技术革新的加速,产教融合已经成为促进教育发展和产业升级的重要途径。这一过程不仅仅是简单的政策推行或是单一实体的努力,而是一个需要国家政策引导、地方政府支持、教育机构和企业共同参与的综合性工程。它要求各方紧密合作,共同推动教育改革和产业发展。

在深化产教融合的进程中,国家的政策支持起到了不可或缺的引导作用。政策的制定和实施不采取一刀切的方式,而是鼓励地方政府根据实际情况,灵活制定适合本地区的发展策略。这种策略的灵活性,旨在激发地方政府和教育机构的创新精神,通过地方政府的积极参与和政策的适时调整,促进教育改革和产业发展的有机结合。同时,产教融合的实施依赖于教育界和企业界的密切合作。通过建立校企合作平台、提升校内实训基地的建设、推广现代学徒制等方式,不仅能够提高教育教学的质量,还能为学生提供更多接触实际工作的机会。这些措施有助于学生更好地理解和掌握未来职场所需的技能,同时也为企业提供了一个直接观察和选拔人才的平台。

为了确保这一改革能够稳步推进,建立一个不断完善的政策体系至关重要。通过不断优化政策,引导更多的电子商务等相关企业参与到职业教育的全过程中,采取校企联合招生、共同培养人才的模式,不仅能够让教育更加贴近产业需求,也有助于实现教育资源与社会需求的有效对接,从而促进教育的高质量发展和产业的持续创新。

产教融合的推进是一个复杂而系统的任务,它要求国家政策的明确指导和支持,地方政府的积极参与,教育机构和企业的紧密合作,以及政策体系的不断完善和策略的稳妥推进。只有这样,才能确保教育改革和产业发展相辅相成,共同推动社会的进步和发展。

（三）区别对待,分类实施

在当前教育改革与产业升级的交汇点上,高等职业教育正面临前所未有的发展机遇与挑战。为了更好地促进产教融合与校企合作,国家采取了灵活多变的策略,旨在引导各高等职业院校根据自身特色和社会需求,实施差异化的改革计划。这一战略不仅体现了对改革普遍性的认可,同时也深刻理解了不同领域、不同学校之间在实施过程中的个性化需求。

在这一大背景下,国家的改革方向鼓励高等职业院校基于特定的教育理念和产业需求,采取分类施策的方法,以实现教育教学改革的最大化效益。具体而言,这种分类实施的策略主要围绕三大核心维度展开:首先,是密切关注毕业生的就业趋势,通过产教融合培养符合市场需求的技术技能型人才;其次,是重视技术研发与实际操作能力的培养,旨在提升学生的实践能力和创新精神,确保其毕业后能够适应快速变化的职场环境;最后,是注重社会服务及文化传承的角色,致力于在培养应用型人才的同时,弘扬社会主义核心价值观,为社会文化的发展贡献力量。这种以差异化和分类实施为核心的改革策略,能够使高等职业教育更加贴合实际产业发展的需求,同时也为学校提供了更加灵活的教育教学改革路径。通过深入研究与实施这一策略,不仅可以提升教育质量,更能够促进学校与社会、产业的紧密联系,实现共赢发展的局面。

面对新时代教育改革的复杂挑战,采取区别对待、分类实施的策略,不仅是对高等职业教育改革普遍性与个性化需求的深刻理解,也是对未来社会发展需求的积极响应。这种策略的实施,将有助于构建一个更加开放、灵活、高效的高等职业教育体系,为社会培养出更多高素质的技术技能型人才,推动国家经济社会持续健康发展。

二、深化产教融合教育教学改革

为了有效推进产教融合,高等职业教育机构需策划并执行一项中长期的"产教融合发展计划",其中应详细阐述该计划的核心价值、指导原则、发展目标、关键任务、支持措施以及主要的项目。此外,作为该计划的重要组成部分,还需要拟定具体的"产教融合执行策略"及"关键项目实施计划",以保证产教融合的教育和教学改革能够持续深入地推进。

(一)围绕"三对接",深化教育教学改革

推进产教融合的核心在于确保教育内容与产业需求、课程体系与职业规范,以及教学活动与实际工作流程的紧密结合。高等职业技术院校应聚焦"三对接"原则,进一步改革教育教学方法。

1. 深化专业结构性改革

为推动专业结构与区域经济发展的深度融合,高等职业院校需实施专业结构性改革,紧紧围绕产业链的发展需求调整和优化专业设置。具体措施如下:

第一,院校应聚焦于本地区的特色产业、领军产业以及未来产业,通过与地方政府和企业的紧密合作,共同开发和完善专业。这样不仅可以确保教育内容与地方经济需求相匹配,还能通过专业供给侧的改革,构建一个与区域产业链、人才需求和创新发展紧密相连的教育体系。

第二,建立一个灵活的专业调整机制至关重要,对于那些表现不佳的专

业,应适时调整招生规模或停止招生,并以市场需求、就业率和就业质量作为开设新专业或调整现有专业的主要参考。

第三,院校应着重发展具有区域特色的专业,并采取独特的发展策略,如选择未被充分开发的领域、建立独特定位,避免与其他院校的直接竞争,同时灵活调整专业方向以适应市场变化,确保每个专业都能找到其独特的市场定位。

第四,加强特色专业集群的建设,是高职院校深化专业结构性改革的又一重要方向。通过整合资源,聚焦学校的优势和特色,打造具有明显特色和竞争优势的专业集群,既能满足地方经济发展的需要,又能提升学校的品牌影响力。通过这些措施,高职院校能够更好地适应地方经济发展的需要,培养出更符合市场需求的高素质技术技能人才。

2.加强能力导向课程建设

高等职业教育机构正面临加强课程体系建设的需求,特别是在提升课程与职业能力对接方面的要求。首要任务是深化课程内容的改革,确保其与职业标准紧密结合。具体措施如下:

第一,实施课程的模块化改革。这要求教育工作者详细分析各个职业或岗位所需的能力构成及其层次,以此为基础设立培养目标和对应的课程模块。这种方法有助于针对性地培养学生的专业能力,使其更好地适应未来的工作需求。

第二,建立以能力为导向的课程体系。这涉及与企业的合作,开发以工作场景为背景的课程内容,确保学生能够在真实或模拟的职业环境中学习和实践,从而逐步形成与职业技术标准相匹配的能力体系。同时,将行业最新的发展趋势和科技成果融入课程设计中,保持课程内容的时代性和前瞻性。

第三,加强新型教材的开发。通过邀请行业专家参与教材的编写,更新和丰富教材内容,确保教材能够反映最新的专业技术和行业发展趋势,为学生提供最前沿的学习资源。

第四,注重课程建设的效果评估。这不仅需要学校和企业共同参与到教学评价体系的建立和实施中,还需要多元化的评价方法来全面反映教学成果,从而不断优化课程内容和教学方法。通过这些综合措施,高职院校将能够更好地实现教育教学的产教融合,培养出更符合市场需求的高技能人才。

3. 明确人才培养定位

在推进高职院校产教融合过程中,聚焦于将教学改革与产业实践紧密结合是至关重要的。首先,重塑人才培养观念,强调毕业生的职业适配性、创新力及培养多样性。然后,推行"校企双主体"模式,适应产教融合趋势,逐渐由单一的学校教师主导向学校与企业双方共同参与教学的模式转变,强化实践教学的重要性。在培养方案制订上,实施动态更新机制,将人才培养计划由传统的学科知识体系向基于行业技术需求的动态方案转变。同时,探索多样化的人才培养模式,如创新创业园区、行业学院共建、技术研发合作项目等,实现校企在教育教学、人才评价、师资培养、研发活动和基地建设等方面的深入合作。其次,更新课堂教学内容,注重行业最新发展的引入,确保教学内容紧跟产业技术前沿。加强实践教学部分,重视学生在专业技术掌握和应用技术方面的能力培养,鼓励学生参与实际技术研发项目。在教学方法上,从传统的讲授法转向以项目为主导的实践式学习,推广基于真实工作场景的探究学习和项目化学习。再次,借助"互联网+"的力量,充分利用现代技术如大数据、云计算等推动教育培训的发展,引入或自主开发与产业技术相关的网络课程资源,提供技术技能和职业能力培训。最后,在考核方式上,实行多元化评价体系,强化学习过程的评价,逐步从传统闭卷考试过渡到多样化的考核方式,以更全面地评估学生的综合能力。

(二)坚持"技术技能",深化供给结构性改革

深化产教融合教育教学改革,应该重视专业发展,注重教学,也注重科研。具体应从以下几个方面进行改革。

1. 深化专业结构性改革

在当前经济全球化和技术快速发展的背景下,高等职业教育面临着前所未有的挑战与机遇。为了更好地适应产业发展的新需求,高等职业教育机构正在积极进行专业结构的深层次改革。这种改革的核心在于密切教育专业设置与市场需求的联动,以市场为导向优化和调整专业结构,力求通过教育内容的创新和调整,达到人才培养与产业发展需求同步的目标。

具体而言,这场改革的首要任务是对现有专业进行精准的市场定位和需求

分析,旨在识别并强化那些能够紧跟市场步伐、直接回应行业需求变化的专业领域。通过发展具有明显优势和特色的专业,高校不仅能够在激烈的教育市场中塑造独特的品牌形象,更能够通过专业的特色化和品牌化,为学生提供与众不同的教育资源和就业渠道。

同时,为了适应快速变化的产业结构和新兴产业的发展,高等职业教育机构也在不断地引进新专业和调整旧专业。这包括对接最前沿的科技发展趋势,如人工智能、大数据、绿色能源等领域,开设相关新兴专业,以及时响应产业变革的需求。此外,对于那些已不再符合市场需求、难以为学生提供有效就业支持的专业,学校采取了适时淘汰和调整的措施,确保教育资源的有效配置和利用,最大化地提升教育投入的效益和价值。

2. 深化科研结构性改革

在当下快速发展的社会经济环境中,高等职业教育院校正面临着提升自身科研能力、增强研究成果实际应用效率的双重挑战。这一挑战的核心在于传统科研活动与社会及产业实际需求之间存在的脱节问题。为了更好地服务于社会和地区经济的发展,同时提高教育质量和效果,高职院校正在积极探索和实施针对性的科研结构改革措施。这种改革旨在通过强化应用技术研发和创新,推动科技成果的快速更新和产业技术升级,实现科研工作的实用化和现代化。高职院校在进行科研活动时,需要明确研究方向,利用自身领域的特色和优势,避开与传统研究型高校的竞争,集中资源和精力在应用技术的研究与开发上。同时,这一改革还强调了对基础理论研究的重视,确保科研活动在满足实际应用需求的同时,也不脱离理论探索的基础。

为了实现科研成果向实际应用的快速转化,高职院校应当把握科技前沿动态,优化科研项目的选择和管理,确保研究内容既有理论深度,又能快速响应市场和产业的变化。此外,通过建立更加紧密的校企合作关系,将产教融合深入科研活动中,不仅能够提供真实的研究场景和需求,也能促进科研成果的即时转化和广泛应用。

因此,面对科研能力提升和研究成果转化效率低下的挑战,高等职业院校必须采取切实有效的改革措施。通过明确科研定位,加强技术研发与创新,以及建立健全的产教融合机制,高职院校能够更好地适应社会发展需求,为政府、企业乃至整个社会的进步做出更大的贡献。这一过程不仅标志着高职院校科研工作由基础研究向应用研究转型的必要性,也展示了高职院校在新时代背景下的使命和责任。

3. 提高社会发展能力

随着社会经济的快速发展和产业升级的不断推进,高等职业技术学院面临着新的挑战和机遇,尤其是在加强社会服务能力方面。为了更有效地回应这些挑战,高职院校正在积极探索和实施一系列提升服务能力的策略,旨在深化其社会服务功能,更好地满足社会和经济发展的需要。这些策略的实施涉及学校服务模式的根本转变,包括从传统的间接服务方式向直接深入社会的服务方式转变,从被动提供服务到主动寻求服务机会和挑战的转变。同时,高职院校也在努力将服务的重点,从以往以学校为中心的内向型服务,转移到更加注重服务对象需求和社会效益的外向型服务上。

为了适应这些转变,高职院校正不断优化和完善激励机制,加大对实用技术研发和应用推广的投资,密切关注并响应地方行业和企业的实际需求。通过建立与企业的紧密合作关系,共同开展技术研发和应用推广项目,不仅能够加快学校科研成果的实际应用,还能促进地方产业的技术进步和经济增长。

(三)围绕"双师双能",深化高校人事制度改革

在推动产教融合的过程中,教师团队的积极参与是关键。以人事改革为核心,激发教师深入产教融合活动的热情,目标是实现师资队伍结构的根本转变,从传统的以理论教学为主向拥有实践经验和理论知识的双师型师资转变。这样的师资队伍应具备高水平的专业技能,能够适应产教融合的需求,结合兼职和全职教师,共同构建与产业发展紧密相连的高质量教师团队。具体来说,深化高校人事制度改革主要包括以下四个方面。

1. 着力调整师资队伍结构

在新时代背景下,高等职业教育机构肩负着师资队伍结构优化的重要任务。首先,调整和优化师生比是提高教育质量的基础,目标是通过多种途径增强师资力量,达到大约 16:1 的理想师生比。这不仅能够保证教学质量,还有

助于满足学生个性化和多样化的学习需求。其次,改善师资队伍的学历背景和专业能力也至关重要。通过组织专业培训和支持教师进行专业转换,鼓励和指导教师朝着具备实践教学能力、科研能力和社会服务能力的双师方向发展。这样不仅能够提升教师的综合素质,还能更好地适应产教融合的教学要求。最后,高职院校还需着手调整师资队伍的行业背景,深化与地方政府和企业的合作。通过这种校企合作模式,积极吸纳行业内的优秀专业技术人才加入教学团队,从而为学生提供更加接近实际工作的学习机会,同时也能有效缓解师资力量的不足。

2. 加强双师双能型队伍建设

为加强高职院校"双师双能型"教师队伍的建设,特别需要注重提升教师的实践技能和专业理论能力。关键在于优化教师队伍,确保他们既有扎实的专业理论基础,也具备丰富的职业技术经验。实现这一目标的首要步骤是精准引进行业内的优秀专业技术人才,为此,必须建立完善的引进和管理制度,确保选聘的专业技术人员真正符合教学需求,特别是在学校的优势和特色学科领域内。同时,高职院校应定期安排中青年教师赴企业进行实地培训,以获得最新的行业知识和技术技能。这种实践不仅包括专业技术的学习,还应涉及对新工艺、新产品的了解,以确保教学内容与行业最新发展保持同步。为此,建议每位教师每四年至少进行一次为期半年到一年的行业实践或技术培训,参与到企业的技术研发项目中。此外,通过建立教师与企业之间的人才交流机制、挂职锻炼和技术支持等合作模式,可以进一步强化教师的双师双能素质。这样的交流与合作不仅有助于教师掌握行业最新技术,也为企业提供了与教育机构深度合作的机会,形成互利共赢的局面。

3. 加强带头人团队建设

在当今高等职业教育的发展过程中,构筑一支兼具专业深度和创新能力的领军人物团队成为高职院校提升教学和科研水平的重要战略。这一团队不仅包括在各自领域内有着显著成就的专家学者,还涵盖了能够引领教学革新和科研突破的杰出人才。高职院校正通过一系列精心设计的人才发展策略,致力于这一核心力量的培养和发展。重视带头人团队建设的同时,高职院校特别强调跨界合作的重要性。通过搭建一个涵盖多学科、多专业、多产业以及多机构的合作平台,鼓励带头人团队成员跨越原有的边界,进行全方位的合作与交流。这种跨界协同创新模式旨在打破传统学科壁垒,促进不同领域知识和技术的融合,从而激发更多创新思维和创造性成果。

高职院校通过明确的人才培育目标和策略,积极构建包括产业界和学术界精英的带头人团队。这样的团队能够为学校的科研项目提供强有力的领导和支持,同时也为学生提供更高质量的教学资源和实践机会。通过这种内部人才的培养与外部资源的整合,高职院校能够在竞争激烈的教育领域中脱颖而出,为地区乃至国家的经济发展和社会进步做出更大的贡献。

通过建设一支跨学科、跨专业、跨产业、跨机构的带头人团队,高职院校不仅能够有效提升自身的教育和科研水平,还能为学生的全面发展和社会的需求提供更加贴合的服务。这种以人才为核心的发展策略,将引领高职院校迈向更加广阔的未来。

4. 提高教师的国际化水平

在全球化的今天,高等职业技术院校正面临着培养具有国际竞争力人才的重要任务。为了应对这一挑战,学校正在采取一系列措施,旨在加强师资队伍的国际交流能力和全球视野。通过实施国际化战略,学校不仅为教师设立了专项的国际化发展基金,以鼓励和支持教师参与国际合作与交流项目,还积极创新国际合作的管理和运作模式,以增强这些活动的效果和影响力。

在扩展国际交流的同时,高职院校也特别注重国际合作内容的深度和广度,特别是与地方产业界的合作。学校通过与产业界建立紧密的联系,引进那些既有实际应用价值又能够促进地方经济国际化的外国教育资源和技术。这种策略的转变,不仅有助于提高教师的国际化教学能力,也能够使学生接触到最前沿的国际知识和技能,从而为他们走向国际舞台打下坚实的基础。

此外,高职院校还致力于为教师和学生创造更多实际参与国际项目的机会。这不仅包括出国交流、国际会议参与等传统方式,还包括在线国际课程学习、远程国际合作研究等新型模式。这样的举措能够确保教师和学生在不同的文化背景和学术环境中,都能有机会学习和交流,进一步提升他们的国际化水平和能力。

(四)围绕"合作共建",加强产教融合平台建设

尽管高等职业院校在建设产教融合平台方面取得了初步进展,但在平台数量、质量以及平台运营的责任、权力和利益分配等方面仍存在诸多不足,这些不足限制了产教融合发展的潜力。为了更好地促进产教融合,高职院校需要进一步加强平台建设,这不仅包括实体平台如科技园、研究院和研发中心等,也包括非实体平台如信息中介、合作委员会和校企联盟等。具体来说,产教融合平台建设的加强主要可从以下五个方面进行。

1. 加强人才培养平台建设

高职院校的人才培养工作依赖于坚实的教育平台。这些平台不仅包括各种专业建设平台、实训室、工作室、技术训练中心等物理设施,还包括大学生科技园、创新创业孵化器等促进学生创新创业能力提升的场所。这些设施为学生提供了实践操作、技能培训和创新创业的重要空间。为了充分发挥这些平台的作用,还需要建立与之相匹配的管理体系、合作模式和监督机制。通过这种硬件和软件双重建设的模式,才能确保产教融合平台在培养应用型人才方面发挥最大的效用,有效地提升学生的职业技能和创新能力,满足社会和产业发展的需求。

2. 加强科研平台建设

为了提升高职院校的科研能力和水平,学校需要主动融入国家和地方的产学研合作项目,利用产教融合项目和企业技术研发项目的机遇,积极推进科研平台的建设。学校不仅要建设如重点实验室、技术研发中心、工程研究中心、产业技术研究室等应用性强的科研硬件设施,也要建设文科研究基地、科研成果转化机构、中试和工程化基地等,以满足不同领域科研活动的需求。与此同时,高职院校还需要强化科研管理和合作机制的软件建设,包括完善科研管理制度、建立合作委员会、发展研究院和研究所、加强科技信息服务等,以支持科研活动的有效进行。

3. 加强教师成长平台建设

为了促进教师专业成长和技术更新,高职院校需建立完善的师资发展合作平台,涵盖校内外教师资源。这一平台不仅需要设立如研发中心、科技园区、企

业工作室及校企共建的研究基地等实体设施,以支持教师实践技能和科研能力的提升,同时还应包含一系列软件支持,例如制定详尽的管理办法来规范教师进入企业的流程,或引进企业的专业技术人才到校园内进行教学和研究工作。此外,构建合作研发技术平台、开展联合项目、成立合作委员会以及校企联盟等非物质性措施也至关重要,这不仅有利于促进校企间的信息交流与资源共享,还能为教师提供丰富的实践机会和技术更新路径。

4. 加强社会服务平台建设

高职院校在社会服务方面的一大创新举措是加强与企业的合作,共建研发中心,包括实验室、研究基地和研究所等。这种合作模式不仅受到企业的热烈欢迎,而且企业在软硬件资源的投入上也表现出了极大的积极性。高职院校应秉承市场和行业需求的导向,从企业的角度出发,全面支持企业研发中心等产教融合平台的建设,提供必要的人力、物力和财力支持。实践表明,校外的产教融合平台如果得到恰当利用,其效果与校内平台相同。因此,高职院校在协助地方企业构建产教融合平台的同时,也应致力于内部资源的整合,通过多方面的资金筹措,积极建设校内各类产教融合平台。这不仅有助于促进校企合作的深入发展,还能有效支持地方产业的转型升级,进而推动区域经济的整体进步。

5. 建立长效的体制机制

为了深化产教融合和教学改革,高职院校必须构建一套规范、科学且细致可行的管理体系。首要任务是改革学校的内部治理结构,从传统的内部管理模式转向包含学校、地方政府、行业、企业以及社区等多方参与的多元治理机制,促进合作办学和共同治理。此外,伴随产教融合的深入,学校也需深化与之配套的管理制度改革。这包括将理事会或董事会的治理模式、产教融合发展战略以及校地校企协同创新的发展战略纳入学校章程,从而使章程内容更加全面和科学,为学校未来的发展提供明确的指导。同时,高职院校还需要探索并建立一套以产教融合为导向的全面管理体系,涵盖人才培养、师资队伍建设、应用研究、专业和课程设置以及服务于地方社会等方面。这不仅包括管理制度的构建,也包括对于各项建设和评估标准体系的完善,确保这些制度和标准能够满足产教融合发展的需求。通过这些综合性的改革措施,高职院校将能够在产教融合的大背景下,更加高效地培养适应市场需求的高素质技术技能人才,同时促进学校与地方社会和产业的深度融合和共同发展。

(五)围绕"人才质量",深化创业和就业改革

深化产教融合改革的核心目标在于提升人才培养的效果,而学生的就业情况是评价培养质量的关键指标。具体来说,深化创业和就业改革可从以下两个方面进行。

1.加强创新创业教育

高等教育机构承担着配合地方创新驱动发展战略的重要责任,其中关键任务之一就是深化和拓展创新创业教育。当前,高校在推进创新创业教育时需要从之前的零星和表面层面,转向将创新创业理念渗透至教育教学的每个环节。首先,高校需要明确创新创业教育的核心宗旨,即通过教育培养学生的创新思维和创业能力,而非单纯指导学生创立企业。其本质在于激发学生的创新意识、培育创新精神以及提升创新和创业的基本技能。其次,创新创业教育应该融入教学的全过程,超越将活动局限在科技园、创业园或创业大赛等形式。这意味着创新创业教育应深入每个专业、每门课程、每个项目及实践活动中,通过实际操作和体验,为学生提供一个培养创新思维和创业技能的肥沃土壤。这种全面融入的教育模式能够更有效地促进学生的综合能力发展,为他们未来的创新创业活动打下坚实的基础。

2.深化就业制度改革

为了提升毕业生的就业与创业能力,高等教育机构需要对就业制度进行全面改革,实施包括"毕业生就业创业引领计划"在内的一系列创新措施。首先,高校需建立和优化一个全方位的就业服务系统,这包括通过产教融合加深与行业企业的实践教学合作,增强学生的职业规划指导,提升就业服务体系的信息化水平,以及强化学生面试技巧的培训,构建一个由学校、企业、地方政府多方参与的就业服务网络。同时,高校还应致力于提高毕业生的就业质量。这需要加强与地方政府和企业的合作,以提升毕业生的本地就业率,确保毕业生的专业知识与就业岗位高度匹配,强调职业素养和敬业精神的培养,以及鼓励学生的创新能力,从而提高毕业生在社会工作中的贡献度。此外,提高大学生

的创业质量也是就业制度改革的关键内容。通过覆盖全教育过程的创新创业教育,激发学生的创业热情,建立专业的创业指导团队来对学生的创业项目进行评估,加强对学生创业的持续跟踪和技术支持,旨在提高大学生创业的成功率和可靠性。通过这些综合性的改革措施,不仅可以提升毕业生的就业与创业能力,还能为地方经济发展贡献更多高质量的人才资源。

三、完善产教融合发展保障机制

实现高职院校产教融合的有效发展需建立全面的保障体系,包括制定明确的制度框架、构建稳固的组织结构以及确保充足的资金支持,以促进产教融合策略的成功实施。

(一)产教融合发展的制度保障

在推动产教融合和校企合作的进程中,国际经验表明健全的法律体系和细致的管理制度是成功的关键。为了适应新时代我国产教融合的需求,必须在国家层面及地方层面完善相关法规和管理体制,构建一个支持产教融合发展的制度框架。有效的产教融合不仅需要高等教育机构和企业之间的协作,也同样离不开政府、行业组织和社会中介机构的配合与支持。缺乏全面的管理制度和法规支持,将难以保障产教融合活动的顺畅进行。因此,政府和相关部门需要针对产教融合的特点,制定具有指导性和操作性的管理制度,涵盖政府、行业、企业以及社会中介等各方面,确保产教融合各主体在明确的法规框架下协同工作,推动产教融合发展达到新的高度。

(二)产教融合发展的组织保障

产教融合作为一项复杂的系统工程,涉及多方主体的合作与协同,因此,建立有效的组织保障机制是确保其顺利实施的关键。目前,虽然高职院校已设立了如合作发展处或校企合作处等专门的管理机构,但在更高层面,如教育部、省级教育行政主管部门、地方政府乃至国家层面,尚缺乏专门负责产教融合领导和协调的组织结构。这种组织架构的缺失,容易导致管理职责不明确、协同不足等问题,阻碍产教融合策略的全面执行。针对这一问题,高职院校需要积极优化和整合产教融合的组织管理机构,从而提升管理效率和效果。这包括明确各相关部门如规划处、科研处、教务处等在产教融合中的职责和任务,避免资源浪费和工作重叠,确保各部门间高效协同。同时,也需要高校内部建立或完善针对产教融合的组织机构,形成明确的管理体系和工作流程,以促进校企合作和产教融合项目的顺利进行。此外,也应呼吁政府及相关部门重视并建立相应的组织机构,以提供更为有力的政策支持和协调服务,共同推动产教融合策略的深入发展。

(三)产教融合发展的资金保障

要确保产教融合发展的顺利进行,资金投入是不可或缺的。特别是对于高职院校而言,相比于研究型大学,在实施产教融合项目时,面临着更大的资金需求挑战。国际经验表明,职业教育的投资通常是普通教育投资的 2.48 倍,这一数据凸显了职业教育特别是产教融合发展所需资金投入的重要性和紧迫性。为了应对这一挑战,高职院校需要建立一个多元化的资金投入机制,包括国家级的产教融合发展基金、地方政府的支持资金、行业企业的共投资金以及院校自身的财务支出。这种多元化资金保障机制可以从不同层面和渠道为产教融合项目提供稳定的资金来源。这要求政府、社会以及企业等多方面的支持和参与,通过政策引导和财政激励,鼓励更多社会资本投入职业教育和产教融合项目中。

第三节　跨境电子商务产业学院建设实践

自 2014 年长沙市被批准为国家跨境电子商务综合服务试点城市,至 2018年升级为中国跨境电商综合试验区,湖南省的跨境电商产业便迅速发展,成为地区经济的新亮点。湖南省政府相继推出多项政策支持跨境电商的发展,力图将长沙打造成为区域性的跨境电商集聚中心,重点发展长沙国家高新技术产业开发区、长沙金霞保税物流中心和长沙黄花综合保税区,希望通过这些措施促进长沙乃至湖南省的开放型经济发展。

与此同时,湖南外贸职业学院作为省内独具特色的跨境电商教育先行者,不仅因其电子商务专业群而闻名,还因其紧密跟随产业发展需求,与行业、园区、企业紧密合作,共建跨境电商产业学院,这一举措旨在通过创新教育模式和人才培养策略,提升人才培养质量,为地区经济发展输送更多的合格人才。尽管跨境电商产业的发展势头强劲,但目前人才供给侧的不足已成为制约产业进一步发展的重要因素,湖南外贸职业学院的举措正是为了解决这一问题,支撑湖南省乃至中西部地区跨境电商产业的持续健康发展。

一、遵循逻辑关系,确定产业学院建设目标

湖南外贸职业学院着眼于深化产教融合,将跨境电商产业学院的建设视为关键策略之一,以适应区域经济的转型需求。这项举措融合了行业组织、企业、地方政府及教育机构的力量,采用创新的合作模式,旨在实现跨境电商产业学院的三大建设目标:职业性、技术性和终身性。首先,职业性目标强调将教学内容与湖南省跨境电商产业的实际需求紧密对接,确保学生在接受教育的同时,能够全面提升其专业知识、技能、职业态度及素养。这一过程中,学院注重职业标准与教学标准的一致性,以及教育证书与职业资格证书的衔接。其次,技术性目标着重于培养学生的技术技能,将行业的新理念和前沿技术融入教学中,不仅提升学生的技术素养,同时也鼓励教师对现有技术进行改进,开展新技术和产品的研发,促进地方跨境电商产业的技术革新和升级。最后,终身性目标意在为学生和在职员工提供持续的学习和发展机会,包括职业培训、就业创业指导、转岗培训等,以适应市场和产业发展的不断变化。通过这些目标的实现,湖南外贸职业学院旨在为湖南省乃至更广范围内的跨境电商产业发展培养出具有竞争力的高素质人才,同时推动区域经济的持续健康发展。

综上,确定跨境电商产业学院突出以下三个重要目标。

（一）突出"服务产业"

在构建跨境电商产业学院的过程中,其核心任务是服务于国家的重大战略,如"一带一路"倡议、中国制造 2025 以及乡村振兴战略,同时促进地方产业的转型与升级。为实现这一目标,产业学院应从以下几个关键入手。

首先,人才培养方案需紧密跟随新兴产业发展、前沿技术演进以及业态创新的步伐,确保教学内容与产业实际需求高度吻合。教育模式和教学方法也应与企业对于职业技能、职业态度、职业素养及工匠精神的具体要求相对接,从而为地区产业发展输送高素质的人才资源。其次,产业学院需强化在关键技术研

发领域的能力,确保将研究成果转化为产业应用,提供技术创新与方法革新,为地区产业转型升级贡献新的动力和方向。最后,产业学院应密切跟踪地区产业升级的动态,深入企业了解员工岗位需求的变化,为企业员工提供针对性的培训服务,包括岗前、在岗及转岗培训等,同时也为社会待就业人员、农村劳动力等提供专业的职业培训。这一系列措施旨在满足人才终身学习的需求,支持社会成员的可持续发展,从而推动地区产业的持续健康发展。通过这样多维度、全方位的服务产业战略,跨境电商产业学院将成为地区产业转型升级的重要助力,为地方经济发展提供坚实的人才和技术支撑。

（二）强调"深度对接"

跨境电商产业学院的建设核心在于实现教育资源与产业需求的深度融合。首先,专业构建与产业发展需求应紧密对接,通过调整专业设置、优化人才培养目标和规范,确保教育服务有效支撑区域经济的转型与升级。其次,教学内容的更新和资源配置需要消除滞后性,引入企业的实际项目、技术标准和文化到课程中,以职业标准指导课程内容,通过生产实践的对接,创造真实的企业环境,培育学生的综合职业能力。最后,产业学院应将其科研服务与企业的技术研发需求紧密结合,解决产业面临的关键技术问题,同时促进科研成果向产业转化,再反哺教学实践,形成闭环。通过这样的"深度对接",不仅可以促进区域产业的技术进步,也能显著提升人才培养的质量,满足高素质技术技能型人才的培养需求,助力地区经济的持续发展。

（三）创新"跨界合作"

跨境电商产业学院的建立和发展,不仅依赖于学校内部的力量,更需要通过多方主体间的"跨界合作"模式来加强。这种合作模式不仅包括政府、行业组织、开发区、企业和教育机构,还涉及学生、家长等更广泛的社会成员。同时,"跨界合作"还应体现在专业发展上,通过整合不同但相关联的专业领域,形成专业集群,这种集群不仅仅是将几个课程组合在一起,而是基于对产业链全生命周期的深入理解以及新兴产业的交叉和融合特点,同时考虑到不同专业间的内在联系和基本逻辑,实现真正意义上的专业间合作与整合。这样的"跨界合作"不仅能够提高教育资源的利用效率,还能更好地服务于地方产业的发展需求,促进学生能力的全面发展,为区域经济发展提供强有力的人才支撑和技术创新动力。

二、重视目标导向,构建产业学院总体框架

为加快长沙综合试验区的建设进程,湖南省已经成功启动了 129 个跨境电商试点项目,并以长沙国家高新技术产业开发区、长沙金霞保税物流中心、长沙黄花综合保税区为核心,打造了三大跨境电商园区。这一系列的发展措施,加上湘欧铁路等物流通道的建立,为地区的跨境电商产业提供了良好的发展环境。在这一背景下,湖南外贸职业学院计划与地方政府和湖南省跨境电商协会合作,共同出资成立跨境电商产业学院,旨在构建一个覆盖整个行业的校企合作新模式。不同于传统的单一企业合作方式,该产业学院将通过协会的平台,将合作关系扩展到所有有意向的跨境电商会员企业中。协会负责收集企业的人才需求,并将需求明细交由产业学院的企业联络部门处理,进而学校与企业就人才培养签订具体的委托协议,共同开发培养方案。随后,产业学院将依据这些方案进行层次分明、岗位具体的人才培养。在管理模式上,跨境电商产业学院采取由政府引导、学校与企业共同参与的多元化管理结构,实施由理事会领导、院长负责的管理体系。学院将致力于教育与产业的深度融合,涵盖专业群构建、人才培养计划、技术革新、就业与创业支持、社会服务、"双师型"教师发展、高级实训基地建设以及文化遗产的传承等合作领域,旨在全面提升跨境电商领域的教育质量和产业发展水平。

三、产教深度融合,推进校企"双元"育人

在当前职业教育领域,产教融合已成为促进人才培养与社会需求相匹配的重要途径。特别是在校企合作模式下,推进"双元"育人系统的建设,即在学校教育与企业实践之间建立更紧密的合作关系,已成为高等职业教育创新发展的关键。这种深度的产教融合策略旨在通过学校与企业的共同参与,形成一种理论学习与实践操作并重的教育模式,从而为学生提供更全面、更实用的职业技能培养路径。具体来说,产教深度融合,推进校企"双元"育人,应着重从以下五个方面发展。

（一）知行合一、工学结合的育人原则

跨境电商产业学院秉承"知行合一、工学结合"的教育理念，汲取德国双元制教育及现代学徒制的精髓，与跨境电商协会和行业企业密切合作，共同开发人才培养计划。该计划旨在紧跟跨境电商行业的最新技术动态和标准，将这些内容及时融入课程体系，确保学生能够通过实践学习深化理论知识，并在真实的工作环境中锻炼和提升自身能力。此外，产业学院将定期进行专业评估，以确保教育内容与湖南省跨境电商产业的实际需求保持同步，通过设立以跨境电商为主导的电子商务专业群，增强教育的灵活性和适应性，更好地服务于产业发展。

（二）校企全方位深度合作

在推动跨境电商产业学院的发展过程中，采取全面深入的校企合作模式是关键。这种合作不仅涉及人才培养、技术研发、就业支持、社会贡献以及文化传承等多个层面，还要求双方建立共同的发展愿景，确保合作的持续性和效果性。首先，学院与企业需共同确立合作的长远目标，超越单纯的经济利益考虑，以促进社会和经济发展为最终目的。这要求企业放宽传统利益观念，与学院共同探索可持续的合作模式。其次，为了实现资源的有效整合和共享，学校应向企业提供教师、学生、场地等教育资源，而企业则应贡献资金、技术、项目和设备等商业资源，通过这种方式促进双方在人力资源开发方面的合作。再次，学院和企业应共同构建一个动态的人才培养模式和课程体系，这包括建立信息共享平台、定期的交流会议以及根据产业需求调整专业和课程的机制，以确保教育内容和人才培养目标与行业需求保持一致。最后，双方应通过工作室、订单班或项目合作等形式探索利益整合，确保合作机制的成熟和稳定，进一步深化合作的深度和广度。通过这样的全方位深度合作，跨境电商产业学院能够更好地服务于地区经济的发展，为行业提供高素质的人才和创新技术。

（三）专业链对接产业链

跨境电商产业学院致力于建设电子商务专业群，以培育能够满足湖南省跨境电商产业转型升级及技术创新需求的技术技能型人才为目标。专业群通过紧密对接地区跨境电商产业链、创新链和职业岗位需求，围绕跨境电商专业展开,同时涵盖国际贸易、商务外语、网络营销等相关专业,形成一个全面、多元的专业体系。核心建设内容围绕课程体系和课程开发,首先侧重于群内不同专业共享的核心知识和技能的课程开发,提升学科间的协同效应。随后,通过分析产业链特点及相关职业岗位需求,进行课程的模块化改造,实现根据项目需求灵活组合的教学模式,确保课程内容与产业实践紧密相连,促进专业知识与实际应用的深度整合。此外,考虑到学生的个性化发展需求,开设一系列选修课程,以增加专业学习的灵活性和广度。在教学过程中,重视转变教育观念,采用以学生为中心的教学方法,活跃课堂氛围,激发学生的学习兴趣和创新精神。从宏观的产教融合战略到微观的课堂教学,跨境电商产业学院坚持技术和技能并重,鼓励创新,同时关注人文素质的培养,全面推进学生的综合素质发展。通过这样全面的规划和实施,跨境电商产业学院旨在解决高职院校在跨境电商人才培养中遇到的质量问题,为区域经济的持续发展提供坚实的人才支撑和技术创新源泉。

(四)高水平实训基地建设

在响应湖南省跨境电商产业迅猛增长的背景下,跨境电商产业学院积极筹划发展高效能的实训基地。这一计划得到了政府政策的有力支持,并计划与地区内的中小微企业以及其他社会力量和职业教育机构携手,共同推动实训基地的构建和完善。这样的合作旨在打造一个综合性的平台,将教育培训、生产实践及技术服务紧密结合,以达到资源优化配置和共享互利的目标。借鉴国际上如德国、日本和瑞士等国的成功经验,跨境电商产业学院将致力于开发和实施更加高效、创新的实训基地运作模式。这些实训基地将不仅为学生提供符合行业标准的职业技能训练,也将紧密对接企业生产和技术服务的实际需求,从而促进学生的实践能力和创新思维的培养。同时,通过这种产教融合的模式,实训基地还将成为技术创新和应用的试验场,推动产业技术的进步和更新。

该实训基地建设计划旨在形成一个互联互通、共生共赢的新型教育培训和产业发展生态系统。通过实践和应用驱动的学习方式,学院不仅能够为跨境电商产业输送更多具备高素质和高技能的专业人才,还能有效提升整个产业链的技术水平和竞争力,为湖南省乃至全国的跨境电商产业健康持续发展提供强有力的支持和保障。

(五)"双师型"教师队伍建设

在跨境电商产业学院中,打造一支具备高素质的"双师型"教师团队是推动教育品质向上的核心策略。这种团队强调的是教师不仅拥有深厚的理论知识,同时具备丰富的实践经验,能够将行业最前沿的技能和知识直接传授给学生。为实现这一目标,学院采取了一系列精心设计的措施和标准,确保教师队伍的专业性和教学质量。

首先,学院对教师的选拔采用了严格的标准,优先挑选那些在跨境电商领域有着实际经验和专业技能的人才,而不是仅仅依赖于理论知识丰富的应届毕业生。这样的选拔机制确保了教师团队能够将真实的业界经验和案例带入课堂,增强教学的实践性和针对性。对于已经成为团队一员的教师,学院则制订了全面的个性化培训计划。这一计划要求教师每年至少在相关的企业或实训基地中实践工作一个月,通过这种方式不仅提升了教师的实际操作技能,也进一步提高了他们的教学效果。此举不仅加深了教师对跨境电商行业的理解和体验,还有助于他们不断更新教学内容,确保课程的时效性和实用性。此外,为了进一步拓展教师的国际视野,学院定期安排核心教师团队前往海外进行短期的研修和访学项目。通过这种国际交流,教师们有机会接触到国际上的先进教学理念和技术,将这些新鲜的元素融入自己的教学过程中,从而不断丰富和优化课程内容。同时,学院也重视兼职教师的引入和利用。通过建立一个灵活的聘任机制,学院鼓励企业技术精英和高技能人才加入教学团队。这不仅为学生提供了来自业界的第一手信息和经验,也促进了学校和企业之间的深度合作,实现了教学内容与行业需求的紧密结合。

通过上述措施,跨境电商产业学院旨在构建一个既懂理论又精实践,能够持续适应和引领行业发展的"双师型"教师队伍。这样的团队不仅能提升学生的学习效果,更能确保毕业生在进入跨境电商行业时,能够快速适应并贡献自己的力量。这种教师队伍的构建策略,无疑为学院在培养高质量人才方面提供了强有力的支持,也为跨境电商行业的持续发展注入了新的活力。

四、突出质量发展，深化产业学院机制建设

在当今快速发展的经济环境中，质量发展已成为各行各业的核心追求。为了进一步加强这一目标，深化产业学院机制建设显得尤为重要。具体来说，要从以下两个方面展开。

（一）多元协作共赢机制

为了推进跨境电商产业学院与产教深度融合，建立一个高效的多元合作共赢机制至关重要。这一机制应当涵盖协会、企业以及教师三大主体，通过创新的内部驱动机制和人事制度调整，激发各方的参与热情和创新活力。首先，对于协会和企业的参与，关键在于挖掘和利用其内在动力，确保它们能够积极投入产业学院的建设中。通过与协会和企业共同研究开发适合的激励机制，例如提供政策支持、税收优惠或是在项目合作中给予特定利益分享，能够大大提升它们对产教融合的贡献。其次，对于教师队伍的建设，特别是高校教师和业界导师，需要采取差异化的策略。对高校教师而言，应将其在产教融合、校企合作中的贡献作为评价和晋升的重要考核指标，并适当增加这些方面的权重。这不仅包括专业技能和教学成果，也应包括与企业合作的项目成果和社会服务的效果。对业界导师而言，建立专门的职业发展通道，为其提供特别的评优和晋升政策，以此鼓励更多的行业专家参与到专业建设和人才培养中来。这样的措施能够促使业界导师将最新的行业知识、技术和经验带入教学过程，丰富学生的学习体验。通过这样的多元协作共赢机制，跨境电商产业学院能够在产教融合的道路上更加稳健地前进，为学生提供更加丰富、实用的学习内容，同时也为行业培养出更多符合需求的高质量人才。

（二）跨境电商产业学院办学质量督导评价体系

跨境电商产业学院在追求教育品质卓越的道路上，采取了一系列创新措施，以确保其培养出的人才能够紧跟行业的脚步，满足不断变化的市场需求。其核心为一个精心设计的教育质量监督和评估框架，旨在全面衡量学生的综合能力，包括他们的职业道德、技术熟练度、就业效果，以及学院在推动产教融合、加强校企合作、拓展社会服务等方面的成就。

作为评价体系的一部分，学院承诺每年向公众发布一份详尽的教育质量报

告。这份报告不仅增加了对外的透明度,而且为学院提供了一个自我反省和持续改进的机会,同时也欢迎来自行业、政府机构、企业界和学术界的反馈。更重要的是,学院采纳了一种包括政府官员、行业协会成员、企业代表和学术界专家在内的多元化评估机制,这不仅确保了评价的多样性和广泛性,而且通过定期邀请独立第三方进行审查,保证了评估过程的公正性和客观性。此外,为了确保持续的质量监督,学院设立了定期评估的制度。通过编制和公开督导报告,学院使其利益相关者能够充分了解其运营状况,并根据收到的反馈做出相应的调整。这一过程不仅增强了学院对外部意见的响应能力,而且促进了内部管理和教学质量的持续改进。

学院还意识到,为了在快速发展的跨境电商行业中保持领先地位,必须依赖行业内部和学术界的专家见解,因此,成立了一个教育指导咨询委员会。该委员会由领域内的专家和学术权威构成,他们为学院提供关于关键决策和改革的咨询和指导。这个委员会的存在确保了学院在发展方向和战略决策上的正确性和前瞻性,从而使学院能够有效地适应行业变化,同时维持其教育项目的高标准和相关性。

第四章

高校跨境电子商务专业课程体系构建

第一节　各类课程与思政课程的同行同向

在构建高职院校的课程体系中,一个关键的方向是确保思政教育与各类课程之间实现深度融合与协同发展。以"立德树人"为核心使命,课程开发应致力于贯彻马克思主义理论,引导学生形成全面、交互、立体的学习体验。具体而言,课程分类涵盖思政课、通识课(包括公共必修、公共选修和专业限选课)以及专业课,形式上则包括第一课堂(传统课堂学习)、第二课堂(课外实践活动)以及第三课堂(社会实践与服务学习)。课程开发的核心在于将思政教育的资源和理念渗透到每一个课程中,无论是专业课还是通识课,都应强化育人功能,让学生在学习专业知识的同时,也能深入理解和接受社会主义核心价值观。

一、同行同向的理论基础

在高职院校中,将各类课程与思政课程进行同行同向的教学,其理论基础深植于马克思主义的丰富理论体系之中。该教学方向把握实践论的精髓,依据认识论展开,最终在价值论上得以实现。同时,结合了中西方协同理论和马克思的协作理论,为课程之间的协同合作和共育方向提供了坚实的理论支撑。

(一)马克思主义相关理论

实践论、认识论和价值论构成了马克思主义核心理论的基石,指引着高职院校专业课程与思政课程同步前进的方向。这一教育理念的核心目标是促进人的自由全面发展,深刻反映了马克思主义对人的发展的深远洞察。它不仅是对人才培养方向的明确指引,也体现了马克思主义关于人的全面发展的根本观念,为高职教育提供了明确的目标导向。[①]

1. 马克思主义的实践论是出发点

马克思主义深刻指出,实践是人类了解和改造世界的基础,强调"全部生活本质上是实践的"。自人类社会的初期,实践活动就已经贯穿于人们的生存与发展之中。通过不断的实践,人类认识世界、改造世界,同时实践活动也在不断地塑造和改变人类自身。在教育领域,实践同样占据着不可替代的核心地位。教育作为社会生活的重要组成部分,其目的在于通过实践活动培养学生的能力,使其能够主动地认识和参与改造世界。

实践活动被视为人类理解和改造世界的基石,强调实践的客观实在性和其在教育中的中心地位。教育不仅是传授已有的实践知识和成果,更是引导学生通过实践活动来探索、验证和深化这些知识的过程。正如马克思所强调的,"人的思维的客观真理性不是理论上的问题,而是实践的问题",在实践中学生能够验证知识的真实性,同时也在不断的实践活动中塑造自我、认识世界和改造世界。因此,高职院校在构建专业课程体系时,必须贯彻实践决定论的原则,把实践活动作为课程建设和教学实施的核心。这不仅要求课程内容能够反映实践领域的最新成果和发展趋势,更要通过实践教学,如实验、实训、社会实践等形式,让学生在实际操作中检验理论知识的真实性,培养他们的问题解决能力和创新能力。同时,随着社会发展和科技进步,教育内容也应不断更新,以适应新的实践需求,真正做到教育活动的实践性和时代性,尊重真理、追求正确的价值,培养出既具有深厚专业知识又有丰富实践经验的高素质技术技能人才。

实践在教育领域体现出独特的主观能动性,这种能动性不仅彰显了人类特有的活动本质,而且在教育实践中展现了教师与学生双主体的互动。这种观念的转变,从单一的"教师主体"模式,发展到更加平衡的"教师主导、学生主体"

① 王明建,江涛.学校课程体系建设的理论与实践研究[M].北京:中国社会科学出版社,2017:110-121.

的模式,旨在平衡教育过程中的主体地位,充分调动和利用各方的主观能动性。在这一模式下,教师不仅是知识的传递者和价值的引导者,更是学生学习过程中的引领者和促进者,而学生则在教师的引导下,通过主动参与和实践探索,构建自己的知识体系和价值观。这种互动促使教育活动成为一种真正意义上的共创过程,使得学习成果更加贴近实际,有助于学生能力的全面发展。

在高职院校中,各类课程与思政课程共同指向的核心是以马克思主义的实践观为根本,强调学生在实际操作中遇到并解决问题的过程,通过这样的实践活动不仅实现知识的应用,还促进了个人的社会化进程和自我完善。这一课程体系的转变,标志着从单纯的知识传授向知识、技能与价值三位一体的全面培养转型,旨在实现学生的知识应用、技能提升与价值观塑造的有机统一。同行同向的课程设计鼓励学生将学到的理论知识与现实问题相结合,通过具体实践加深对社会主流价值观的理解和认同,进而在不断的实践中实现自我提升和全面发展。

2.马克思主义的认识论是着力点

在高职院校中,马克思主义的认识论不仅是理论的支撑点,也是实践教育的着力点。它强调认识起于实践,并最终服务于实践,构建了一个从实践到认识再到实践的动态循环过程。毛泽东在《人的正确思想是从哪里来的》中提出,一个正确的认识需要经过多次从实践到认识再回到实践的循环过程,这一过程揭示了认识运动的辩证法。这种辩证的认识运动过程,贯穿于高职院校的教育活动之中,学生通过学习,不仅仅是获取间接知识,更是在理解和应用这些知识的基础上,通过实践活动进行验证和深化,从而形成深层次的理解和认识。

高职院校的思政教育,旨在通过课程学习引导学生接受正确的价值观,但这一过程并非止于知识的传授。将思政教育融入各类课程之中,通过实践活动的深化,促进学生对专业知识和社会责任感的深入理解,实现知识与行动的有机结合。这种教学策略不仅提升了学生的专业技能,也促进了其价值观的形成和个人品格的培养,从而完成从知到行的转化,增强学生的社会责任感和积极主动性。因此,高职院校的课程体系和教育实践,应当围绕马克思主义认识论的核心原则,通过实践活动的设计与实施,促进学生对专业知识的深入理解和对社会价值的正确认识,实现人的全面发展和自我完善。

3.马克思主义的价值论是落脚点

高职院校各类课程与思政课程的同步前进,深植于马克思主义价值论的丰富土壤中,这一理念将人的全面与自由发展视作至高无上的价值目标。价值的实现不仅激励着个体不断自我完善与提升,还在社会层面引导集体行动,指明前进方向。习近平总书记在全国教育大会上的重要讲话,将"德智体美劳全面发展的社会主义建设者和接班人"的培养定位作为教育的核心任务,这一目标贯穿于教育实践的每一环节。在这一理念指导下,高职院校的课程体系建设不仅追求知识的传授和技能的培养,更重视价值观的塑造和人格的完善。通过专业课程与思政课程的有机融合,教育过程不断促进学生的理想信念、价值取向、知识学习、意志品质、思维能力、创新精神、社会实践、使命担当等方面的全面发展。这一过程体现了真理与价值的统一,既追求认识世界的科学性,又注重改造世界的方向性,确保每一次成功的实践都是真理与价值统一的体现。

专业课程的设计与实施旨在激发学生的潜力,促进对自我、他人及外部世界的深入探索,全面提升学生的智力、能力和人际关系等方面,满足他们作为主体的价值需求,努力实现每个人的全面、自由、充分发展。这种教育模式不仅为学生的成长提供了宽广的舞台,也为社会培养了具有深厚价值观、广泛知识和高度责任感的优秀人才。

(二)协同相关理论

西方协同论、中国古典协作思想,以及马克思主义的普遍联系和集合力理论的深刻见解,对高职院校将专业课程与思政课程紧密结合的探索具有深远的现实意义。

1.西方协同理论

协同理论,最初由德国物理学家哈肯在20世纪70年代提出,强调自然界及其各个系统是通过协同作用相互连接、相互制约而形成的一个有序的整体。在教育领域,尤其是高职院校的教学系统中,这一理论同样适用。教育作为一个包含多个要素的复合系统,依赖于教师、学生、课程、教材、教学管理等子系统的有效协同,以达成教育的终极目标。应用协同理论于高职院校的教育教学,意味着要精心设计和调整这些子系统之间的相互作用,确保它们能够共同工作、相互补充,而非单独运作或相互冲突。具体到课程体系的建设,这就要求我们不仅协调好思政课程与专业课程、通识课程之间的内在联系,而且要优化课程内容的结构,确保知识、能力与价值观的三维目标协同推进。此外,教学目标、内容与方法之间的协同,教师与学生、课堂与实践活动之间的有效互动,都是构建一个有序、高效的教育系统所必不可少的。在实施过程中,高职院校可以通过建立跨学科课程小组、促进校企合作、加强教师团队建设、优化教学资源配置等措施,来实现教育教学各组成部分之间的协同效应,从而提升教育质量,实现人才培养目标。通过这样的协同作用,我们不仅可以实现教育资源的最优化配置,还能激发学生的学习潜能,促进他们全面发展,最终达到"1+1>2"的教育效果,为社会培养出更多德智体美劳全面发展的高素质技术技能人才。

2. 中国协同思想

中国古代协同思想源远流长,蕴含在丰富的哲学、道德和社会思想中。从《说文解字》中的"协,众之同和也"到《礼记》中调和四国的智慧,协同思想贯穿中国文化的每一个细胞,强调事物之间的和谐与平衡。例如,阴阳学说强调对立统一,阐述万物发展的动态平衡;老子的"道生一,一生二,二生三,三生万物"揭示了宇宙万物生成的协同原理。这种古老智慧在今天的教育领域仍有着深刻的现实意义。高职院校在构建专业课程与思政课程的同行同向过程中,需要深入挖掘并应用这一思想,构建一个和谐协同的教育生态系统。首先,需要强化教育主体之间的相互作用与配合,既要发挥教师的引导作用,也要充分激发学生的主体能动性,形成互动共育的局面。其次,教学内容不仅要传授知识,更要注重价值观的培养,引导学生形成正确的世界观、人生观和价值观。在实践中,高职院校应借鉴协同思想,促进各学科之间、理论与实践之间的深度融合,打破壁垒,实现跨学科、跨专业的综合协作。通过开设跨学科课程、建立项目式学习小组、强化实践基地建设等措施,让学生在多元化的学习环境中体验协同合作,培养解决复杂问题的能力。此外,高职院校还应加强与企业、行业和社会的协同合作,通过校企合作、服务学习项目等方式,让学生在真实的社会环境中学习和成长,从而更好地服务于社会和经济发展。

综上所述,通过深入挖掘和应用中国古代协同思想,高职院校能够构建一个全方位、多层次、跨界合作的教育模式,为学生的全面发展提供坚实的基础,为社会培养出更多德才兼备、适应未来发展的高素质技术技能人才。

3. 马克思主义关于普遍联系观

马克思主义普遍联系观强调世界上的事物都是相互联系、相互影响的统一整体。这一理论不仅阐明了事物之间的客观联系,也指出了这些联系的普遍性、多样性和条件性。在教育领域,特别是在高职院校的教育教学实践中,这一观点提示我们应将思想政治教育与专业教育进行有效融合,实现全方位育人。首先,从普遍联系的角度出发,高职院校的思想政治教育应突破传统的边界,将思想政治理论课与专业课、实践课等形成有机联系。课程之间不应是孤立的,而是应该在内容上相互渗透、相互补充,共同服务于学生的全面发展。其次,多样性原则要求高职院校在进行课程设计和教育实践时,应考虑到不同学科的特点和学生的多元需求,采用灵活多样的教育教学方法,如案例教学、项目驱动、实训实习等,以适应不同学科的特性和学生的个性化发展。此外,联系的条件性告诉我们,教育教学的过程是动态的、发展的,需要根据社会发展、技术进步和产业变革的实际需求,不断调整和优化课程内容和教学方法,以保持教育内容的时代性和前瞻性。最后,高职院校应建立起以学生为中心的教育体系,通过课程之间的协同与整合,形成一个促进学生知识、技能、价值观全面发展的育人环境。同时,加强与企业、行业和社会的联系与合作,构建校企合作、产教融合的教育模式,使学生能在实践中学习,在实践中成长。

综上所述,马克思主义的普遍联系观为高职院校提供了一个全局性、系统性的育人视角,要求我们在课程设置和教育实践中充分考虑教育活动的内在联系和相互作用,以实现教育教学的协同效应,促进学生的全面发展。

(三)合作教育理论

合作教育起源于 19 世纪末的美国辛辛那提大学,后迅速发展成为一种国际性的人才培养模式。这种教育模式突破了传统教育的局限,注重在职业技能教授的同时,培养学生的生存能力,包括基本的技能培训、思维能力提升和个性品质的塑造。更进一步,它要求学生能够有效地管理和利用各种资源,拥有良好的人际交往能力,能够高效获取和应用信息,具备全面的分析和技术应用能力。合作教育的核心目的是实现教育培养目标与市场需求、国家和社会期望之间的完美对接,旨在塑造具备全面知识体系、实践能力和高尚道德品质的综合型人才。

中国教育历史上,将理论学习和实际行动紧密结合的"知行合一"理念,具有深远的文化渊源和实践基础。明代思想家王阳明提出的"知行合一"哲学,强调知识和行动不可分割,认为理论认知的起点在于实践,而实践活动的完成又能使理论认识得到完善。在现代教育实践中,陶行知先生进一步发展了这一思想,他提倡"教育即生活,学校即社会"的观念,主张教育要紧密联系实际生活,通过实践活动促进学生全面发展。

在高职院校的专业课程体系中,强调知识、能力和价值三维目标的融合不仅局限于传统课堂(第一课堂),而且扩展至实践活动(第二课堂)和网络平台(第三课堂),形成了一种全方位的教育模式。这一教育模式借鉴了合作教育的理念,致力于打造一个互通有无、相互补充的教学生态,通过将第一课堂的理论学习与第二、第三课堂的实践活动和网络学习相结合,实现知识的深化、能力的提升和价值的内化。这种模式旨在确保学生能够将课堂上学到的理论知识应用于实际情境,通过实践加深理解,同时在网络环境下拓展学习视野,增强自主学习和创新能力,最终达到教育的全面发展目标。

二、同行同向的主要内涵

课程体系构成了教育活动的核心框架,它通过各种课程元素的有机排列和综合优化,形成了针对特定专业培养目标的全面教学结构。这一体系不仅包括专业所需的全部课程内容,而且涉及这些内容如何根据它们的功能和作用相互关联和组合,以实现对学生全面、系统教育的目标。

(一)同行同向的基本原则

高职教育思政工作是一项系统性、长期性的教育实践,融合了严谨的科学性和鲜明的思想性。为了贯彻思想政治教育在全面人才培养体系中的重要位置,自2017年起,教育部陆续发布了一系列政策文件,明确要求将思政教育纵贯于各类课程和教学活动之中,实现课程教育与思政理论课的有机统一。这一系列政策文件强调,高职院校在进行思政教育时,必须坚守教育原则,确保教育活动的规范性和有效性,同时也需注重创新和超越,以适应不断变化的教育需求和社会发展。

具体来说,同行同向的基本原则主要包括以下三点。

1. 系统性与长期性原则

高职院校课程体系的构建,特别是将思政教育融入专业课程中,是一个需要系统性和长期性原则指导的复杂过程。这不仅涉及课程内容的设计和安排,还包括教育目标的确立、教学方法的革新、评价机制的建立等多个方面,所有这些都需围绕培养学生的综合素质和能力展开。首先,高职院校必须以系统性原则为基础,确保课程体系中的每个元素都能有机地相互联系和支持。这意味着从课程设计开始,就要全面考虑课程内容、教学方法、学习资源、评价方式等多个方面的协调一致,确保它们共同服务于人才培养的整体目标。例如,专业课程与思政课程的融合不仅仅是在内容上的简单叠加,更重要的是要在培养学生的价值观、思维方式、职业技能等方面实现相互促进和提升。其次,长期性原则要求高职院校课程体系的建设和发展具有持续性和前瞻性。教育活动和课程建设不能仅仅停留在满足当前需求的层面,而应预见未来的发展趋势,为学生的终身发展奠定坚实的基础。这就需要高职院校在课程体系建设中,不断进行自我审视和更新,及时引入新的知识、技术和教育理念,同时保持对学生个性化发展需求的敏感性和响应能力。

因此,高职院校课程体系的建设需要遵循系统性和长期性的原则,以确保思政教育和专业教育的深度融合,培养出既具有良好职业技能又拥有健全人格的高素质技术技能型人才。通过整体规划和长远考量,建立起一个既能适应当前社会发展需求,又能预见未来变化的动态、开放、协调的课程体系。

2. 科学性和思想性原则

在高职教育中,科学性和思想性原则的融合体现了课程建设的深度和广度,确保了教学内容既符合客观真理又富有思想内涵。科学性是指所有课程内容必须基于严谨的科学理论和实践经验,追求知识的真实性和逻辑性,保证学生能够获得科学、准确的知识体系。课程内容应深入探究学科规律,确保教学过程中的科学精确和理论深度,不仅仅限于自然科学范畴,同样适用于社会科学与人文学科,以确保学生能全面、准确地理解和掌握专业知识。思想性原则则要求课程不仅传授专业知识,更要注重价值观的培育和理想信念的塑造。课程中要融入社会主义核心价值观和中国特色社会主义理论体系,引导学生树立正确的世界观、人生观和价值观。通过课程学习,学生应能深刻理解社会主义核心价值观所蕴含的深厚文化内涵和精神实质,培养爱国情怀、集体主义精神,形成积极向上的人生态度和价值追求。科学性和思想性的统一,是高职课程同行同向的重要原则。只有在保证科学性的基础上注入思想性,才能实现教育的根本目的——培养德才兼备的社会主义建设者和接班人。这一过程要求教师在教学设计和实施中恰当处理科学性与思想性的关系,将科学的知识传授与价值观教育有机结合,使学生在掌握专业技能的同时,也能形成正确的世界观、人生观,成为社会主义事业的合格建设者和可靠接班人。

3. 适应性与超越性原则

在高职院校中,各类课程与思政课程的同行同向应遵循适应性与超越性原则,旨在培养学生适应社会发展需求的能力,并鼓励他们不断追求个人成长和社会进步。适应性原则要求教育内容和方法要与社会的经济、政治、文化相适应,同时也要符合学生的身心发展特点,满足他们的学习需求和兴趣。这意味着课程设计要紧密结合社会发展趋势,同时充分考虑学生的个性化发展,为他们提供丰富多样的学习资源和实践机会。超越性原则强调思政教育不仅要满足学生当前的认知需求,更要引导他们建立远大的理想和抱负,激发他们对知识、技能及价值观的探索和追求。教育应当引导学生超越现有的思想政治品德水平,激发他们的内在潜能,使他们能够在认知、情感和行为上达到更高的层次。通过设定更高的教育目标和标准,激励学生不断追求卓越,实现个人成长和社会贡献。实施适应性与超越性原则,要求教师具备高度的教育敏感性和创新能力,能够根据学生的具体情况设计适合的教学内容和方法。同时,教育者应鼓励学生积极参与社会实践,通过实际操作和社会服务等活动,培养学生的实践能力和社会责任感。通过不断地探索和实践,学生可以更好地理解社会、认识自我,形成积极向上的人生态度和价值追求,实现自我超越和社会贡献。

（二）同行同向的逻辑关系

高职院校在构建各类课程与思政课程同行同向的体系时,必须深入分析专业教学与思想政治教育之间的内在逻辑关系,确保两者能够有效融合,共同促进学生的全面发展。专业教学不仅要传授专业知识和技能,更要注重培养学生的正确学习态度、科学的思维方式、职业理念和社会责任感,这些都是思想政治教育的重要内容。要实现这一目标,教师角色的转变尤为关键,他们不仅是知识的传递者,更是价值观的引导者。首先,要加强教师队伍建设,提高专业教师的思政教育意识和能力。通过培训和实践,让教师明白,在专业教学中融入思想政治教育的重要性和可行性,教授如何在教学过程中自然地引入思想政治教育元素,使之成为课程教学的有机组成部分。其次,深挖专业知识体系中的思想政治教育资源。每个专业都有其独特的价值导向和职业规范,教师应当深入探索和挖掘这些内涵,将其转化为课程教学内容,通过案例分析、项目实训等形式,让学生在实际学习中体会和领悟。再次,建立有效的评价机制。评价机制应能够全面反映学生在知识掌握、能力培养及价值观形成方面的成长,鼓励学生积极参与思想政治教育活动,通过自我反思和实践提升自身的综合素质。最后,强化校企合作,构建实践平台。通过与企业的紧密合作,开展实习实训、社会服务等活动,使学生在实际工作中感受职业精神和社会责任,从而加深对专业知识的理解和应用,同时实现思想政治教育的目标。

（三）同行同向的责任主体

在全国高校思想政治工作会议上,习近平总书记深刻阐述了高校思想政治教育的重要性,明确指出党必须牢牢把握高校思想政治教育的领导权,确保高等教育机构始终是培育社会主义建设者和接班人的重要基地。他强调,教师作为人类灵魂的塑造者,肩负着不可推卸的神圣职责,而高校的思想政治工作人员更需通过拓宽选拔范围、加强教育培训、深化实践经验、完善激励机制等措施,全面加强和提升队伍建设。这不仅要求高校党委在各类课程与思想政治课程的教育方向上保持一致性,推动以思想引领教学内容的更新,也迫切需要回答"为谁培养人""培养什么样的人"和"如何培养人"这三个关键问题,确保教育质量和培养目标的准确性和前瞻性。此次会议不仅是对高等教育在思想政治方面工作的一次全面部署,也是对高校教师及相关工作人员职责和使命的再次强调。习近平总书记的讲话深刻指出,只有当党和国家对高等教育的思想政治工作持续投入和正确引导,才能确保培养出既有道德情操、又有科学文化知识,能够为社会主义建设贡献力量的优秀人才。因此,加强和改进高校思想政治工作,不仅是高等教育领域的重要任务,也是实现中华民族伟大复兴中国梦的关键一环。

下面将对以下三个同行同向的责任主体进行分析。

1. 党的主导权

在新时代背景下,高等职业教育肩负着培养具备社会主义核心价值观、能够为国家的发展做出贡献的高素质技术技能人才的重要使命。为此,党委在高职院校的思想政治工作中占据着至关重要的角色,需要通过高瞻远瞩的策略和创新体制机制,确保课程思政工作的有效实施和党的理论、路线、方针、政策的深入人心。首先,党委必须确立其在课程思政工作中的政治责任,将此项工作视为实现党的教育方针、培育和践行社会主义核心价值观的政治任务。这不仅要求党委在思想政治教育中确保方向正确、政策到位,更要将课程思政工作与培养具有中国特色社会主义理想信念的建设者和接班人相结合,实现理论教育与实践教育的有机融合。其次,党委承担的组织责任不仅是对课程思政工作的整体规划和指导,还包括明确责任分工、成立专门领导机构、保障必要的政策和资金支持等。这要求党委不仅要高效协调学校内部各职能部门和各二级学院的关系,确保资源的合理配置和利用,还要通过制定具体的改革方案和责任清单,确保课程思政工作的顺利进行。最后,确保课程思政工作成效的关键在于党委有效推动这项工作的落实。这不仅需要党委引导教师队伍激发主动性、积极性和创造性,更需要通过实施细致的责任分工、定期的检测评估和及时的问题纠正,确保课程思政工作不断深化,实现教育目标。

2. 教师的主体性

在高等职业教育的教学实践中,教师的角色和作用经历了多方面的演变与深化,从单一的"教师主体"逐步转变为更加注重教学互动和学生自主性的多元模式。这一过程不仅体现了教学观念的进步和教育理念的更新,也反映了高职教育对于培养学生综合能力和自主学习能力日益重视的教学需求。

在早期的教学模式中,"教师主体"观念占据主导,这种模式强调教师在教学活动中的中心地位,认为教师通过直接教授决定了学习的目标、内容和方法,而学生作为接受知识的对象,其主动性和创造性得到的发挥有限。随着教育理念的发展,"学生主体"的概念逐渐被提出和重视,标志着教学模式向以学生为中心转变,强调教育应当围绕学生的需求和发展来进行,教师的角色更多地转变为引导者和促进者,而非单一的知识传递者。"双主体"模式的提出,进一步平衡了教师与学生在教学过程中的地位,认为教师和学生在教与学的不同阶段各自扮演主体角色,促进了更为平等和互动的教学关系。而"教师主导,学生主体"的模式则是在"双主体"基础上的进一步发展,不仅强调教师引导下的学生自主学习,还注重建立民主、平等的师生互动关系,使教学过程成为师生共同参与、共同成长的过程。在这一系列的教学模式演进中,教师的作用始终是不可或缺的。不管是在传统的"教师主体"模式中,还是在强调学生自主性的现代教学理念下,教师的知识传授、能力培养以及价值观引导都是教育活动中核心的组成部分。特别是在价值观引导方面,教师通过自己的思想、行为和教学实践,对学生形成重要的思想和价值观影响。这要求教师不仅要具备深厚的专业知识和教学能力,还需要具有先进的教育理念和高尚的师德,以自身的言行对学生进行正面的引导和影响。因此,高职院校在实施教学活动中,必须充分认识到教师主体性的重要性和多样性。在教育实践中,应当根据不同学科的特点和学生的需求,灵活运用各种教学模式,既要充分发挥教师的专业引导作用,也要激发学生的学习兴趣和主动性,通过建立更加开放、互动和平等的师生关系,共同构建有利于学生全面发展的教学环境。此外,高职院校还应加强对教师的职业发展支持,不断提升教师的教育教学能力和职业素养,以适应现代高职教育发展的需求,培养出更多适应社会发展需要的高素质技术技能人才。

3. 各方的执行力

在高等职业院校中,实现课程内容与思想政治教育相融合的目标,不仅是一项挑战,更是一种创新的探索。这一过程要求各部门、各层级、每位教职员工共同参与,形成一套全面而高效的工作机制。从顶层设计到具体执行,从宏观策划到微观操作,每一个环节都至关重要。首先,党委需担负起总体规划和方向指引的职责,确保思想政治教育的方向与国家大局相符合,同时保证这一方针贯彻到教学的各个方面。教务处则要以教学改革为契机,推动课程内容与思想政治教育的有效融合,通过教学评价和考核机制,确保课程思政的比重和效果得到实际体现。具体到课堂教学,教师是直接执行者,他们不仅需要深化专业知识的传授,还要灵活地将思政元素融入课程之中;既要保证教学质量,又要达到思政教育的目的。为了支持这一系统的运作,需要建立跨部门合作的机制,各相关职能部门和二级学院各司其职,共同承担起推动课程思政工作的责任。例如,党委宣传部与教师工作部可共同挖掘和宣传课程思政的先进典型,激励广大教师积极参与;人事处则需要在教师选拔和职称评定时,将课程思政实施情况作为重要考量标准,激励教师在思政教育方面做出更多努力;学生工作部和团委等部门则应超越传统的思政教育范畴,与教师共同探索将思政教育渗透到第二课堂乃至日常学习生活中的有效途径。此外,马克思主义学院作为理论指导的重要力量,其在课程开发和实施过程中的角色不可或缺。它不仅需要保证课程内容的理论深度和广度,还要关注教育的温度,即如何更好地与学生沟通和互动,确保正确的理论观念能够被学生所接受和内化。在这一过程中,各学科之间的交流与合作也非常关键。教师之间的相互学习和经验分享,可以促进思政元素在不同课程中的创新性融合,形成校内外广泛的思政教育网络,共同推进教育改革的深入发展。

三、同行同向的体系构建

高等职业教育扮演着至关重要的角色,它不仅关乎专业技能的传授,更承担着培养德才兼备的高素质人才的重大使命。习近平总书记在全国高校思想政治工作会议上强调"高校立身之本在于立德树人",这一理念为高职院校的教育工作指明了方向。在这样的大背景下,如何构建一个能够有效实现专业教育与思想政治教育同步推进的教育体系,成为高职院校面临的一项重要任务。要实现这一目标,首先需要对现有的课程体系进行深入的分析和优化。课程体系是高职院校教育的基础框架,它包含了各类课程之间的相互联系和制约关系。这一体系不仅需要围绕专业培养目标进行设计,更要将国家和社会对人才培养的整体要求纳入考量,确保教育内容和形式能够与时俱进。

构建同行同向的教育体系,还需要高职院校建立起一套协同育人的机制。这包括教师之间的协作机制、教学实施与管理的规范机制、支撑教学的平台机制以及确保教育质量的保障机制。通过这些机制的建立和完善,可以使得思想政治教育与专业教育在内容和形式上实现有效融合,共同推动学生全面发展。具体到教学实践中,这意味着每位教师都要承担起育人的责任,不仅在专业知识教育中,更在思想道德教育中发挥作用。教师之间的相互学习和支持,可以促进教育方法和内容的不断创新,确保教育活动既有深度又有温度。同时,通过教学评价和质量监控机制的建立,高职院校可以确保教育活动的有效性和适应性,使之更好地满足学生的发展需求和社会的期待。此外,建立和优化教育平台,如网络教学平台、实验实训基地等,也是支持同行同向教育体系构建的关键一环。这些平台不仅为教师提供了更为丰富多样的教学资源,也为学生创造了更加开放和互动的学习环境,有利于促进学生能力的全面发展。

构建高职院校专业教育与思想政治教育同行同向的体系,是一项系统工程,需要从课程体系设计、教师协作、教学实施与管理、教育平台建设等多个维度共同努力。通过这样一种全方位、多层次的协同育人体系,高职院校能够更好地实现"立德树人"的教育理念,培养出既具有专业能力又有良好思想品德的社会栋梁之材。

下面主要对以下三个重要体系进行分析。

(一)全课程协同体系

1.知识、能力、价值三维目标协同

在教育领域,我们认识到知识不是孤立存在的实体,而是人类经验的积累和对自然规律的认知成果。更深入地说,知识的形成和发展不仅仅是对信息的堆砌,也是技能的体现和价值观念的内化。当我们讲到知识与技能的结合时,实际上是在谈及它们如何与个体的价值取向相融合,形成一种驱动力,指引我们面向未来。这种理解强调了知识、技能和价值三者之间的不可分割性,甚至可以认为,尽管知识可能会过时,技能可能不再先进,但价值观的导向性是恒久不变的。在此背景下,学校教育,特别是高等职业教育的课程设计和实施承

担了重要的角色。课程不仅是传授知识的平台,更是灌输思想政治教育、培养社会责任感和价值观的关键环节。因此,设定清晰的课程目标成为课程设计过程中的首要任务。这些目标不仅指引教育活动的方向,而且决定了教学的成效和深远影响。在高等职业教育中,构建一个综合的专业课程体系,就要围绕知识传递、技能培养和价值观塑造这三个维度来展开。为了实现这一目标,教育者需要在教学设计和实施方法上下功夫。这意味着教学活动不仅要注重理论知识的讲授,还要强调实践技能的培养,并且要有意识地融入价值观教育。通过这种综合教学策略,学生不仅能够获得必要的专业知识和技能,更重要的是他们能够形成正确的价值取向,为将来的职业生涯和社会生活打下坚实的基础。在这个过程中,教育者应当采用灵活多样的教学方法,比如案例分析、项目驱动、团队合作和批判性思维训练等,以促进学生的全面发展。同时,还需要利用评估和反馈机制,不断优化教学内容和方法,确保教育目标的实现。

教育过程中的知识传递环节致力于向学生介绍和解释特定学科的基本概念、理论、分类以及相关规律,这是构成任何教学课程所不可或缺的部分。确实,课程的本质在于其能够提供一定范围内的知识体系,使学生通过学习这些内容,能够建立起对学科的基本认识和理解。知识传递目标旨在实现学生对所学知识的全面掌握,包括记忆、理解以及能力在实际情况中应用这些知识的能力。首先,学生需要能够记住学习材料中的关键信息,这涉及对学习内容的识别、保留以及能够在需要时准确回忆的能力。这一阶段,学生通过重复和练习,将信息储存在长期记忆中,以便未来使用。其次,学生必须达到对所学知识深入理解的程度,这不仅仅是知道某个概念是什么,更重要的是理解这个概念的意义、背后的逻辑关系以及它是如何与其他知识点联系在一起的。这一阶段的学习通常涉及分析、推断和解释等过程,帮助学生建立起对知识深层次的认识。最后,教育的目的是使学生能够将所学知识应用到实际问题解决中,这表明学生不仅掌握了知识,还能够灵活运用知识来分析和解决新的问题。这一能力的培养要求学生能够在不同的情境下,对所学内容进行创造性的思考和应用。

培育学生的能力是教学目标的核心组成部分,旨在装备学生以各种技能,使其能有效应对学术、职业及日常生活中的挑战。这包括基本技能和专业技能两个层面。基本技能,又称为通用技能,涉及那些在多种环境下都能发挥作用的能力,例如批判性思维、有效沟通、团队合作等。这些技能是人们在日常工作和生活交往中频繁利用的能力,对于个人的全面发展至关重要。专业技能,则更侧重于学生在特定学科或职业领域内所需的具体技能和知识应用,如特定工具的使用技巧、专业领域内的解决方案设计等。这类能力的培养,需要在掌握相关知识的基础上,通过实践活动和实际应用中加以强化。尽管知识的积累对能力的发展至关重要,但知识本身的丰富并不直接等同于高水平的能力表现。因此,教育的目标不仅是传授知识,更是通过有意设计的教学活动和实践机会,促进学生综合能力的提升,为其未来的成长和发展打下坚实的基础。

注重对学生进行价值观的教育和引导也是培养合格人才的关键一环。这种教育目标旨在深化学生对社会、对国家以及对个人角色定位的理解,通过体验和感悟促使学生形成正面的情感和态度,进而做出符合社会主义核心价值观的价值判断。为此,教育过程中强调以中国特色社会主义理论体系为基础,贯彻中国共产党的教育方针,确保教育目标和内容既服务于人民,也符合国家的长远发展需要。在课程设置和实施方面,高职院校需确保其既能够巩固和发扬中国特色社会主义制度的优势,也能够激发学生参与社会主义现代化建设的热情。通过课程学习,学生不仅获得必要的专业知识和技能,更重要的是,他们能够在思想上得到启迪,情感上得到熏陶,价值观念上得到提升。教师在这个过程中起到至关重要的作用。他们不仅是知识的传递者,更是价值观的引领者。教师需要引导学生建立起以社会主义核心价值观为核心的正确世界观、人生观和价值观,帮助他们在马克思主义的立场、观点和方法指导下,全面而均衡地发展自己的各项能力和品质。

课程目标在教育体系中扮演着多维度的角色,它们共同构成了一个互补和相互依赖的框架。这个框架从传递知识的初衷出发,进而强化学生的实践技能,并最终指向培育其深层次的价值观。在这一连贯的过程中,知识的教授作为起点,奠定了学习的基础;技能的培养则使学生能够在实际场景中应用所学,显示了教育的应用性和发展潜力;而价值的引领则为学生的成长指明了方向,体现了教育的最终目的。这三个方面共同作用,确保了教育既有深度也有广度,旨在培养全面发展的人才。

2.专业群、专业、课程三级协同

在高等职业教育中,课程不仅是教学活动的单元,还是构建专业知识体系和实现人才培养目标的基石。每个课程围绕着知识的传递、学生能力的提升以及价值观的塑造三大核心目标展开,共同构成了专业教育的整体架构。这些课程虽然各自独立,却相互关联,按照各自的重要性和目的配比,形成了丰富多彩的专业课程体系。在专业的设计和实施中,课程之间的联系和协调至关重要。它们不只是简单地叠加,而是通过精心的组织和布局,实现课程间的互补和增强,从而提高教育的整体效果。这种策略体现了教育系统论的思想,即通过有效的课程设计和管理,使得整体的教育效果大于各部分效果的简单相加,实现教育的最优化。专业设置是基于学科知识结构和市场劳动力需求来确定的,既要考虑学科的内在发展逻辑,也要考虑到学科间的交叉融合以及对社会经济发展的服务需求。因此,高职教育中的课程设计和专业建设需要紧密结合实际,既要体现学科的前沿性和专业性,也要注重实用性和应用性,满足社会和市场的实际需求。

在高等职业教育体系中,专业的设置遵循着一种层次化的逻辑结构,从广泛的"专业大类"到更为细分的"专业类",再细化至具体的"专业",并最终延伸至专业内部的课程设置。这种结构既体现了学科知识的组织方式,也适应了市场和社会对技术技能人才的多样化需求。专业的构建位于这一结构的核心位置,承上启下,既汇聚了专业群的广泛资源,又直接指导课程的具体开发,是连接理论与实践、知识与技能、教育目标与社会需求的关键节点。在这一框架下,高职院校的教育目标着眼于培养与时俱进、能够满足当前及未来社会和产业发展需要的高素质技术技能型人才。这要求专业和课程设计必须紧密围绕社会需求和产业发展的实际情况进行,确保教育内容和教学方法既具有前瞻性也具备实用性。实现高质量的专业人才培养目标,需要从专业人才培养方案的制定入手,进而到课程体系的具体设计,确保这一目标在教育实践中的全面贯彻和有效实施。专业人才培养方案不仅是专业发展的蓝图,更是各课程设计和实施的指南针。每门课程,无论是专业核心课程还是辅助性思政课程,都应与人才培养方案中确定的目标紧密相连,通过其独特的教学内容和方法,共同构建起符合人才培养需求的知识和技能体系。在这个过程中，各门课程不是孤立无关的存在，而是围绕着统一的人才培养目标相互协作、相互补充，形成了一个有机整合的教育体系。

因此，实现专业教学与思想政治教育的有机结合是提升教育质量和培养全面发展人才的重要策略。这一过程始于深度融合教育理念的专业人才培养方案制定，着力于构建一个既注重知识传递又强调能力提升，同时以价值观教育为核心的多维度教学目标体系。在此基础上，各专业课程体系积极探索如何将思政教育元素自然融入专业学习之中，以促进学生在专业学习的同时，实现价值观的正向建构和个人品质的全面提升。此过程要求在课程设计与实施中保持敏感度和灵活性，确保专业学习和思政教育之间既有紧密的联系，又能保持各自的特色和独立性。这意味着在融合思政元素时，需要遵循专业教学的逻辑，尊重学科本质，避免简单粗暴地将两者混为一谈。特别是对于那些涉及更多意识形态内容的专业课程，更需精细考量如何设计教学内容和方法，以增强学生的学习兴趣和接受程度。通过巧妙地设计和实施这一策略，不仅可以加深学生对专业知识的理解和掌握，还可以有效地引导他们形成正确的价值观和人生观，为社会培育出具有良好专业技能和高尚道德品质的技术技能型人才。同时，这也要求教师在课程设计和教学过程中，能够充分考虑学生的实际感受和需求，实现教育内容的个性化和差异化，以达到最优的教学效果和教育目标。

3. 思政课、通识课、专业课三类课程的协同

在高等职业教育的实践中，构建一个全面而协调的课程体系是实现全方位育人目标的关键。这要求教学内容不仅要涵盖思想政治理论，还应包括专业技能培养和通识教育，以形成一个互补和相互支撑的教学结构。每类课程都应围绕其独特的教育目标进行内容和方法的创新与改进，共同构成培养学生综合能力的完整体系。思想政治理论课程致力于传授马克思主义基本原理，强调理想信念的培育和意识形态的教育，为学生树立正确的世界观、人生观和价值观打下基础。通识课程则更侧重于学生综合素质的培养，通过开展多样化的学术和文化活动，增强学生的社会责任感和人文关怀，同时加深对社会主义核心价值观的理解和认同。专业课程的目标则是加强学生的专业知识和技能，着重培养

学生的科学思维、创新能力和职业素养,以及对工匠精神的认识和追求。通过这样的课程设置,高等职业院校能够实现教育资源的优化配置和教学活动的有效整合,确保每一类课程在育人过程中都能发挥其特有的作用和价值。这种跨学科的教育模式不仅有助于学生形成系统的知识结构和丰富的技能体系,还能激发他们的创新潜能和社会实践能力,最终培养出既具备坚实专业基础又有广泛社会视野的高素质人才。

(二)全过程协同体系

在现代教育理念下,育人不再局限于传统的课堂教学环节,而是需要贯穿学生的学习全过程,包括理论学习、实践应用和数字环境互动三个维度。理论教学构建了学生知识体系的基础,而将这些理论知识应用于实践活动中,既能加深理解,又能培养实际操作能力,这一过程形成了所谓的第二课堂。随着信息技术的迅速发展,网络平台已经成为学生学习、交流和创新的新空间,即第三课堂,为学生提供了更为广阔的学习资源和交流平台。构建这一全面育人体系的关键,在于实现这三个教育阵地的有机结合和相互补充,通过多样化的教学模式和活动设计,促进学生知识、能力和价值观的全面发展。

(三)全员协同体系

每位教师承担着不可或缺的育人使命,必须认真履行"一段渠"的责任,耕耘好自己的"责任田"。在教学的广阔领域内,教师扮演着核心角色,是知识传递、能力塑造及价值观建设的关键。他们的教育观念和能力水平直接关系到学生能否接受和实践课程中蕴含的思政教育目标,因而成为实现全面教育目标的重要桥梁。教师的言传身教对学生产生深远影响,"敬爱老师,信仰其教导"是每位学生对教师的基本期待。因此,教师不仅要在专业领域内精进,更要在思想品质和道德修养上以身作则,通过自己对知识的深刻理解和对真理的坚定信仰,展现出引领学生的力量。课程思政实践要求教师将马克思主义的立场、观点和方法与自己所授课程的内容和特色相结合,既注重理论的传授,又强调知识与实际应用的结合,以此帮助学生面对和解决思想认识、心理适应、生活方式等方面的问题。通过这样的过程,教师以其扎实的学术背景、高尚的思想道德和积极的社会态度,激发学生的学习兴趣,引导他们正确面对生活和学习中的挑战,培养其成为具有社会责任感和创新精神的新时代人才。

　　全面实施课程思政教育,关键在于提升教师在德育方面的意识和能力。这涉及一系列系统性的措施,从选拔教师开始,就严格审视其德育意识和能力,采取"一票否决"的原则确保每位教师都具备正确的价值观和教育理念。此外,对教师进行专门的课程思政教育培训,无论是岗前还是在职期间,都应定期更新和深化这方面的知识和技能,通过建立一个持续发展的师资培养体系,强化教师的责任感和使命感。此外,学校应该定期举办课程思政的研讨会和工作坊,促进教师之间的经验交流和最佳实践的分享,同时鼓励教师探索创新的教学方法,进行教学设计的竞赛和评比,以此激励教师不断提高自己的育人能力。教师在课程思政方面的表现也应成为其职称晋升和表彰的重要依据,从而激发他们在这一领域中投入更多的热情和创造性。进一步地,为了支持教师在课程思政实施中的具体操作,建议成立专门的团队,由一线教师和思政教育专家组成,共同开发和完善课程思政的教学计划。这包括教学大纲的编制、教案的创新设计以及相关思政教育资源的挖掘和整合。对于那些在育人方面具有潜力的课程,应开发成示范性的精品课程,全面展示课程思政在内容安排、课堂管理、教学方法和实践活动等方面的优秀实践,同时建立丰富的教学资源库,供全体教师参考和利用。

　　激发全体教师的教育热情,增强其培育学生的能力,是构建教育协作力量的关键。为此,教育机构需要跨越传统的部门界限,促使不同领域的教师团结起来,共同致力于学生的全面发展,实现资源共享、信息流通与互动合作的教育生态。具体而言,教师应通过多样化的交流方式,如直接面谈或利用网络平台,主动与学生沟通,深入了解他们的思想状况及面临的问题,并提供相应的指导和帮助。这种教师与学生之间的密切互动,有助于构建一个开放、互信的学习环境,从而有效地引导学生的思想发展和价值观形成。此外,教师之间的交流和协作同样重要。通过分享各自管理和教授的学生群体的思想、学习和生活状况,教师可以获得更全面、更深入的信息,这对于双方更有效、更有目的性地进行教育工作至关重要。在此基础上,教师还需要共同关注学生的学业进展,相互交流教育经验,指导学生优化学习策略,鼓励他们参与社会实践和科学研究,以促进其自主发展和个人成长。更进一步,教师与学生之间的动态互动也是不可或缺的一环。通过组织和参与各种活动,教师不仅能够直接影响和指导学生的个人发展,还能成为他们信赖的朋友和人生的引路人。这种互动不仅限于知识的传授,更包含对学生人生规划的指导和支持,帮助他们树立正确的人生目标和价值观。

第二节　通识教育与专业教育的有机融合

　　单纯依靠专业教育培养出的个体,虽然可能在某些领域内表现出色,但这并不足以使他们成为全面发展的人。学校如果只集中精力于专业技能的培训,忽视了人的全面成长,这种做法在某种程度上是缺乏远见的。特别是在新经济形态和新技术革命不断推进的今天,仅具备专业技能的人才很难满足社会发展的多元化需求,因为这种人才缺乏必要的人文素养、创新思维和知识的广度。因此,高等职业教育在未来的发展中,需要强化通识教育与专业教育的结合,以促进学生不仅在专业领域有所成就,同时也能成为具有广泛知识背景和创新能力的和谐发展的个体。

一、有机融合的问题检视

　　通过对若干高等职业教育机构的深入调研,主要聚焦于人才培养目标设定、课程架构及其执行策略的差异性分析,揭示了在专业与通识教育整合方面存在的明显缺陷。首先,这些院校在探索学生全面知识体系构建方面较为缺乏,对于提升学生的社交、语言、审美以及创造力等关键能力的重视程度不足,相较之下,对专业技能的塑造则投入了较多的资源和精力,导致学生在人格塑造和综合素质培养上的需求未能得到充分满足。其次,人才培养的焦点过于偏向技能操作的训练,缺失了对学生认知能力和思维方式多层次、多样化发展的关照,人文素养教育的轻视使得高质量、多能型人才的培养模式难以形成。在通识教育的具体实践环节,管理和师资力量的不足成为了突出问题。受到当前教育体系分割、资源配置以及评价标准等因素的制约,学校和教师普遍将重心放在了各自专业领域的建设上,其中专业发展水平直接关联到学校的整体声誉和教师的学术地位。这种状况直接导致了通识教育课程及其教师在学校教育体系中的边缘化,相比专业课程及教师,他们在职称评定、薪酬福利以及进修学习等方面处于明显不利的位置。因此,高职院校在实现专业教育与通识教育有机融合方面面临着不小的挑战。为了克服这些问题,需要从制度层面优化教育资源分配,提升通识教育的地位和影响力,同时改进人才培养方案,确保学生能够在专业学习的同时,获得必要的人文素养和创新能力,从而更好地适应未来社会的多元需求。

(一)认识分歧

在高等教育领域,通识教育与专业教育之间未能实现有效融合的核心问题,在于缺乏对二者关系的清晰和一致理解。这种认识上的分歧和混淆,导致了在实际教育改革和实施中,两种教育形式的关系定位变得模糊不清,展现出多样化和不确定性的特点。首先,关于通识教育的本质定义,存在着广泛的争议。一些观点将通识教育等同于文化素质教育、人文教育或者文理综合教育,而这种归类背后的逻辑和原因各不相同。若认同这一立场,需要深入探讨的是,通识教育之所以被视为文化素质教育,是因为它跨越了专业边界,旨在培养学生的综合素质和文化素养;若将其定义为人文教育,则强调的是培育学生的人文精神和道德情操;将通识教育视为文理综合教育,则是基于其跨学科的知识结构,旨在提供更全面的知识视角。如果不认同这些视角,通识教育与它们之间的关系又该如何界定,这些未解决的问题构成了理论认识上的重大障碍。这些认识上的模糊性和不确定性,对高等教育改革的实践产生了直接且深远的影响。如果无法明确通识教育和专业教育之间的界限和联系,如何在教育实践中处理好二者的关系,实现二者的有机结合,就成了一个难以回答的问题。即使在表面上实现了两者的结合,如果没有解决这一根本问题,这种结合很可能只是形式上的,无法达到预期的教育效果。因此,要想真正实现通识教育与专业教育的有效融合,首要任务是在教育理论和实践层面上达成一致的认识。这需要教育学者、实践者和政策制定者共同参与讨论,通过深入研究和广泛交流,明确通识教育的定位、目标和功能,以及它与专业教育之间的互补关系。只有在这个基础上,才能设计出既符合教育理念又适应实际需求的教育模式,真正实现通识教育与专业教育相辅相成的教育目标,为学生提供一个全面、多元和深刻的学习体验。

（二）只得其形

知识体系按其性质和应用范围可以细分为技术性知识、应用性知识、原理性知识以及哲理性知识四个不同的层次，它们按照从简单到复杂、从具体到抽象的顺序依次排列，形成了一个由浅入深、由具体实操延伸至抽象理论的知识结构。在这一结构中，技术性和应用性知识，以及部分原理性知识构成了知识体系的基础层，主要反映在专业教育的范畴内；而哲理性知识以及另一部分原理性知识则位于知识体系的高层，更多地被纳入通识教育的域内。这样的分层显示，科学知识本质上是一个整体，其中高层知识对低层知识具有指导和阐释的作用，而低层知识则是高层知识在实际中的应用和实践。在理想的教育模式中，这四个层次的知识应当实现完美的融合与相互促进，使得专业教育和通识教育能够实现真正的有机融合，形成一个既注重实用性和应用性，又不失基础性和理论深度的综合知识体系。这种模式强调了形上（理论）与形下（实践）知识的统一，即通过理论的指导实现更有效的实践，通过实践的深入则能够促进对理论的理解和掌握。然而，现实中的教育实践往往未能达到这一理想状态。在很多情况下，我们观察到科学知识的形上部分与形下部分存在脱节现象，通识教育与专业教育之间缺乏有效的联系和融合，形成了一种表面上的结合，但实质上并未实现知识的深层次整合。这种现象反映出当前教育体系中存在着急功近利的倾向，更加重视教育的即时效用和实用性，而忽略了对学生基础理论知识的培养以及批判性思维和理论思辨能力的塑造。特别是在人文学科教育方面，这种倾向尤为明显。缺乏对哲学、历史、文学等人文学科深度学习的机会，导致学生可能在专业技能的学习上表现出色，但在人文素养和哲学理论素养上则显得较为欠缺。这不仅限制了学生视野的广度和深度，也影响了他们作为一个全面发展的人的成长。因此，教育改革的核心应当是如何打破这种形式上的结合，通过重新审视和调整教育目标、课程设置和实施策略，促进专业教育与通识教育之间的真正融合，确保学生能够在专业技能的学习中同样获得坚实的理论基础和宽广的人文视野。

（三）壁垒森严

在高等教育的实践中,专业间的隔阂形成了一道道难以逾越的壁垒,缺乏必要的交流和协作。这种分隔的境况,不仅存在于不同专业领域之间,就连同一学科内部,也常因为人为的划分而将本应是一个连贯整体的课程体系拆分成孤立的片段,割裂了课程之间本应有的内在联系,这无疑加剧了学科内部的疏离感,阻碍了学科发展的自然逻辑。随着科学技术的快速进步和知识经济时代的到来,学科发展的内在逻辑日益呈现出一种"分化—整合"的动态过程。在这一过程中,课程不应再被看作是孤立无关的单元,而应被视为相互关联、相互促进的有机组成部分。这种"分化—整合"的趋势要求我们跨越学科界限,推动不同学科间的沟通与合作,以及在同一学科内部促进课程间的互动交流,以实现知识的综合与创新。然而,现行的高等教育体制和学科设置往往固守着传统的界限,未能适应这一变化趋势。这种教育体制的僵化不仅限制了学科交叉和融合的可能性,也抑制了学生创新思维的培养和多元能力的发展。为了打破这些人为设定的障碍,促进学科间和课程间的有效对话,需要教育管理者、教师和学生共同努力,探索更加开放和灵活的教育模式,鼓励跨学科学习和研究,以及在课程设计和实施中加强内在的逻辑联系,从而为知识的深入理解和应用创造更加丰富的条件,推动教育的全面发展和进步。

（四）改革不彻底

随着对职业教育体系的不断审视和调整,引入学分制的讨论逐渐升温,已在许多高等职业教育机构中得到采纳。然而,这一制度的实施过程仍处于摸索与改革阶段,面临着诸多挑战和问题,其核心价值和原则尚未在实践中得到充分体现。学分制的核心理念在于赋予学生更大的学习自主权,包括选择专业方向、选课范围以及教师,甚至包括学习方式的自主权利。尽管高职院校普遍标榜采用学分制,但现实操作中往往未能完全落实其基本精神。学生在实际学习过程中仍受到较多限制,无法完全根据个人兴趣和职业规划自由选择课程和教师,学习方式同样缺乏必要的灵活性和多样性。这种状况的存在,反映了当前职业教育改革的不彻底,学分制的实施未能达到其应有的教育目标和理想状态。为了真正发挥学分制在职业教育中的积极作用,需要进一步深化改革,确

137

保学分制原则在教育实践中得到全面贯彻和应用。这包括为学生提供更加广泛的课程选择，更加灵活的学习计划，以及更为个性化的学习路径。只有通过这样的措施，才能使学分制真正成为提升学生学习主动性和自主性的有效工具，从而更好地适应社会和产业发展的需求，培养出符合时代要求的高素质技术技能人才。

二、有机融合的策略建议

探讨通识教育与专业教育之间的有效整合方式、运作机制及应遵循的基本原则成为当下教育改革的关键议题。这些问题的解决直接关联到构建合理的课程架构和科学的课程体系，是实现两者有机融合的核心所在。

（一）融合原则

融合原则是指在跨境电商产业学院教育体系中，积极推进教育内容、教学方法与行业实践的深度结合，实现理论知识与实际技能的无缝对接。这一原则的核心在于打破传统教育与行业实践之间的壁垒，通过创新教育模式，促进学生全面发展，满足跨境电商行业对高素质人才的需求。具体来说，融合原则主要包括以下四种原则。

1.选择性原则

在当前的高等职业教育改革中，赋予学生选择专业与课程的权利成为教学改革的关键方向。这种趋势体现在各高职院校广泛引入选修课程，旨在为学生提供获取广泛知识的机会，同时确保教学内容的灵活性和多样性。通过开设多样化的选修课，学生得以按照个人的能力、兴趣和职业规划选择最适合自己的学习路径，这不仅增强了学生对学习的热情和自信，还促进了他们的个性化发展和才能的最大化展现。此外，选修课的引入对教师和学校也带来了积极影响。一方面，教师能够根据自己的专长和研究兴趣开设课程，激发教学的积极性和创新性；另一方面，学校能够及时将科技进步和产业创新成果融入教学内容，保持教育内容的时代性和前瞻性。通过增加选修课程的比重，高职院校不仅打破了传统专业教育的界限，为学生提供了修读双专业或转换专业的灵活机会，同时也使得学校能够根据市场需求和学生兴趣灵活调整专业设置，更好地适应社会和经济发展的需要。

选修课程制度的推广和完善,是高职教育体系创新的重要方面,它不仅为学生提供了一个更加宽广的学习平台,促进了学生综合素质的全面提升,也为高职院校的教学改革和专业发展提供了新的动力和方向,从而为学生全面而自由的成长创造了有利的条件。

2. 综合性原则

在当代教育理念中,综合性原则成为高等教育机构应秉持的重要原则之一,其核心在于为学生提供跨学科的知识体系和全方位的素质培养,以此促进学生能力的全面提升和个性化人格的形成。随着科学技术的飞速发展,其综合化和整体化的特点日益凸显,科学领域与人文社会学科之间的界线变得模糊,相互融合的现象愈发明显。这一变化不仅是自然科学发展的内在要求,也是社会发展对人才能力的全新考验。自然界作为一个统一而协调的整体,要求我们在教育学生时,也应遵循整体化的思维,培养学生成为具有完整人格和综合能力的"全人"。这意味着,大学在课程设置和教学实施过程中,不仅要注重学生专业技能的培养,更要强调跨学科知识的学习和多元素养的训练。为了增强学生未来的适应性和竞争力,大学的课程体系需要体现强烈的综合性特征,通过提供多学科交叉的课程和活动,激发学生的创新思维,促进其理性思维与人文关怀的和谐发展。实现这一目标,高等教育机构需采取多项措施。首先,优化课程结构,确保学生能够在专业学习的同时,广泛接触其他学科的基础和前沿知识。其次,加强实践教学环节,鼓励学生参与跨学科项目,以实际行动促进理论与实践、科学与人文的深度融合。此外,还应创建开放的学习环境,促使学生在学术探索和人格养成中形成自己独特的见解和品质。总之,综合性原则的贯彻实施,不仅能够帮助学生构建全面均衡的知识结构,更能够培养出适应未来社会发展需求的复合型人才,为他们的终身发展奠定坚实的基础。

3. 层次性原则

在构建专业与通识教育的课程体系时,必须遵循从基本到深入的原则,确保教育内容的逻辑性和连贯性。无论是在专业教育还是通识教育领域,教学内容都应按照由简到繁的顺序布局,使学生能够在掌握基础知识的基础上,逐步深入学习更为复杂和专业的课题。通过这种分层次、逐步推进的学习过程,让教育可以更有效地帮助学生建立起完整的知识体系,同时促进学生思维能力和学习能力的全面发展。这种有序的课程设置不仅使学生能够逐步掌握所学专业领域的核心知识,也为他们未来的学术研究或职业生涯奠定了坚实的基础。

4.个性化原则

在高等教育的课程设计领域,个性化原则强调课程体系的构建应深刻反映学校的历史传统和现实状况,并考虑到学生群体的多样性。这意味着在规划人文学科、自然科学和社会科学等课程时,应充分考虑每所学校的特色、每个专业的需求以及学生的个性差异,从而形成独具特色的课程体系。课程设计的过程中,不能简单地套用统一模板,而应基于对各类学校、各专业特性及学生特点的深入了解和分析,确保课程安排既符合学校的发展定位,又满足专业发展的实际需要,同时也能够激发学生的学习兴趣和潜能。不同类型的教育机构和不同学科背景下的专业有着各自独特的教学资源和教育目标,这就要求课程设置能够灵活调整,以适应各自的教学特点和学生的学习需求。例如,理工科学校的课程设计可能更加侧重于加强自然科学和技术实践的训练,而文理综合型学校则可能更注重在课程体系中融入广泛的人文社会科学知识,以促进学生全面发展。进一步而言,每所学校和每个专业应根据自身的优势和特点,以及学生的兴趣和未来职业发展趋势,精心设计和调整课程内容,既要保持学科基础知识的系统性和完整性,也要引入创新的教学方法和实践机会,鼓励学生跨学科学习和研究,从而构建起既具有学校特色、专业特色又能够满足学生个性化需求的课程体系。只有这样,课程设计才能真正成为促进学生个性化发展和实现教育目标的有力工具。

(二)融合机制

当前高等职业教育体系运作在一个明确以专业为中心的框架内,这一框架展现出三大独特的运作特征。首先,其具备一种自顶向下的操作模式,其中教师主要处于一个较为被动的地位,充当规定课程内容与教学计划的执行者,这限制了他们跨越专业界限进行创新教学探索的能力。其次,该体系展示了一种固有的惯性,一旦专业设定之后,便形成了一个固定的教学生态系统,包括教师、学生群体、教学设施与资源等,使得根据社会需求进行敏捷调整或开设新专业变得异常困难。最后,这种机制将人才培养等同于产品生产,专业分工越来越细,导致培养出的人才越来越倾向于满足特定的职业需求,忽视了培养具有广泛知识和技能基础的宽口径人才的重要性。鉴于此,提出一项根本性的改革建议:以更为灵活的课程机制替代现有的以专业为核心的机制,以此模糊专业之间的划分,推行"大专业"模式的人才培养策略。这种策略的核心在于培养具备广泛专业知识和技能的宽口径人才,不仅能适应当前社会和产业的需求,还能够拥有足够的灵活性和适应性以面对未来的挑战。这要求教育体系在课程设计上更加注重跨学科的整合,提倡创新和探索精神,鼓励教师和学生打破传统专业界限,共同探索新知,培养出既具备深厚专业知识又能够灵活应对多变职业路径的新时代人才。

1. 淡化专业,强化课程

在推进高职教育体系的课程机制改革中,核心策略在于逐步降低对专业定义的依赖,而更加重视课程的质量和多样性。这一转变意味着教育管理层将专业的改革和设置的决策权更多地委托给各学校自主管理,减少对专业界限的严格划分,使得专业的作用更多地回归到提供一个基本的学术框架上。这样,不仅教师在开展教学活动时能够摆脱过去被专业划分严格限制的局面,学生的学习选择也将因此变得更为宽泛和自由。进一步地,教育机构被鼓励尝试实施所谓的"大专业"模式,通过这种方式模糊传统专业之间的界线,扩大学科范围,从而为学生提供更广泛的学习视野和更灵活的职业发展路径。在这个过程中,课程的设计和实施变得尤为关键,强调赋予教师更大的自主权。教师不仅需要完成既定的教学任务,还应根据自身专长和学科发展趋势,主动开发和推广新的课程内容,采用创新的教学方法和形式,从而丰富和更新教育资源库,提升教学质量。通过淡化专业的同时加强课程建设,旨在构建一个更加灵活、开放的教育环境,这不仅有利于激发教师的创新潜力和教学热情,也有助于培养学生的批判性思维能力、创新能力和适应未来社会变化的能力。这种以课程为中心的教育改革模式,预期将推动高职教育更好地响应时代的需求,培养出更多具有广泛知识背景和强大实践能力的高素质人才。

2.加强基础,拓宽口径

在我国教育领域,曾经有过关于三年制高等职业教育能否培养出达标的高技能人才的讨论。目前,教育界普遍达成共识,即高技能人才的成长不仅仅依靠学校教育,更需要通过实际职场的锻炼。学校教育的作用,在于为学生打下坚实的技术技能基础。由此看来,加强学生在学校阶段的基础理论知识和基本技能训练显得尤为重要,这不仅有利于学生后续深入学习更专业化的知识,也为他们的长期职业发展奠定基石。

随着我国高等教育步入普及化、大众化时代,越来越多的学生有机会接受高等教育。然而,这批日益增多的学生群体中,很多人在中学阶段未能掌握扎实的学科基础,这就为直接进入复杂的专业学习设置了障碍。在这样的背景下,高职院校应当着重强调基础教育的重要性,通过优化课程设置和教学方法,确保每位学生都能在理论知识和基本技能上建立起坚实的基础。这样的教育策略不仅有利于提升学生的学习效率和质量,也为学生将来深造或就业提供了更广阔的选择空间和更强的竞争力。

因此,高职教育的重心应当是加强基础教育,拓展学生的知识面和技能域。这种教育策略不仅回应了社会对高素质技能人才的需求,也顺应了教育普及化趋势中学生基础能力参差不齐的实际情况。通过这样的改革和调整,可以更好地为学生的全面发展和未来的职业生涯做好准备。

3.减少必修课,增加选修课

在设计高等职业教育课程体系时,重视赋予学生更多的自主选择权成为一个重要原则。这意味着为了让学生能够根据自己的兴趣、能力和职业规划作出更为个性化的学习选择,教育机构应当调整课程结构,增加选修课的比重,同时适当减少必修课的数量。此外,还应考虑引入更加灵活多样的教学模式,如跨学院、跨学校的选课系统,甚至允许学生跨越常规学年界限进行课程学习,以及根据个人需求选择辅修或加速毕业等。这种课程设置的灵活性不仅有助于学生探索更广阔的知识领域,还能够促进他们的综合素质和专业能力的提升。因为当课程选择受到严格限制时,学生的学习往往只能围绕固定的知识点进行,这不仅束缚了学生的学习兴趣,也限制了他们知识视野的拓展。相反,通过提供更多的选修课程,学生能够根据自己的实际情况和未来规划,有针对性地选择适合自己的课程,从而在专业学习的同时,也能够拓展自己的知识面和技能范围。

因此,为了更好地适应学生的多样化需求和促进其全面发展,教育机构需要不断优化课程体系,通过增加选修课程、提供跨领域学习机会以及灵活的学习制度,为学生打造一个更加开放、自由的学习环境。这样的教育模式不仅有利于激发学生的学习热情和创新能力,也能够为他们日后的职业生涯和个人成长提供坚实的基础。

4. 注重融合,提倡开放

在当今科技迅猛发展,行业界限日渐模糊的时代背景下,社会对人才提出了更为复杂和多元的需求,特别是对于具备跨领域知识和技能、能够应对社会复杂问题的综合型人才的追求愈加迫切。这种趋势对高等职业教育提出了新的挑战和要求,即必须打破传统教育中课程内容与学科间隔离的局面,强化不同学科知识之间的整合与相互渗透,重视跨学科课程的开发与实施,以促进学生的全面发展和创新能力的培养。在课程设计和实施过程中,教育机构应更加注重课程内容与现实社会、产业发展的紧密联系,积极探索并引入涉及社会问题、产业创新和行业发展趋势的课题。通过建立一个开放共享的课程体系,促使不同专业的课程能够实现资源共享、知识融合,使学生在掌握专业技能的同时,也能够拓展其跨界知识和综合素养,增强解决实际问题的能力。此外,高职教育还需重视培养学生的道德修养和社会责任感,确保在强调"做事"能力的基础上,同样注重"做人"的品质培养。这种教育模式的转变,不仅能够使学生更好地适应未来社会和职场的复杂挑战,还能够促进他们成为既有能力又有良好品德的人,满足社会对高素质人才的需求,同时为个人的全面和谐发展提供支持。

高职教育的未来发展方向应当是打破学科界限,推进课程间的融合与开放,通过跨学科的学习和实践活动,培养学生的综合能力和创新精神,同时加强人文素养的培育,以适应新时代对人才的综合要求。

第三节　双创教育与专业教育的价值共创

创新与创业教育在高等职业教育体系中绝非孤立存在的一环,而是与专业教育紧密相连,共同构成了教育的核心。这种融合不仅是对创新创业教育范畴的拓展,更是对高职教育本质功能的重新确认,旨在激发学生的内在动力,满足创新创业的根本需求。同时,从更广阔的视角来看,高职院校的创新与创业教育不应仅仅局限于校园内部,而应深入社会的各个层面,与政府、企业等社会力量形成良性互动,共同构筑一个促进创新创业教育持续发展的生态系统,从而解决外部资源共享和互动协作的需求。为了实现创新与创业教育的最大价值,高职院校必须建立一个内外部因素共同作用的协同机制。从内部来看,通过整合专业教育资源,将创新创业教育与专业课程相融合,可以为学生提供一个全面、多维的学习平台,使他们在掌握专业技能的同时,也能够培养创新思维和创业能力。就外部而言,高职院校需要主动融入更宽广的社会网络中,与政府、企业及其他教育机构建立合作关系,通过资源共享、信息交流等方式,为创新创业教育提供更为丰富和多元的外部支持。构建这样一个内外兼备的协同体系,不仅能够为学生提供一个更加开放和包容的学习环境,激发他们的创新潜力和创业精神,还能够使高职教育更好地适应社会发展的需要,培养出既有专业技术能力,又具备创新创业素养的复合型人才。这种教育模式的成功实施,需要高职院校、政府、企业及社会各界的共同努力和支持,通过不断的探索和实践,共同推动高职教育向更高的目标迈进。

一、价值共创的内在逻辑

(一)双创教育的基本定义

自 1991 年东京关于创业创新教育的国际研讨会首次明确提出创新创业教育的概念以来,这一教育模式在全球范围内引起了广泛的重视与探讨。该研讨会明确指出,培育既具备创新精神和技能,又积极深化创业理论知识的优质人才,应成为创新创业教育理念的核心目标。随着社会的演进,"双创教育"这一术语的含义也在不断地扩展和深化,其变迁反映了社会各阶段及不同人群对于

"教育与创业"关系的认识和期待的演变。

在我国,高等职业教育界对创业教育的理解经历了从模糊到明晰,从抽象到具体的转变,逐步包含了促进科技创业、创新精神培育以及全面就业促进等多重维度。这一过程中,"语义泛化"现象明显,即对创新创业教育内涵的理解和应用不断拓宽,同时也体现了从引入到本土化发展的逐步深入。然而,这种广泛的内涵扩展并未伴随着对教育深度和精细化层面的同步拓展,显示出我国高职教育在借鉴和模仿外部成功模式时,尚存在一定的局限性。国内高职教育界对创业教育的探索和实践,早期多表现为对西方教育模式的借鉴和模仿。然而,随着时间的推移,越来越多的教育工作者开始认识到,创业教育不应仅被视为对传统职业教育模式的简单扩展或延伸,而应被看作是一种重要的教育理念更新和教育方向调整。这种调整不仅涉及教育内容和方法的革新,更关乎教育目标和价值观的根本重塑。

综合来看,我国高职创业教育的发展历程揭示了一个重要事实:尽管创业教育的主体参与者日益增多,其概念内涵也在不断丰富,但如何深化这一教育模式的内在质量和效果,仍然是高职教育领域亟待解决的挑战。面对新时代科技快速发展和社会需求多样化的背景,高职教育需要进一步深化对创业教育的认识,通过创新教育理念和方法,真正实现培养适应未来社会发展需求的创新型和创业型人才的目标。

2010年,我国通过发布《关于大力推进高等学校创新创业教育和大学生自主创业工作的意见》正式明确了"创新创业教育"的概念,标志着创新创业教育理论在国内教育体系中的重要地位被正式认可。随着时代的发展和社会需求的变化,创新创业教育已不仅仅局限于培养具备企业家精神的社会人才,更加注重激发学生的创新能力和提升其创业技能。在我国正处于"全面深化改革"的大背景之下,教育领域的革新显得尤为迫切。为了适应这一变革,创新创业教育的推进应立足于高职院校的传统教育基础,同时根据不同学科的特点进行深入的整合和创新。这种教育模式强调在传统专业教育的基础上进行创新性拓展,通过灵活多样的教学策略和方法,如结合"课堂学习+课外实践"的教学模式,旨在全面培养学生的创新思维和实践能力。具体而言,创新创业教育应关注如何在课程设计和教学过程中有效融合专业知识与创新创业能力的培养,使学生在掌握专业技能的同时,能够拓宽思维视野,激发创新灵感。此外,教育实践还应包括提供丰富的课外实践平台,如创业项目实践、创新实验室等,以便学生能将所学理论知识应用于实际创新创业活动中,从而在实践中深化理解和技能。通过这样的教育改革和实践,可以有效提高学生的创新意识和创业能力,为他们未来的职业生涯和个人发展打下坚实的基础。创新创业教育的推广和实施,不仅能够促进学生个性化、多元化发展,也将为社会培养出更多具有创新精神和创业能力的优秀人才,满足不断发展变化的社会经济需求。

(二)价值共创的必然性分析

1.培养模式改革的必然性

刘广在 2014 年的研究中提出,在探索创新创业教育的理论基础及其应用实践时,目前专业教育与创新创业教育之间虽然存在一定的理论与实践脱节,但未来实现两者理论的有效结合是发展的必然方向[①]。同时,根据余于2007 年的观点,尽管当前有部分院校开始尝试引入创新创业教育,但这些尝试往往是出于对政策文件的被动响应,并未真正将创新创业教育的理念和人才培养机制融入教育改革的全局之中,因此与传统的专业教育仍然存在根本的差异。[②] 这反映出在推进创新创业教育过程中,还需要更深入地整合和刷新教育体系,确保两者能够更加协调和融洽地发展。

随着职业教育的迅猛发展,构建一个以学生全面素质提升为核心目标的课程教育理论体系成为当务之急。其中,将创新创业教育纳入专业教育的框架内,是实现这一目标的有效路径之一。然而,根据王琳琳在 2018 年的研究分析,大多数高职院校在课程设置和教学实施上仍旧聚焦于提高学生的专业技能,这种做法忽略了对学生创新思维和想象力等关键能力的培育。[③] 尽管随着社会经济结构的演变和创新意识的普遍提高,部分高职院校开始意识到创新创

---

① 刘广.高职院校创业教育培养体系建设探索[J].产业与科技论坛,2014,13(16):139-140.

② 余于.特色的教育特色的收获:记齐齐哈尔大学创造教育研究中心[J].中国发明与专利,2007(7):83.

③ 王琳琳.大学生创新创业教学实践模式分析[J].河南教育(高教).2018(3):55-60.

业教育对于促进学生就业和提高其综合素质的重要作用,但由于时间安排、教学内容设置等多方面因素的制约,这些院校未能有效地把双创教育整合进专业教学之中。实际操作经验表明,专业教育与创新创业教育的深度融合不仅对于提升学生的整体素质至关重要,也成为高职院校人才培养模式改革的关键环节。为此,高职院校在推进教育改革时,应当超越传统以理论为主的教学模式,更加注重实践教学的重要性,以社会实际需求为导向,创新人才培养策略。这意味着在课时安排和教学内容的整合上,需要更加灵活和创新,旨在将创新思维和实践能力的培养贯穿于专业教育的全过程。具体而言,高职院校应通过调整课程结构和优化教学资源,将创新创业教育的精髓——如创新思维的培育、实践技能的锻炼等融入专业教育中。这样的教育模式旨在打破传统专业教育与创新创业教育之间的壁垒,通过紧密结合两者的优势,全面提升学生的创新能力和实践技能,为其未来的创业之路奠定坚实的理论和实践基础。这种整合性的人才培养模式,不仅有利于学生在激烈的就业市场中脱颖而出,也为社会培育出更多具备创新精神和创业能力的高素质人才,满足日益复杂多变的社会发展需求。

2. 职教理论体系的必然性

在整合创新创业教育理论到传统教育机制中时,我们必须以传统的专业教育理论为基础。这意味着在培养学生专业技能的同时,必须注入对创新思维和创业意识的培养。这种融合的目标是引导学生在学习过程中平衡职业发展规划和提升自身理论素养之间的关系,从而培养出具备创业精神的高素质人才。然而,在将双创教育理论融入传统教育的过程中,必须紧密结合受教育者的专业特征,进行有针对性的培养。这意味着我们需要根据学生所学专业的不同特点,量身定制相应的双创教育方案。同时,通过分享一些成功者的创业经历和故事等方式,激发学生的创业思维和创新意识。值得注意的是,成功实施双创教育的前提是学生必须掌握扎实的专业理论知识。因此,创新创业教育不能独立于传统的专业教育而进行。如果创新创业教育脱离了专业教育,仅仅是一味地灌输创业理念,那么其效果将是十分有限的。因此,高职院校在双创教育的发展过程中,必须确保其与专业教育相融合,以确保教育的科学性和有效性。

(三)价值共创的实践作用

将创新和创业教育融入传统的专业学习体系,既能够深化学生的专业知识,也能够显著增强他们的创新能力和动手能力。这种教育模式的创新不仅仅是为了提升学生的综合素质,更是为了强调和增强学生在创业和创新过程中的积极参与性。通过这样的教育融合,学生不仅可以掌握必要的技能和知识,还能培养面对未知挑战和解决问题的能力。这种教育策略的实施,对于培养具有创新精神和实践能力的人才,具有重要的现实意义。通过有效地结合专业教育与创新创业教育,可以为学生提供一个全面发展的平台,让他们在未来的职业生涯中能够更好地适应变化,引领创新,从而在创新创业的征途上发挥核心作用。

1.提升专业教育程度

将创新与创业教育纳入现有的职业教育体系中,是教育领域改革的关键步骤。这一新兴教育模式的引入不仅丰富了专业教育的内涵,也为学生提供了从传统学习者向积极创业者转变的桥梁。通过这种教育模式,学生得以将所学的专业知识应用于实际情境中,不仅验证了理论的实用性,还在实际操作过程中吸收了新知。此举不仅测试了学生对专业理论的掌握程度,还激发了他们解决现实问题的创新思维。此外,结合创新创业教育与传统专业教育的教育模式,既保留了传统教育体系的系统性和深度,又引入了实践和创新的元素,为学生提供了一个更为广阔的学习平台。这种教育模式的优势在于,它不仅拓宽了学生的知识视野,还促进了他们理论与实践相结合的能力,使学生能够在学习专业知识的同时,提升其实际操作能力,进一步深化对所学知识的理解和应用。将创新与创业教育融合进专业教育中,展现了教育领域对于培养高素质实践型人才的迫切需求。这种教育模式的实施,不仅能够扩展传统教育的边界,更能为提高教育质量、促进教育改革提供强有力的理论和实践支持。通过这种模式,学生能够在掌握深厚专业理论知识的同时,增强解决实际问题的能力,为将来的职业生涯打下坚实的基础。

因此,创新与创业教育的融入不仅是职业教育改革的重要方向,更是提升国家教育水平、加速国家进步步伐的关键因素。通过这种教育模式的有效实

高校跨境电商产教融合人才培养理论与实践

施,可以大幅度提高学生的专业能力和创新能力,为社会培养出更多高素质实践型的创新人才,从而推动国家整体的发展进程。

2. 完善双创教育体系

在当今社会,随着经济结构的转型和技术进步的加速,高等职业教育面临着更新其教育模式和内容的挑战。特别是创新与创业教育的推进,已成为教育改革的重点,目标是培养能够适应新时代需求的高素质人才。构筑一个成熟的创新创业教育体系并非一项轻而易举的任务,而是需要通过一系列细致且持续的努力,逐步深化和完善的过程。在高等职业院校内,创新创业教育的推动和发展是推进教育教学质量提升和高等教育改革深化的关键。这不仅关乎学生创新精神和实践能力的培养,也是实现经济和社会转型发展的必要条件。然而,目前我国在推进创新创业教育的过程中,仍面临着一些挑战,如教育模式的单一化和缺乏针对性,这导致了教育内容与学生的需求之间存在一定的脱节,未能充分激发学生的创新创业潜能。学生在创业早期阶段所获得和应用的知识,很大程度上受到其所学专业理论的影响。当前的教育体系中,创新与创业教育往往缺乏与专业教育的有机结合,导致学生难以在专业学习中有效融入创新创业的理念。因此,为了打破这种状况,高等职业院校在构建创新创业教育体系时,需要将其深植于专业教育之中,通过融合传统的专业教育和创新创业理论,以促进学生创新思维和实践能力的全面发展。高等教育机构应当致力于创造一个多元化的学习环境,其中不仅包括专业理论知识的学习,还应包含创新思维的培养和实践技能的提升。通过设计和实施包含创新创业元素的课程和项目,可以使学生在掌握专业知识的同时,也能够学习如何将这些知识应用于解决实际问题和创业实践中。这种教学模式的转变,旨在鼓励学生跳出传统学习的框架,激发他们的创新意识,提高他们面对复杂问题时的解决能力。

此外,高等教育机构还应加强与企业和行业的合作,通过实习、实训等形式,为学生提供更多接触实际工作环境和创业实践的机会。这种校企合作模式不仅能够帮助学生更好地理解和掌握专业知识,也能够提供一个实际检验和应用其创新创业理论的平台。

二、价值共创的主要措施

结合双创教育与专业教育不仅是教育体系内部持续自我更新的过程,而且涉及与由政府、企业等构成的更广泛的社会创业生态系统之间的相互促进与共同成长。在这个过程中,创业实践活动展现出对知识的强烈吸收能力,同时双创教育对于实践活动的依赖也极为明显,这要求教育体系不仅要持续吸收来自社会创业领域的新知识,还需要根据社会创新和创业的实际活动来调整和优化其教育路径。为了实现这一目标,构建一个有效的创业教育生态系统,并准确定位创业教育在这一生态系统中的位置显得尤为关键。这部分探讨的核心在于,通过吸纳更广泛的社会资源,双创教育如何能够在深度与广度上实现自身的发展与提升。

具体来说,价值共创的主要措施主要包括以下三点。

(一)持续推动校内外互动

高等职业教育中的创新与创业教育远非一个孤立或仅限于教育机构内部的活动。相反,它是一个涉及多方面的复杂项目,在高职院校、政府机构、企业界及学生之间构建了一种细致且互利的合作关系。这种相互依存与协作的关系不仅促进了各方的共同发展,还深刻影响了创业教育的实质内容与拓展范围。在这样的体系下,创新创业教育的实施更加全面,覆盖的层面也更广泛,反映了一个综合性增长的教育模式。

1. 解决生态位"缺席"与"迷茫"

在高等职业教育领域内部开展的创新与创业教育面临着一系列挑战,尤其是在融合外部资源以丰富课程内容、更新教学方法以及保持教育活动的前沿性和实时性方面表现得并不充分。这种局限性不仅影响了创业教育体系的建设和教学质量的提升,也在一定程度上制约了高职院校在社会创业生态系统中的作用和地位。面对这样的问题,有必要采取措施拓展和加强高职院校在社会创业生态系统内的参与和贡献。具体来说,高职院校需要通过与外部资源——企业、行业组织、创业孵化器以及政府机构的更紧密合作来强化其课程内容的实用性、更新性和前瞻性。这不仅涉及课程建设的多样化,还包括教学活动的设计和实施方式,以确保教育活动能够紧跟社会创业领域的最新发展。此外,加强高职院校与社会创业生态系统的互动,可以促使教育更贴近市场需求,从而提升创业教育的有效性和适应性。通过这种方式,高职院校不仅能够为社会培养和输出更多具有创新精神和实践能力的创业人才,也能为现有的创业者提供更为及时和有效的支持和服务。

总而言之,解决高职院校在社会创业生态系统中"缺席"和"迷茫"的问题,需要从根本上提升其对外部资源吸纳和利用的能力,以及加强与社会各界的合作和交流。通过这些措施,高职院校不仅能够在社会创业生态系统中找到自己的准确位置和作用,还能通过提供高质量的创业教育,为社会经济的发展和创新贡献更多的力量。

2.建构各方参与、协同分工的生态利益群

创新与创业教育的实施不应被限定于特定的几个专业或者狭窄的知识领域内,而应追求一个广泛开放的知识体系和教育模式。这种教育模式的目标是促进学生思维的活跃,点燃他们对创新的热情,为他们提供广泛的机会去发掘新的商业潜能和实践他们的创新想法。为达到这一目的,高等职业教育需要跳出传统的教学框架,探索和实施更加多元和灵活的教育策略。在这个过程中,创新与创业教育的构建应当是一个包容各种资源、知识和技能的过程,旨在形成一个多方参与、共同合作的生态系统。在这个生态系统中,教育机构、企业、行业协会、政府机构乃至学生自身都扮演着重要角色,共同推动创新与创业教育的发展。通过这种协同分工和合作,可以更有效地整合资源,提升教育质量,并最终促进学生的全面发展。

具体来说,教育机构应当拓宽课程设置,包括但不限于创业理论、市场分析、财务管理等,同时也应融入跨学科的知识,如科技创新、社会学习及环境保护,以此来丰富学生的知识体系。企业和行业协会可以提供实习和实践机会,让学生有机会将理论知识应用于实际问题解决中,同时也能够通过实践活动发掘和培养学生的创业潜能。政府机构在其中起到政策支持和资源调配的作用,为创新与创业教育提供必要的支持和保障。最终,学生应成为这一生态系统中的主动参与者,不仅是知识和技能的接受者,还是创新思想和创业实践的实施者。

通过构建这样一个开放、多样化的教育形式和内容体系,创新与创业教育能够更好地激发学生的创造力和创业热情,为他们提供更多发现新商业机会、尝试和实践新想法的空间,从而促进他们的个人成长和社会的经济发展。

（二）完善"价值整合"机制

在推动创新与创业教育的进程中,培养具备创新思维的创业型人才是其根本目标,因此,构建一个包容多元价值观的教育生态至关重要。这意味着教育环境应鼓励个体差异的展现,尊重并包容不同的思想和观点,同时也努力在差异中寻找共同点。此外,一个有利于培养学生批判性思维、逻辑推理能力以及创新能力的外部环境也是不可或缺的。

在这样的教育生态中,师生之间、学生之间的深入交流和沟通将成为重要的促进工具。通过思想和情感的交流,不仅能够促进知识和经验的共享,还能激发学生的创新灵感,引导他们反思和批判现有知识,进而培养出能够独立思考和解决问题的创新人才。这种教育模式下的学习过程,不仅限于知识的传授,更重要的是通过师生、生生间的互动,形成一种精神的碰撞和心灵的触动,促使每位学生能够在这个过程中发现自己的潜能,实现个人价值,展现出自己独特的生命力。

实现这一目标需要教育者们深入思考如何在教育体系中整合多元的价值观,如何创造一个既尊重个体差异又促进共同发展的教育环境。这不仅涉及课程内容的设计,教学方法的革新,还包括学校文化的塑造,教育资源的配置,以及师生关系的构建等多个方面。通过这些综合措施的实施,可以为创业人才的培养提供一个充满活力、开放包容且富有创新精神的学习平台,使他们能够在追求自我价值实现的道路上蓬勃发展,为社会创造更多的价值。

（三）角色归位与资源配置

高等职业教育机构在创新与创业教育领域扮演着至关重要的角色,其能力与效率直接决定了双创教育成效的高低。因此,深化自我价值的反思,并在双创教育的关键环节中发挥出色,对于确保教育目标的实现至关重要。在启动双创教育项目之初,高职院校需对自身在教育生态系统中的位置和作用进行准确评估和定位,明确自己的价值和优势。

高等职业院校集中了丰富的知识资源和专业理论,构建了科学严谨的人才培养体系。这里不仅有先进的实验室设施,还聚集了一大批优秀的教师团队,为深化人才培养和实现双创教育目标提供了坚实的基础。同时,考虑到我国教育体系特别是高职教育的特点,即政府和社会多方共同参与办学,高职院校自然成为各种教育和产业资源的集散地,具备利用这些资源促进自我发展的独特优势。为了发挥这些优势,高职院校需要在专业教育与双创教育的融合上下功夫,通过提供广泛的通识教育和丰富的实践课程,为学生打下坚实的创业理论和实践基础,构建一个充满活力和创新精神的学习环境。此外,加强全体教师尤其是那些直接参与双创教育的教师的创新创业素养培养,是提高学生创业热情和实践能力的关键。进一步而言,提升双创教育的实际成效,推动高职双创教育向前发展的核心,在于转变目前的教育模式,即从仅侧重于学生应该做什么、如何做,转向更加重视对教师角色和职责的认识和提升。这意味着,高职院校需要通过系列措施,如教师培训、激励机制建设等,确保教师能够在双创教育中发挥更加关键和积极的作用,从而为学生提供更高质量的创新创业教育体验,实现教育目标的全面提升。

第四节　电子商务专业群课程体系构建

位于湖南省的一所外贸职业学院直属于省商务厅,因此紧密结合电子商务产业链,深化了专业设置与电商产业的对接。该学院深入分析了电子商务行业的当前状况、未来走向以及对高质量技术技能型人才的需求,基于这些研究,建立了一套动态的电子商务专业调整机制。这一机制旨在确保专业设置能够及时响应电商产业的演进和升级,进而不断提升电商人才培养的针对性和适应力。

自 2015 年开始,该学院采取了"紧贴电商产业需求、致力于服务电商行业、专注于电商人才培养、努力打造电商教育品牌"的教育方针。以电子商务专业作为学院的特色和核心,遵循"专业基础知识的互通、技术技能领域的接近、就业岗位的相关性、教育资源的共享"原则,创建了一个涵盖线上线下运营、同时兼顾国际和国内市场需求的电子商务专业群。该专业群包含"电子商务""跨境电子商务""网络营销与直播电商""软件技术"以及"计算机应用技术"五个相互关联的专业。通过这样的专业设置，该学院不仅响应了电子商务行业的快速发展和变化，也为学生提供了全面、多角度的学习和实践机会。这种教育模式的实施，旨在培养出既具备扎实专业知识，又能够灵活应对行业变化，满足市场需求的电子商务人才。通过紧密结合产业发展趋势进行课程内容和教学方法的不断优化和更新，该学院确保了其电子商务教育的前瞻性和实用性，为电商行业的持续发展输送了大量优秀人才。

一、专业群课程体系框架

在电子商务专业群的课程体系构建中，该学院基于对通识教育体系改革的深入研究与分析，经过广泛的调查和论证，精心设计了一套旨在促进学生个性化和能力综合发展的课程架构。该架构以一个全面的基础平台为核心，辅以多个专业模块（每个模块涵盖 2 至 4 门课程），并巧妙地将职业资格认证的要求整合到相应的课程模块中，从而为不同专业方向、兴趣和爱好的学生提供了广泛的学习选项。课程设置被划分为五大类别，既包括所有学生都必修的"公共基础"和"专业群基础"两类平台课程，也包括学生根据自身专业方向和兴趣选择的"专业方向""专业拓展"和"公共拓展"三类模块课程。在这一体系中，平台课程主要采取必修形式，确保学生掌握电子商务领域的基础知识与技能；而模块课程则主要为选修，旨在提供更为丰富多样的学习路径，满足学生的个性化学习需求。此外，该课程体系的设计体现了"基础共通、资源共享、方向分立、互选互补、全面发展"的原则，既保证了学生在电子商务专业领域的系统学习，又支持他们根据个人职业规划和兴趣爱好进行专业拓展和深化。通过这样的模块化课程设置，学院成功构建了一个既注重人格培养又强调能力提升的专业群课程体系，为学生的个性化成长和全面发展提供了坚实的基础和广阔的平台。

（一）公共基础平台

电子商务专业群的公共基础平台课程体系遵循国家教育政策的指导和要求，由学院统一组织和实施，旨在为所有学生提供一系列全面发展的通识教育基础。这些课程覆盖了从思想政治理论、体育运动、军事基础，到心理健康管理、创新与创业精神培养、职业规划与就业指导，以及信息技术和人工智能应用、公共英语能力提升,乃至经济学基础和大学级别的语文教育(针对非语文专业学生)等多个领域。

这一课程体系的设计,充分体现了学院对学生综合素质培养的重视。这样的课程设置,不仅旨在加强学生的政治理论素养和身体素质,提高他们的心理健康水平和应对压力的能力,还致力于激发学生的创新思维和创业能力,同时帮助他们规划未来的职业道路,提升就业竞争力。此外,信息技术和人工智能课程的引入,旨在提高学生适应现代社会科技发展的能力,而公共英语和经济数学课程则旨在加强学生的国际视野和综合应用能力。

从整体上看,公共基础平台的构建不仅是为了满足学生在专业学习之外的广泛知识需求,更是为了打造一个全面、均衡发展的学习环境,促进学生在知识获取、能力提升、素质塑造等多方面的成长。通过这种全方位的通识教育,学院期望培养出既具有扎实理论基础,又能够适应社会发展需求的高素质人才。

(二)专业群基础平台

在电子商务专业群的教学架构中,专业群基础平台占据了核心的地位,特别是在学生的初级阶段。这个平台旨在为大学一年级的学生提供一个没有明确专业划分的学习环境,其中课程内容专注于涵盖电子商务专业群内所有专业共同必需的知识和技能。这样的设置是为了确保学生在专业化学习之前,能够打下坚实的基础,掌握电子商务领域的基本知识和技能。

专业群基础平台与公共基础平台的课程设置相辅相成,二者在教学内容和目标上实现了无缝对接。例如,公共基础课程在设计和实施过程中会考虑到专业群的具体需求,确保通识教育不仅服务于学生的个人发展,也满足专业学习的基础需求。这种教学模式的设计,旨在通过初级阶段的综合基础教育,为学生后续的专业学习和技能提升奠定坚实的基础。具体来说,这个平台包括的基础课程不仅仅局限于传授理论知识,更加注重基本技能的培养,如市场分析、客户服务、网络营销等电子商务核心技能的初步训练。这些课程的设置,旨在让学生从入学伊始就开始接触和了解电子商务的全貌,为他们之后选择更具体的专业方向和深入学习提供方向指引。

通过这种教育模式,学院期望能够培养出既具备广泛知识视野,也能够灵活应用基础技能以适应快速变化的电子商务行业需求的专业人才。此外,专业群基础平台的课程还旨在激发学生的学习兴趣,帮助他们在众多电子商务相关领域中找到自己的兴趣点和未来发展方向,为其后续的专业学习和职业规划打下坚实的基础。

(三)专业方向模块

在电子商务专业群的教育规划中,专业方向模块的设计体现了对学生深化专业技术知识和实践技能学习的重视。随着学生进入大二,学院提供了一个专业分流机制,允许学生根据自身的兴趣和未来职业规划,从多个专业群模块中精选 2~3 个进行深入学习。这一过程旨在确保学生能够根据电子商务各专业的具体定位和培养目标,获得更加专业化和个性化的教育训练。这些专业方向模块,涵盖了从基础的电子商务运营知识到跨境电商操作,再到网络营销与直播电商等多方面的专业技术知识和综合实践技能。每个模块都经过精心设计,不仅包含了理论学习,还融入了大量实践操作和案例分析,以确保学生能够在真实或模拟的商业环境中应用所学知识,提高解决实际问题的能力。

通过在专业方向模块的学习,学生将有机会深入探索电子商务领域的特定分支,获得更加丰富和深入的专业知识及技能,同时培养其创新思维和独立解决问题的能力。这一学习阶段的课程设置,旨在促进学生的专业成长,使他们在未来的电子商务行业中能够凭借专业特色和技能优势,更好地适应市场需求,展现出色的职业能力。

(四)专业拓展模块

在电子商务专业群的教育体系中,专业拓展模块被精心设计,旨在为学生提供一个更广阔的学习空间,使他们能够在巩固已有专业基础和方向知识的同时,进一步深化或拓宽其专业技能和知识领域。这一模块分为三大类:横向拓展模块、纵深模块以及特色模块,旨在满足学生不同层面的学习需求和兴趣。横向拓展模块允许学生跨出原有专业领域,探索与电子商务相关的其他学科知识,从而实现第二专业的辅修或者获取更广泛的行业视角。这类模块的设置,鼓励学生拥抱跨学科学习,通过对不同领域知识的掌握,增强其综合竞争力和适应性。纵深模块则是为那些希望在特定专业领域内深造的学生设计的,通过提供更高难度的课程和挑战,帮助学生深入挖掘专业知识,提升专业技能水平。此外,通过这些模块,学生还有机会考取更高级别的职业技能证书,进一步证明其专业能力。特色模块则是根据电子商务行业的最新发展和趋势,提供一些独具特色的课程,如新兴市场营销策略、电商数据分析技术等。这类模块旨在培养学生的创新思维和适应行业新变化的能力。

通过这样丰富多元的专业拓展模块,学院不仅为学生提供了一个灵活多样的学习平台,也为他们未来的职业发展和个人成长打开了更多可能性。学生可以根据自己的职业规划和兴趣,灵活选择合适的模块进行学习,从而更好地为进入复杂多变的电子商务行业做准备。

（五）公共拓展模块

电子商务专业群综合教育体系中的公共拓展模块,是精心设计的教育计划的一部分,旨在为学生提供一个跨学科的知识探索平台。这一模块由八个不同领域的子模块组成,每个子模块都旨在深化学生对特定学科的理解和兴趣。这些子模块包括:人文社会科学和自然科学的经典作品导读,引导学生探索人类知识的深奥和广阔;科学精神和创新思维的培养,鼓励学生发现问题并寻求解决方案;历史文化的传承与哲学思考,增强学生对人类文明进程的理解;社会科学研究与经济管理的基础,帮助学生构建对社会经济现象的深刻洞察;探索当代中国的发展与国际关系,拓宽学生的国际视野;艺术体验与审美能力的培养,提升学生的文化素养;工匠精神与特定技能的培训,强化学生的实践能力和创造力。这些公共拓展模块不仅仅是学分课程的简单叠加,还是一种全面提升学生综合素质和能力的教育策略。通过这些精心设计的模块,学生可以在专业学习之外,获得更广泛的知识视野,培养跨学科的思考方式和解决问题的能力。每个子模块下的基本单元课程,都为学生提供了 1 ~ 2 个学分的学习机会,旨在鼓励学生根据个人兴趣和职业规划选择适合自己的学习路径。

通过参与这些公共拓展模块的学习,学生不仅能够增强自身的人文素养和科学素养,还能够在多元文化的背景下,形成更为开放和包容的思维模式。这种跨学科的学习经验,不仅有助于学生在未来的职业生涯中应对各种挑战,还能够促进他们成为具有国际视野、创新精神和社会责任感的复合型人才。

二、专业群课程体系构建

在跨境电商产业学院中,构建一个高效、全面的专业群课程体系是培养学生适应快速变化的跨境电商环境的关键。此课程体系旨在涵盖跨境电商领域的各个关键方面,包括但不限于电商平台运营、国际贸易规则、物流管理、跨文化交流以及数字营销等,确保学生能够从多维度理解并掌握跨境电商业务。

具体来说,专业群课程体系构建应主要从以下三个方面入手。

(一)专业群模块课程设置

在电子商务专业群的教学体系设计中,除了提供广泛的基础教育平台之外,还特别注重根据市场和职业需求精心设计专业方向和拓展模块。这一教育体系涵盖了"电子商务""跨境电子商务""网络营销与直播电商""软件技术"以及"计算机应用技术"五大专业领域。为了更细致地适应职业市场的需求,学院设置了八个专业方向模块和六个专业拓展模块,每个模块都旨在培养学生掌握与特定职业岗位(群)紧密相关的能力和技能。

每个专业模块由 2~4 门的理论与实践一体化课程或实训课程构成,通常涵盖 8~12 个学分。这种模块化的课程设计不仅让学习内容与实际职业技能需求保持一致,还与职业技能等级证书的考取紧密结合,极大地提高了教育的针对性和实用性。例如,网店运营推广模块就包括了"跨境电商平台实操"和"跨境电子商务网店运营推广"等理实一体化课程,以及"跨境电子商务沙盘实训"和"跨境电子商务 B2B 数据运营"等实训课程,分别配置了 6 个和 4 个学分。该模块特别针对于阿里巴巴跨境电商 B2B 数据运营职业技能等级证书的考取。通过这样的课程安排,学院旨在为电子商务领域的未来人才提供一个全面、系统的专业学习平台。学生通过学习这些精心设计的模块,不仅可以获得深厚的专业知识基础,还能够通过实践学习和技能训练,掌握与各自职业方向紧密相关的实用技能。更重要的是,这种教学模式通过将课程内容与职业资格证书的获取相结合,极大地增强了学生的就业竞争力,为他们走向电子商务行业的各个领域打下了坚实的基础。

（二）专业群课程体系构建

在电子商务专业群的综合教育框架下,学院精心设计了一条既系统又灵活的课程学习路径,旨在全面培养学生的专业技能与个人品质。在完成必修的公共基础平台和专业群基础平台课程后,学生将进入专业深化学习阶段,此时,他们需要根据自己的专业定位和未来发展目标,选择三个专业方向模块进行学习。在深化专业知识的同时,学生还将有机会通过选修专业拓展模块和公共拓展模块中的课程来进一步拓宽知识面和提升技能。此外,学院的课程设置还提供了跨专业学习的灵活性,允许学生根据个人兴趣,从其他专业方向模块中选择课程进行学习。

这样的课程设置不仅促进了学生在专业技能上的深入学习,也鼓励了他们在人格发展上的全面成长。电子商务专业群的课程体系以"平台+模块"的形式呈现,既保证了学习的系统性和广泛性,又提供了足够的灵活性和个性化空间。通过这种教学模式,学院旨在培养出既具备专业技术能力,又拥有全面人格魅力的电子商务行业人才,使他们能够在未来的职业生涯中发挥重要作用,引领行业发展。

（三）专业群教学组织架构

在推进电子商务专业群的教学改革中,学院采取了一系列创新措施,以更好地适应"平台+模块"课程体系的教学需求,并从根本上改变了传统以专业划分为主的教研室组织模式。为了更有效地组织教学活动,学院基于专业群课程的结构,建立了以"模组"为核心的新型基层教学单位,从而实现了专业群内不同课程间的有效协同和整合。

专业群教学指导委员会由各二级学院的院长(专业群领头人)担任主任,主要职责包括全面规划和协调专业群的课程设置及其体系构建。委员会下设专业群基础课程模块组、专业方向课程模块组以及拓展课程模块组等不同的课程模块组织,分别针对平台课程、专业方向模块课程和拓展模块课程的建设与教学。每个课程模块均指派有专门的教师负责,这些教师各有专长,形成了一个错位发展、各展所长的"结构化教学创新团队"。这种教学改革不仅是课程设置上的调整,还包括教学内容与方法的全面刷新,以适应模块化教学的需求。此外,这一改革还涉及教师队伍、教学条件及管理体制等多个方面的优化与保障,以确保教学质量和效果。课程体系的这一转型,不仅促进了教学方式的整体革新,也为高职教育的扩招和"1+X"证书制度的实施提供了强有力的支持。

随着教学改革的不断深入,学院将进一步完善这一以共享为底层、融通为中层、互选为上层的人格与能力深度融合的课程体系,以推动专业群建设的进一步发展,更好地满足学生的个性化成长和培养需求。通过这些综合措施,学院旨在为电子商务专业群内的学生提供一个全面、高效和灵活的学习环境,帮助他们在专业领域内取得卓越成就。

第五章
高校跨境电子商务人才培养对策

本章系统提出高校跨境电商人才培养的四大创新对策：以"三维协同育人理念"为引领，统筹教育链、人才链与产业链的动态适配，确立"岗课赛证融通"的培养导向；通过构建"产教融合协同体"与"双元制培养体系"，实施四阶路径，系统性破解传统教育与产业需求脱节难题；创新开发"数字孪生实训平台"与"跨境直播实战工坊"，运用 VR/AR 技术模拟多国贸易场景，实现教学场景与真实商业环境的无缝衔接；建立"人才认证互通机制"与"终身学习生态圈"，依托区块链技术实现校企学分互认与技能成长轨迹追踪，构建覆盖职业生涯的技能迭代通道。

第一节　跨境电子商务人才培养的理念创新

一、加强高校跨境电商专业人才培养

政府应该采取更积极的措施，促进高等教育机构在培育跨境电商领域的专业人才方面发挥更大的作用。具体而言，政府需要设立专门的资金支持项目，专注于跨境电商专业的发展，同时指导和激励实力雄厚的院校积极设立该专业。此外，鼓励那些已经在国际商务、外贸经营、市场营销以及商务英语等相关专业领域工作的专业人士，依据市场的实际需求，向跨境电子商务领域进行转型和发展。对于精通小语种的专业人才，应鼓励他们发展成为具备多元技能

的复合型人才,同时也鼓励高校增设与跨境电商人才培养相关的小语种课程。这样不仅可以拓宽学生的国际视野和跨文化交流能力,还能够深化他们的专业知识和技能,使他们更适应在全球化背景下,尤其是在海外市场拓展领域的需求。

杭州作为全国电子商务中心,已经采取了创新性措施来解决跨境电商领域人才缺乏的问题,通过建立专门的资金支持和人才培养基地,鼓励教育机构开展专业教育和培训。这一策略的目标是培养一支从初级到高级,涵盖不同层次的跨境电商人才队伍,以支持该地区电商行业的快速发展。具体来说,杭州市政府通过设立专项资金,激励条件成熟的高等教育机构开展跨境电商专业或相关方向的教育项目。同时,该市还鼓励现有的电子商务、国际贸易、市场营销、英语等专业根据跨境电商行业的需求进行相应的转型和发展。这种多元化的人才培养模式旨在形成一个完整的跨境电商人才梯队,从而有效缓解人才短缺的状况,促进电商领域的整体发展。

以杭州师范大学钱江学院为例,该学院在综合试验区办公室的指导下,联合杭州成长型企业品牌促进会及相关企业,于2015年7月成功建立了杭州首个跨境电商人才培养基地。该基地包含跨境电商培训中心、研究中心以及创新创业"众创空间",致力于提供全方位的教育和研究支持。经过一年的筹备,钱江学院于2016年5月正式成立跨境电商学院,并实施了一套创新的"3+1"跨境电商人才培养模式。这一模式不仅针对在校学生提供三个层次的教育培养方案,包括专业培养、模块化培养和创业班培养,也向社会开放提供跨境电商培训服务。通过这种综合性的教育体系,旨在培养出能够满足行业需求的、具有高度专业化和实战能力的跨境电商人才。

二、构建跨境电商人才社会化培训体系

为了推动跨境电商领域的人才培养,政府需承担起组织和指导的角色,从而形成一个全社会参与的跨境电商人才培训体系。这要求政府不仅促进各行业协会、教育机构和社会培训机构合作开展专业培训项目,还需通过提供场地费用、教材费用和讲师费用等经济补贴,激励这些机构积极参与培训工作。同时,政府应当加强对企业内部员工培训的支持,鼓励企业将跨境电商的核心知

识和企业自身的技术、文化等融入员工培训中,以此确保培训内容能够紧密结合企业发展的实际需要。除了动员社会资源外,政府还应该直接介入,为企业提供具体的培训支持,比如,对于新招募的从事跨境电商业务的员工,政府可以为企业提供一次性的新员工培训补贴,条件是这些员工签订了劳动合同并参加了至少一年的社会保险。这样的政策旨在鼓励企业增加对员工培训的投入,同时提升培训成本在企业总成本中的占比,从而促进员工技能的提升和企业竞争力的增强。下面以杭州市跨境电子商务人才培养模式为例进行分析介绍。

(一)依托"人才港"项目,建立多岗位体系

借助"中国(杭州)跨境电商人才港"这一项目,杭州市针对综合试验区内跨境电子商务相关岗位的普遍需求,设计了一套覆盖多个职能领域的人才孵化计划。这些领域包括但不限于营销运营、商务管理以及技术支持等,旨在为跨境电商行业培育出一批多技能的专业人才。针对不同的岗位需求和人才成长轨迹,杭州市提出了三种不同周期的孵化策略,即速成期、短期和中期孵化体系。这三套体系分别对应不同阶段的人才培养需求,从而确保了人才培养的灵活性和针对性。速成期体系旨在快速培养出能够满足即时岗位需求的基础人才;短期体系则着眼于为跨境电商领域提供具有一定专业知识和技能的中级人才;而中期体系则致力于深化人才的专业技能和行业理解,培养出能够担任重要岗位的高级专业人才。

通过实施这一多岗位孵化方案,杭州市不仅能够为跨境电商行业提供一个系统的人才培养和供应渠道,还能够根据行业发展的实际需要,灵活调整人才培养的方向和重点。这种以项目为依托,结合行业需求制订的人才孵化计划,将极大地促进杭州市乃至整个国家跨境电商行业的发展,为行业注入新的活力和动力。

(二)依托杭州跨境电商基地,开展社会培训项目

杭州市通过建立跨境电商基地,实施了面向社会的培训计划,旨在为跨境电商行业内外的个人和企业提供专业化培训。这些培训项目分为不同的级别,包括入门级(初级)、技能提升级(中级)以及高级管理级(高级),涵盖了从亚马逊、速卖通到敦煌网等主要出口平台的操作,以及海关清关、检验检疫等进

口流程的相关知识,致力于协助传统企业实现向跨境电商领域的顺利转型。以杭州跨境电商(钱江学院)基地为例,该基地依托杭州企业品牌促进会和多家跨境电商企业的资源,与杭州经济技术开发区、跨境电商萧山园区等地方政府机构紧密合作,共同打造了一个集培训、实践与研究为一体的多层次人才培养平台。自该中心成立以来,已有超过 150 名学员参与了系列培训项目,这些项目不仅提升了参训者的专业技能,也为地区跨境电商生态的发展贡献了新鲜血液。

此外,政府在推动社会力量参与职业培训方面也发挥了重要作用,鼓励并支持跨境电商企业增强对员工的培训投入。政府提出,企业应将职工培训费用计入企业成本,以此方式激励企业加大在员工培训上的投资,从而提升整个企业的竞争力和行业适应能力。通过这一系列措施,杭州市旨在构建一个全方位的跨境电商人才培养体系,满足行业发展的多元化人才需求,促进传统企业与新兴电商领域的融合发展,加速构建具有国际竞争力的电商经济生态。

(三)依托高校与企业资源,建立跨境电商学习平台

微课和慕课等在线教育形式的兴起,为跨境电商领域的人才培养提供了新的可能性。这一背景下,政府应当推动高等教育机构与企业联手,共同构建一个针对跨境电商专业的在线学习平台。这个平台不仅将集成来自高校的理论教学资源和企业的实战经验,还将提供一系列实操性强的跨境电商课程,通过线上线下混合式的学习模式,全面提升学习者的专业能力。此外,该学习平台还将实行课程学分制和企业资格证书制度,对学员完成的课程进行认证,颁发证书,从而确保学习成果的权威性和实用性。该平台将向全社会开放,采用共享、透明的原则,促进不同背景的学习者共同进步,推动跨境电商领域人才培养的多样化和专业化。

通过将高校的学术资源与企业的实践案例有机结合,这个在线学习平台不仅能够为跨境电商行业提供一批具备实战能力的高素质人才,还能为广大有志于此领域的学习者提供一个开放、便捷的学习和成长环境。这种创新的人才培养模式,将为跨境电商行业的发展注入新的活力,助力企业拓展国际市场,提升国际竞争力。

三、打造专业的跨境电商师资团队

为了提升跨境电商领域的教育和实践质量,政府或相关培训机构应该发起并领导一项专门的师资培训计划。该计划旨在汇聚来自高等院校的学者,行业内的跨境电商专家以及实战经验丰富的业内精英,共同组成一个专业的技能传授团队。通过定期举办跨境电商师资培训班,为大学的相关专业教师以及跨境电商企业的一线员工提供系统培训,帮助他们及时获得关于跨境电商最新规则、技术更新、先进理念及行业动态的知识。这种培训不仅能够促进教育者和从业者对行业发展趋势的快速响应,还能够增强他们解决行业新出现问题的能力,从而推动整个跨境电商领域的持续健康发展。

(一)聘任跨境电商就业创业导师

为了加强跨境电商领域的人才培养,解决专业师资的短缺问题,综合试验区管理机构采取了积极措施,汇聚了一批来自不同领域的专家和学者,共同组建了一支高水平的跨境电商技能传授团队。这支团队由知名高等教育机构的学者、行业内知名企业如亚马逊、大龙网、敦煌网的负责人,以及海关、检验检疫等政府职能部门的负责人,还包括具有国际业务经验的法务和税务专家共同组成。

在最近一次的跨境电商发展大会上,该团队正式聘任了21位就业创业导师,标志着这一跨学科、多元化的专家团队的正式启动。这些导师不仅在各自领域内具有丰富的经验和专业知识,也对跨境电商行业的发展趋势和需求有深刻的理解。他们的加入将为跨境电商人才的培养提供更为丰富和实战化的指导,帮助学生和从业人员更好地理解跨境电商领域的复杂性,提升他们的职业技能和创业能力,从而更有效地促进跨境电商行业的人才发展和行业进步。

(二)启动"高校教师培训"项目

在全球电子商务快速发展的背景下,跨境电商成为推动国际贸易和地方经济增长的关键力量。杭州作为中国电子商务的中心城市,迫切需要培养更多具备国际视野和专业技能的跨境电商人才。为此,杭州综合试验区管理办公室(综试办)与全球电商巨头亚马逊合作,启动了一个标志性项目——"高校教师培训"项目。这一项目不仅是亚马逊与杭州综试办在电商人才发展方面的一次创新尝试,更为中国的出口跨境电商人才培养模式提供了新的范本,为加速杭州乃至全国范围内跨境电商人才的培养和储备做出了重要贡献。

　　该"高校教师培训"项目的首批参与者包括来自24所高等教育机构的50位教师,这些教师主要负责跨境电商相关课程的教学工作。通过此次培训,参训教师不仅能够深入了解跨境电商的基础理论和运营知识,还能够掌握亚马逊等国际电商平台的实际操作技巧。培训内容涵盖了跨境电商的基本概念、亚马逊"全球开店"流程、运营中遇到的常见问题及其解决方案等多个方面,旨在为教师提供丰富的教学资源和实操经验,进一步提升他们的专业能力和教学水平。此外,通过与亚马逊这样的行业领导者合作,杭州综试区不仅能够为高校教师提供最前沿的电商知识和技能培训,还能够促进高校与企业之间的深度合作,打通人才培养与行业需求之间的桥梁。这种合作模式为跨境电商领域的教育培训和人才发展开辟了新途径,为高校教师和学生提供了更多与国际接轨的机会,同时也为企业发掘和培养潜在的人才资源。

　　随着该项目的深入实施,预计将吸引更多高校和企业参与到跨境电商人才培养的行动中来,共同构建一个多元化、开放式的人才培养生态系统。这不仅有助于提升杭州乃至全国跨境电商领域的整体竞争力,也将为中国电商企业的国际扩展和全球市场的深度参与提供坚实的人才支撑。通过这样的培训项目,我们期待培养出更多能够熟练运用国际电商平台,理解国际市场规则,具备跨文化沟通能力和创新思维的跨境电商新时代人才。

四、开展跨境电商人才校企合作定制化培养

　　在全球化经济的背景下,跨境电商作为一种新兴的贸易模式迅速发展,对人才的需求日益增长。然而,高校在人才培养过程中往往存在与企业需求不匹配的问题。为此,政府正在积极推动学校与企业之间的深度合作,以市场需求为导向,共同开展跨境电商人才的定制化培养。这一合作模式要求高校和企业建立更紧密的联系,通过合作开发适应市场需求的课程和培训计划。高校需要根据企业的具体需求,对教材体系、教学内容和方法进行全面的改革和创新,从而提高教育的实用性和前瞻性。同时,企业也应该积极参与到人才培养过程中,通过提供师资支持、技术资源、实习岗位等,与高校共同培养适应未来发展需求的跨境电商专业人才。在这种校企合作模式下,一种有效的实践是企业与

高校签订培训协议。根据这些协议,高校将按照企业对工作人员的具体要求,包括人员规格和数量,进行有针对性的人才培养。这不仅能够保证培养出的人才能够直接满足企业的实际需求,还能够加速学生的就业过程,实现教育资源的最优化配置。

此外,引入"企业导师"和实施"双导师制"的做法,将产学研紧密结合,为学生提供了更多的实践机会和实战经验。通过这种方式,学生不仅能够在校内获得系统的理论知识,还能在企业导师的指导下,参与到真实的跨境电商项目中,获取宝贵的实践经验。这种模式有效地弥补了传统教育与实际工作之间的差距,为学生的综合能力提升提供了坚实的基础。

第二节 跨境电子商务人才培养的模式创新

一、培养和引进一批跨境电商领军人物

在全球电商竞争日益激烈的当下,跨境电商作为推动国际贸易发展的重要力量,其领军人物的培养和引进尤为关键。为此,政府已将跨境电商行业的发展上升为战略层面的重要议题,实施顶级设计和科学布局,力求在全球跨境电商领域占据有利地位。

政府采取了"铺天盖地"与"顶天立地"的双轨并行策略,旨在全面布局的同时又注重培养和吸引具有突破性影响的顶尖人才。"一事一议、一企一策"的个性化策略,为每一个重点项目和企业提供量身定做的支持,以此吸引和培育国际领先的跨境电商领军人才及其创新团队。在这一策略的引导下,杭州市等地区已经开始实施相关的政策法规,为跨境电商高端人才和项目的落地提供优先支持,特别是对于投资额达到1000万元以上的项目,给予了类似于工业项目的优先资金和政策支持。

为了进一步加强对领军人才和重大项目的吸引力,政府还提供了一系列优惠政策和服务,包括省、市级的企业优惠政策等。特别是对于那些能够驱动产业链发展,尤其是中小微型企业成长的关键项目和人才,政府提供了安家费、住房补贴、研究经费等财政补贴,优先纳入城市的"521"计划和优秀人才奖励项

目。同时,政府还鼓励国内外的跨国电商领袖以灵活的方式加入杭州的跨境电商生态系统,无论是兼职、入股还是参与研究工作,都将得到政策上的支持和鼓励。这样的开放态度不仅有利于提升杭州乃至整个国家在国际跨境电商领域的竞争力,也为全球电商领袖提供了一个充满机遇的舞台。

通过这些综合措施,政府旨在构建一个既能吸引国际顶尖人才,又能充分激发国内跨境电商潜力的生态系统。这不仅能加速跨境电商人才的培养和创新团队的集聚,也将为杭州乃至全国的跨境电商企业提供强有力的支持,推动中国跨境电商行业的持续发展和国际化进程。在这一过程中,政府、企业和高校的紧密合作,以及对人才和创新的高度重视,将是推动跨境电商行业走向成功的关键。

二、组建跨境电商企业与跨境电商人才中介

在当前全球贸易格局中,跨境电商成为连接国际市场的重要桥梁,对专业人才的需求日益增长。然而,面对这一挑战,传统企业亟须转型升级,寻求专业的跨境电商人才以拓展国际业务;同时,大批涌现的高校和培训机构毕业生正寻求与自身专业相匹配的就业机会,尤其是那些希望在跨境电商领域创业的年轻人,更是急需找到合适的投资和货源支持。面对这一双重需求,存在一个显著的市场缺口:需要一个有效的平台,能够将这两端紧密连接起来,解决信息不对称的问题。鉴于此,建议由政府牵头,携手行业协会、教育机构以及专业培训机构,共同发起成立一个"跨境电商人才服务中心"。该中心的主要职能将是深入研究和分析跨境电商行业的人才需求,为企业和人才提供一个沟通、对接的平台。通过这一平台,不仅可以为传统企业转型提供人才支撑,还能为寻求就业或创业机会的跨境电商人才提供广阔的舞台。服务中心将采取一系列措施,包括但不限于组织跨境电商人才招聘会、企业培训工作坊、创业投资对接会等活动,以实现企业与人才之间的有效匹配。此外,该中心还将提供专业咨询服务,帮助企业和人才准确理解跨境电商行业的最新趋势和政策导向,从而做出更加明智的决策。

通过"跨境电商人才服务中心"的建立,可以极大地缩短企业与人才之间的距离,加速人才流动和知识共享,促进跨境电商行业的健康快速发展。对于企

业而言,可以更快地找到适合的人才,加速业务的国际化进程;对于人才而言,无论是寻找就业机会还是寻求创业支持,都能在这一平台上找到满意的答案。长远看,这一举措将为推动国内跨境电商行业的繁荣发展做出贡献,加强国际贸易竞争力。

三、建立跨境电商人才激励和保障机制

为了吸引和留住优秀人才,在跨境电商领域实现持续发展,跨境电商产业学院需建立一套有效的人才激励和保障机制。这套机制旨在提供具有竞争力的待遇,营造积极的工作环境,并确保人才的成长与发展,从而激发他们的创新精神和工作热情。具体来说,可从以下四个方面入手。

(一)改进科技奖励办法

跨境电商产业学院作为校企协同育人的核心载体,其科技奖励办法的改进需紧扣产业需求与教育目标,通过激励机制创新、保障体系优化和生态协同构建,推动技术攻关、成果转化与人才培养的深度融合。

激励机制方面,需要激发创新动能,强化成果导向。第一,设立专项奖励基金,针对跨境电商关键技术(如智能物流、数字支付、AI 客服等)设立"揭榜挂帅"项目,对攻克行业痛点的技术团队给予重奖。例如,可以对开发出降低跨境交易成本 20% 以上算法的团队,给予百万级奖励,直接激发师生参与产业核心问题研究的积极性;第二,建立成果转化收益共享机制,可以建立"校企分成+团队激励"模式,允许高校、企业、科研人员按比例分享技术商业化收益。例如,产业学院团队研发的"跨境直播智能翻译系统"被企业采用后,团队获 30% 专利使用分成,显著提升成果转化动力;第三,竞赛与项目联动奖励,举办"跨境电商实战创新大赛",对解决企业真实问题(如东南亚市场本土化运营方案)的优胜团队给予奖金、实习机会或孵化资金支持。例如,学院学生团队通过竞赛开发的"中东市场选品工具"被企业采纳,直接推动课程案例库更新。

保障机制方面,需要夯实资源基础,降低创新风险。第一,校企资源双向投入。企业投入真实项目案例、数字化设备和海外仓运营系统,高校提供场地与科研团队,共建"虚实结合"实训平台。例如,考拉海购在产业学院内搭建保税仓模拟系统,学生可直接参与国际物流全流程操作,解决传统教学中"纸上谈

兵"的问题;第二,双师型师资激励,将企业实践成果纳入教师职称评审体系,对指导学生完成跨境电商业绩(如年销售额破千万的店铺运营)的导师授予"产业教授"称号,并提供配套津贴,打通学术与产业晋升通道;第三,知识产权保护与风险分担。明确校企合作中技术成果的权属分配,设立"创新保险基金"覆盖研发试错成本。例如,校企联合研发的"区块链溯源平台"若因技术缺陷导致损失,保险基金可承担 60% 的风险赔付。

协同机制反面,构建生态化激励网络。第一,动态调整奖励方向。联合行业协会定期发布《跨境电商技术需求清单》,将奖励重点与产业趋势(如 AI 客服、元宇宙营销)同步。例如,针对 ChatGPT 技术热潮,增设"智能客服算法创新奖",引导师生研究多语种跨境沟通解决方案;第二,区域联动与标杆示范。在跨境电商综试区设立"人才特区",对区域内产业学院培养的高端复合型人才(如同时持有运营师认证与区块链工程师证书者)给予落户优惠、住房补贴等政策倾斜,形成区域虹吸效应;第三,终身学习激励机制。推行"技能学分银行",将企业培训、国际认证(如 Google 数字营销认证)纳入学分体系,支持人才通过持续学习兑换晋升资格或奖励积分,构建"学习—实践—认证—激励"的闭环生态。

跨境电商产业学院改进科技奖励办法,需以产业需求为导向,通过专项激励驱动技术创新、资源协同降低创新风险、生态构建实现长效发展。这一机制不仅破解了复合型人才供给瓶颈,更通过技术赋能与成果转化,推动教育链、人才链与产业链的深度融合,为跨境电商产业高质量发展提供持续创新动能。

(二)加强跨境电商人才激励机制建设

在推动跨境电商产业快速发展的过程中,培养和激励高水平人才显得尤为重要。政府已经制定了一系列措施,旨在通过多维度的激励机制,吸引和留住跨境电商领域的顶尖人才。

首先,政府将对那些在跨境电商领域创业、技术创新及行业发展中做出杰出贡献的个人提供奖励和支持,旨在鼓励更多的创新者和领军人物投身于跨境电商产业。这不仅涵盖了经济奖励,还包括提供政策支持和资源配合,以保障这些人才能够在良好的环境中发挥其最大的潜力。其次,针对团队层面的奖励也同样受到政府的高度重视。政府设立专项资金,专门用于支持跨境电商人才团队的建设和发展,这包括资金援助、设备使用支持等。此外,这些团队在申请项目资金时将享有较大的自主权,确保能够根据自身发展需要灵活使用资金。为确保资金使用的透明和高效,将实行专项评估、监督和审计制度,从而形成一个高效运作的支持体系。最后,为了更好地提升人才的生活品质,政府将实施一系列生活激励措施,包括税收优惠、医疗补贴、住房补助以及抵税政策。对于达到特定标准的跨境电商管理人员和核心技术人才,政府将提供连续三年的部分或全额个人所得税退还,从而减轻他们的经济负担,提高他们的生活满意度。

通过这些综合性的激励措施,政府希望能够构建一个有利于跨境电商人才成长和创新的良好环境。这将有助于提高行业的整体竞争力,也将为跨境电商产业的持续健康发展提供强有力的人才支持和技术保障。

(三)落实跨境电商人才安居保障

在当今跨境电商行业的蓬勃发展之际,人才的吸引和留存成为关键因素之一。政府已经认识到,为了促进该行业的进一步增长,必须通过提供稳定的生活保障来激励和支持跨境电商人才。因此,一系列针对跨境电商人才安居问题的解决方案已被提出和实施,旨在通过市场化手段和政府引导,从多方面满足跨境电商人才的住房需求。

首先,为了帮助高端跨境电商企业的关键人才解决首次购房问题,政府和企业将联手提供购房资助。这种一次性的购房补贴旨在减轻人才的经济负担,通过政府的专项资金和企业的配套资金共同承担,从而增强人才的归属感和稳定性。其次,政府计划在电商产业园、高科技园区等关键区域推进跨境电商人才公寓项目,这些公寓将遵循"只租不售"的原则,为跨境电商行业的专业人才提供优质而实惠的住宿选项。此外,对于那些规模较大或在行业内做出显著贡献的企业,政府将鼓励它们利用现有土地资源建设专门的人才公寓,以解决关键人才的住房问题。最后,完善住房公积金政策也是政府关注的重点。通过优化跨境电商企业人才的住房公积金支付和使用政策,使人才能够享受到更灵活、更便利的住房公积金服务,从而提高他们的生活质量和工作满意度。

这些综合措施的实施,旨在为跨境电商行业的人才创造一个稳定舒适的居住环境,通过解决他们的实际生活问题,进一步激发他们的工作热情和创新潜力。政府和企业的这一系列努力,不仅将直接促进跨境电商行业的人才发展,也将为整个行业的健康增长和竞争力提升提供坚实的基础。这种人才安居保障机制的建立和完善,最终将使跨境电商成为一个吸引全球优秀人才的热门行业,为国家的电商及经济发展做出更大的贡献。

(四)探索人力资本产权激励措施

在当前全球化和信息化背景下,跨境电商行业正处于快速发展之中,人才成为推动行业创新和增长的核心资源。为了充分激发和利用这些人力资本,采取有效的激励措施成为关键。基于此,政府和企业开始探索一系列创新的人力资本产权激励方案,旨在通过公平合理的分配机制,吸引和留住行业内的高端人才。这些激励措施着眼于,认识到除了传统的劳动贡献外,技术、知识和管理等非物质生产要素在现代企业价值创造中扮演着日益重要的角色。因此,高端技术人才和管理人才的激励机制开始向"智力资本"和"资本管理"参与分配倾斜,这不仅体现了对这些人才贡献的认可,也反映了现代企业管理的发展趋势。具体而言,企业通过向专业技术人才和管理人才提供股权和选择权等形式的激励,允许他们根据自己的创新成果和管理贡献参与企业利润的分配。这种分配方式既可以是直接的股份购买,也可以是为其设立的特定激励计划,如股票期权、奖金池分配等,根据企业的实际情况和人才的具体贡献灵活设计。通过这样的人力资本产权激励措施,企业不仅能够更好地吸引和保留关键人才,还能够激发全体员工的创新热情和工作动力,推动企业持续健康发展。同时,这也有助于将企业的发展目标与员工个人的成长和收益紧密绑定,形成共赢的局面。更进一步讲,这种以"智力资本"和"资本管理"为核心的人力资本产权激励机制,将促使跨境电商企业与国际市场的标准接轨,实现高质量的人才、优秀的业绩和丰厚的回报三者的有机统一。在这一过程中,跨境电商行业将能够更快地扩大规模和增强实力,最终在全球市场中占据更加有利的竞争位置。

第三节　跨境电子商务人才培养的渠道创新

在跨境电商产业生态快速迭代的背景下,传统人才培养渠道的局限性日益凸显,难以满足"技术+商务+语言"复合型能力需求。本章第三节聚焦渠道创新,提出通过虚实融合的数字化平台重构教学场景:一方面,运用 VR/AR 技术搭建"数字孪生实训平台",模拟多国关税计算、海外仓运营等复杂场景,使学生沉浸式体验真实贸易全流程;另一方面,依托跨境直播实战工坊构建"双轨实训体系",通过 Amazon、TikTok 等平台开展跨文化营销实战,实现教学场景与商业实践的动态适配。

一、合伙制与社会化协作解决人才问题

综合性人才的角色对于推进跨境电商事业不可或缺,同时这也构成了企业面临的一大挑战。特别是对于那些传统企业,其旧式的人才和管理体系往往不足以吸引跨境电商领域的高素质人才。因此,探索有效的策略来解决这一复合人才缺乏的问题,对于企业拓展跨境电商业务至关重要。这不仅涉及更新人力资源战略,还包括对管理模式的现代化改革,以便更好地适应跨境电商发展的需要。

(一)合伙制凝聚优秀人才

在当前的商业环境中,传统的企业结构和激励机制正在面临重大挑战。特别是对于那些追求创新和快速发展的跨境电商企业而言,如何吸引和留住行业内的顶尖人才成为一项紧迫的任务。传统的"职位加薪酬"模式已经不足以满足新一代优秀人才的期望,他们渴望的是能够在工作中获得更多的参与感和成就感。而陈旧的管理模式和固化的企业文化成为阻碍企业吸纳新鲜血液的障碍。

在这样的背景下,合伙人制度的引入为企业提供了一种新的人才吸引和留存策略。这种模式通过赋予员工更多的决策权和利益分享的机会,让他们成为企业成长中的合作伙伴,而不仅仅是雇员。这不仅极大地提升了人才的工作动力和忠诚度,还有助于快速形成一支具有高度凝聚力和创新能力的团队。通过

实施合伙人制度,企业可以在吸引跨境电商领域的外部人才的同时,还能有效留住那些企业自身培养出的优秀人才。这种制度的灵活性和开放性为企业带来了更多的机会,使其能够在激烈的市场竞争中保持团队的稳定性和高效运作,进而实现持续的发展和创新。合伙人制度不仅仅是一种激励机制的改变,它更代表了企业文化和管理理念的转变,强调了对人才价值的高度认可和尊重。在这种模式下,每个成员都能够在企业的发展中看到自己的贡献和收益,这种归属感和成就感是传统模式难以比拟的。因此,合理运用合伙人制度,对于那些渴望在跨境电商领域实现快速成长和突破的企业来说,无疑是吸引人才、促进发展的有效途径。

在21世纪的电商浪潮中,一个由三位年轻创业者于2012年创立的创新型企业——深圳乐能电子有限公司,以其在亚马逊平台上销售数码产品的业务迅速崭露头角。仅仅运营一年,其业绩便实现了显著的飞跃,营业额达到了惊人的100万元大关。与此同时,深圳迪比科电子科技有限公司,一家成立于2004年专注于生产移动电源、数码配件及IT相关产品的制造企业,在全球经济波动的大环境下遭遇严峻挑战,面临着采购订单骤停的危机,走到了生存的边缘。在这一危急关头,迪比科决定采取大胆的战略转型,与深圳乐能的核心团队通过合伙制方式合作,共同成立了一家新公司,旨在通过整合双方的优势资源,实现业务的突破和转型。在新的合作模式下,迪比科持有新公司51%的股份,保持了对公司的控股权。

这一战略性的合作为两家公司带来了前所未有的发展机遇。深圳乐能的团队凭借其对市场趋势的敏锐洞察力和对消费者需求的精准把握,结合大数据分析工具,深入挖掘了欧美市场的细分需求。而迪比科的团队则发挥了其在产品研发和制造方面的深厚实力,依托准确的市场数据,推出了一系列符合欧美消费者偏好的创新产品。通过不断的产品优化和迭代,新公司迅速占领了市场高地,业绩实现了爆炸式增长。仅一年时间,营业收入便突破了1亿元,到了2015年,这一数字更是翻倍达到了2亿元。

这一跨界合作的成功案例充分展示了在当今激烈的市场竞争中,传统企业与新兴电商平台之间通过合作共赢的重要性和可能性。通过双方的优势互补,不仅为迪比科企业转型升级提供了新路径,也为深圳乐能开辟了更广阔的市场空间,共同推动了跨境电商行业的创新发展。

综上所述,要做好合伙人制度,需要以下 5 个重要因素。

1. 寻找合适的合作伙伴

实施合伙人制度是一种高效的策略,旨在通过引进和整合外部优势资源,促进企业的增长与发展。这一制度成功的关键在于能够吸纳那些不仅具备出色能力,而且与企业的核心价值观和长远目标高度契合的合作伙伴。在选择合伙人的过程中,企业需要综合考量潜在合伙人的专业技能、经验以及其对企业文化的认同程度。这不仅涉及对合作伙伴能力的评估,更重要的是,需要确保其对企业的使命、愿景和价值观有深刻的理解和共鸣。这种深层次的契合,是合伙人制度能够顺利实施并取得成功的基础。通过确保每位合伙人都能够在理念上与企业保持一致,企业才能形成强大的团队凝聚力和向心力,共同努力实现企业的长期目标和愿景。因此,在构建合伙人制度时,选择与企业文化和发展理念相匹配的合作伙伴,是确保制度效果最大化的首要前提。

2. 建立开放的企业文化

要想在当今竞争激烈的商业环境中吸引并留住顶尖人才,仅仅提供一个工作岗位是远远不够的。现在的人们追求的是一个能够促进其个人成长、实现职业抱负并感受到深刻归属感的环境。这就要求企业营造一种开放和包容的企业文化,这样的文化环境能够激发员工的创造力和潜能,让他们在支持和信任的氛围中自由发挥,与企业共同成长。

开放的企业文化意味着企业对新思想、新观点保持开放态度,鼓励员工提出创新的想法和解决方案,即使这些想法在初期看起来可能并不成熟。这也意味着企业能够接受并尊重来自不同背景、具有不同经验和技能的人才,认识到多样性带来的价值,并利用这一优势促进企业的发展。在这种文化背景下,企业应当提供充足的资源和机会,支持人才的职业发展和个人成长,包括定期培训、职业规划以及提供挑战性项目的机会,使员工能够感受到自己对企业的贡献被认可和价值被尊重。同时,企业还应该倡导公平、透明的沟通机制,鼓励员工之间以及员工与管理层之间的开放交流,确保每位员工的声音都能被听见,他们的意见和反馈都能得到重视。

通过这样的努力，企业不仅能够为人才提供一个充满挑战和机会的平台，更能够营造出一种让人才愿意长期扎根并为之奉献的环境。开放和包容的企业文化是企业吸引、培养和保留人才的重要基石，是企业持续创新和发展的动力源泉。

3. 尊重合伙人意愿

实行合伙人制度旨在通过与核心成员共享事业成果，激发团队向共同目标努力的动力。这种制度的成功实施基于彼此间的信任和尊重，确保每位合伙人都在明确的预期和稳固的合作基础上参与进来。在实施合伙人制度时，企业应避免将其作为应对危机或解决问题的临时措施，而是应视其为一种长期的战略安排，旨在通过共同分享成果来促进企业和员工的共同成长。

任何企图将合伙人制度用作约束或捆绑核心人才的手段都是短视且有害的。这种做法不仅会破坏合伙人之间的信任基础，还可能导致团队内部的紧张和不满，最终促进人才的流失，加速组织的解体。相反，一个成功的合伙人制度应当鼓励开放和诚实的交流，尊重每位合伙人的个人意愿和职业目标，确保所有合伙人都能在组织内找到实现个人价值和职业发展的机会。

因此，企业在设计和实施合伙人制度时，必须仔细考虑如何在确保企业发展的同时，也满足合伙人的期望和需求。这包括提供公平的利益分配机制、建立清晰的职责和权利界定，以及创造支持个人成长和职业发展的环境。通过这样的方式，企业不仅能够吸引和保留顶尖人才，还能激发团队的创造力和协作精神，共同推动企业向着更高的目标前进。

4. 以创业心态驱动合伙人团队

在今日激烈的商业竞争中，培养拥有创业精神的合伙人团队成为企业持续发展的关键因素。为了充分激发合伙人的潜能和创造力，企业必须秉持"以创业者的心态经营企业"的理念，确保每位合伙人都能够在企业中享有参与决策、引领方向的权力。这种做法不仅有助于营造一种全员参与的企业文化，更能够让合伙人感受到自己不仅仅是在为企业工作，更是在为实现个人的职业梦想和价值观而努力。要实现这一目标，企业应当为合伙人提供必要的资源和环境，使他们能够自由地发挥自己的才能和创意。这包括确立明确的权利和责任机制,让合伙人在企业的重大决策过程中拥有一席之地,以及创造一个鼓励创新和容错的氛围,让合伙人敢于尝试新思路和新方法。更重要的是,企业需要通过建立合理的利益共享机制,确保合伙人能够从企业的成功中获得实实在在的回报。这种机制不仅能够增强合伙人的归属感和忠诚度,也能够让他们真切地感受到"为自己打工"的成就感和满足感。通过这样的管理和激励策略,企业不仅能够吸引和留住有志于创业的人才,还能够鼓励全体合伙人积极参与到企业的创新和发展中来,以创业者的心态共同面对挑战,共同分享成功。这种基于创业心态的合伙人团队将成为企业最宝贵的资产,驱动企业在变革中持续前进,实现长期的竞争优势。

5. 建立合理的分配机制

要确保合伙人制度能够有效地激励和保持企业的核心竞争力,关键在于构建一个公平、透明且高效的利益分配机制。这一机制应当基于一个核心原则——按贡献分配收益。换言之,合伙人所获得的回报应当与其为企业所做的实际贡献呈正比,无论是在时间投入、精力付出,还是在项目成功中所扮演的角色等方面。为实现这一目标,企业需要制定一套综合的制度框架,涵盖从合伙人加入、成长发展,到对企业贡献的评估,乃至最终的利益分配和退出机制。具体来说,第一,需要有一个清晰的加入机制,为有意向加入企业的合伙人提供明确的入门标准和流程;第二,通过发展机制为合伙人提供成长和提升的机会,确保他们的能力与企业的需求保持同步增长。同时,一个公正的考核机制对于评价合伙人的贡献至关重要,它需要能够准确地反映出每位合伙人对企业发展的实际影响力。基于这种评估,利益分配机制将确保每位合伙人根据其贡献的大小获得相应的回报,无论是股权、分红还是其他形式的利益分享。此外,为了维护团队的活力和竞争力,还必须设立淘汰机制和退出机制,以应对那些无法达到企业标准或愿意离开企业的合伙人情况,确保团队始终保持高效和活力。

通过实施这样一套系统的制度,企业能够不断吸引和激励有才能、有志向的人才加入,为企业带来新鲜血液和创新动力,同时也保证了合伙人的努力能够得到合理的回报和认可,共同推动企业向着更长远的目标稳步前进。

(二)社会化协作发挥自己的特长

在全球化的商业环境中,跨境电商的兴起不仅提供了无限的市场机会,也带来了复杂的挑战,尤其对于那些专业领域集中在产品研发和制造的传统中小企业。这些企业虽然在产品创新和质量控制方面拥有明显的优势,但当直接进入多变的跨境电商市场,面对终端消费者时,却往往显得力不从心,不仅效率低下,成本也随之增加。在这样的背景下,借助外部资源,尤其是将销售环节外包给具备专业能力的跨境电商销售团队,成为一种高效的经营策略。这样做不仅可以让传统制造企业聚焦于自己最擅长的产品研发和生产环节,更能通过与专业销售团队的紧密合作,建立有效的信息反馈机制,实现产品的快速迭代和优化。此外,这种合作模式还有助于传统企业快速适应跨境电商市场的变化,利用专业团队的市场洞察和营销经验,有效提升产品的市场竞争力和品牌影响力。因此,对于许多传统中小企业而言,选择与专业的跨境电商销售团队合作,无疑是一个既能保持自身优势又能迅速拓展市场的明智之举。

跨境电商领域的繁荣成长背后,有一群在全球市场上默默耕耘的"专业卖家",他们不仅精通各种电商运营技巧,更深刻理解国际市场的复杂多变。这些专业卖家,类似于淘宝平台早期涌现的小型商户,通过专业的服务和运营能力,不仅推动了自身的快速成长,也为更多企业提供了进入全球市场的新途径。在跨境电商领域,专业卖家通过差异化策略与技术创新成为行业发展的核心推动力。Anker(安克创新)以自主研发的氮化镓充电器等智能硬件为核心,依托亚马逊平台拓展欧美市场,结合 Amazon Ads 与 KOL 营销实现品牌全球化,2021 年营收突破 125 亿元,成为全球 3C 领域的标杆品牌。SHEIN 则以"小单快反"供应链模式颠覆快时尚行业,通过社交媒体精准营销和 7 天超短交付周期,在欧美、中东市场占据领先地位,2022 年估值超千亿美元。PatPat 聚焦母婴赛道,深耕欧美家庭消费需求,通过 Facebook 社群运营与私域流量构建,2021 年 GMV 突破 100 亿元,稳居北美童装市场第一。Shopify 以一站式建站工具赋能中小卖家,降低技术门槛并打通 Facebook、Google 流量入口,推动"去平台化"趋势,2022 年全球商家超 200 万。菜鸟网络××构建全球智能物流网络,推出"5 美元 10 日达"普惠服务,结合 AI 算法优化时效,2022 年日均处理跨境包裹超 500 万件。TikTok Shop 则依托短视频社交生态,以直播带货和内容营销开辟新兴市场,2022 年 GMV 同比增长 300%,成为东南亚增速最快的电商平台。

这些案例表明,专业卖家在跨境电商生态系统中扮演着至关重要的角色。专业卖家通过技术深耕、供应链创新与渠道重构,不断推动跨境电商向全球化、精细化方向演进,成为行业变革的核心引擎。

二、社会化培训与政府合作打造专业团队

(一)借助社会培训力量引进专业人才

在当下跨境电商蓬勃发展的背景下,企业面临的最大挑战之一是如何快速而有效地吸引和培养跨境电商领域的专业人才。特别是对于那些传统企业来说,内部往往缺少适宜的跨境电商培训环境和专业知识,自主培养人才不仅周期长、成本高,还存在很大的不确定性。因此,越来越多的企业开始寻求外部专业机构的帮助,以加速人才的引进和团队能力的提升。作为跨境电商培训领域的先驱,321 电商学院自 2014 年 10 月成立以来,已经成为该领域的标杆和领航者。学院不仅与全国各地高校建立了紧密的联系,吸纳了广东、黑龙江、湖北、广西等地区的大学生,还通过位于东莞的专业孵化基地,为他们提供为期一个月的密集实战培训,确保学生能够快速掌握跨境电商的核心技能和操作经验。此外,321 电商学院还根据跨境电商企业的具体需求,定向培养人才,使得培训出的学生能够迅速融入企业,开始高效工作。

321 电商学院的成功,不仅体现在高校毕业生的培养上,还体现在对在职企业员工的进阶培训上。学院提供的培训课程注重实操和技能提升,截至 2015 年底,已经为超过 10 万名企业员工提供了专业培训,极大地提升了他们的跨境电商操作能力和业务理解水平。

通过与 321 电商学院等专业培训机构的合作,企业不仅能够快速补充和优化人才结构,还能够持续提升团队的整体业务能力和市场竞争力,为企业在跨境电商领域的长远发展奠定坚实的人才和技术基础。

(二)主动对接政府资源,善用公共服务平台

随着跨境电商行业的迅猛增长,地方政府纷纷推出一系列支持政策,旨在促进该行业的健康发展。这为许多企业,尤其是规模相对较小的中小企业提供

了前所未有的发展机遇。通过积极响应和利用这些政府资源,中小企业不仅能够接触到更广泛的优质人才和培训资源,还能够在人力资源建设方面取得显著进步,为企业的长期发展奠定坚实的基础。这一策略的实施,将有效改善中小企业在人才培养和团队建设方面的困境,促进其在激烈的市场竞争中取得优势。

1. 杭州综合试验区

在杭州,跨境电商行业的快速发展得到了政府的有力支持和积极推动。特别是在杭州综合试验区(简称综试区)内,一系列针对人才培养和行业发展的举措被实施,以确保该地区的跨境电商生态系统既活跃又具有持续的竞争力。首先,杭州综试区推出了《综合试验区人才培训计划》,这一计划的实施不仅促使当地高等院校增设跨境电商相关专业和课程,还为行业的长远发展培养了大量专业人才。此外,为了加强行业内的协作与交流,促进技术和信息的共享,杭州综试区还特别成立了跨境电商协会。该协会的成立,为企业提供了一个共同探讨行业趋势、交流发展经验的平台,同时也有效推动了行业的转型升级。

更进一步,杭州综试区与浙江大学携手合作,共同成立了"浙江大学中国(杭州)跨境电子商务综合试验区研究院"。这一研究院的建立,不仅加深了学术界与行业之间的联系,还为跨境电商的决策支持、学术研究和人才培养提供了强有力的平台。通过这些综合性措施的实施,杭州综试区正日益成为国内外跨境电商人才培养、技术创新和行业发展的重要基地,为杭州乃至全国的跨境电商生态系统注入了新的活力。

2. 重庆市政府

在重庆市,政府部门正积极采取措施推动跨境电商行业的人才培养和行业发展,特别是通过与企业和教育平台的紧密合作,创新人才培养模式,为跨境电商领域注入新的活力。具体而言,重庆市渝中区政府携手阿里巴巴和24K大学生人才孵化平台,共同启动了"重庆跨境电商人才O2O培养基地"的项目。该项目旨在通过生态建设模式,预计在未来三年内培育出5万名具备初级技能的跨境电商专业人才,以满足行业对于专业人才的迫切需求。此外,重庆市贸促会也高度重视面向企业的专业培训工作。为此,贸促会邀请了来自海关总署、阿里巴巴全球速卖通以及对外经济贸易大学等政府部门、专业服务机构和研究机构,为 100 多家企业和 240 多名人员提供了一系列全面的培训。这些培训内容覆盖了跨境电商政策、业务技能、管理理念等多个方面,旨在帮助参训企业和人员全面提升其在跨境电商领域的综合竞争力。

通过这些措施,重庆市政府不仅展现了对跨境电商行业发展的重视和支持,还为企业提供了宝贵的资源和机会,帮助他们在激烈的国际市场竞争中占据有利地位。这种以政府为引导、企业和教育机构为支撑的多方合作模式,为跨境电商人才培养和行业发展开辟了一条新路径,有望推动重庆市乃至全国的跨境电商事业迈向更加繁荣的未来。

3. 东莞市政府

东莞市政府在推动当地跨境电商产业发展方面采取了积极主动的策略,特别是在人才培养和吸引方面做出了显著努力。通过与东莞本地以及省内外的高等教育机构建立校企合作关系,东莞市政府旨在搭建一个平台,引导大四学生和省外毕业生参与到东莞企业的实习和培训中,从而为当地及外来企业提供专业的跨境电商人才支持。这种合作不仅让学生有机会将理论知识应用于实践,也为企业带来了新鲜血液,增强了企业的创新能力和市场竞争力。此外,东莞市政府还通过资金扶持进一步促进跨境电商人才的培养。自 2015 年起,政府从专门设立的电子商务专项资金中划拨一部分资金,用于专门培养和支持跨境电商领域的人才发展。这一政策的实施,不仅减轻了企业在人才培养方面的经济压力,也为跨境电商行业的快速发展提供了坚实的人才保障。

通过校企合作和资金支持这两大举措,东莞市政府有效地促进了本地及省外优秀人才向东莞跨境电商行业的集聚,为东莞市乃至整个广东省的跨境电商产业发展注入了活力,也展现了地方政府在促进产业升级和经济转型中的积极作用。这些措施的实施,为东莞市跨境电商企业提供了丰富的人才资源,为企业发展和行业创新奠定了坚实的基础。

三、统一共识与氛围打造留住电商人才

(一)统一共识,凝聚团队力量

对于那些刚刚踏入跨境电商领域的传统企业来说,建立一个对跨境电商有深刻认识的团队,从而形成一种全员参与的企业文化,是实现成功转型的关键

因素。许多企业目前对跨境电商的理解还停留在表层，仅将其视为一种销售的辅助渠道，而缺乏从整体战略和未来发展的视角来深入理解跨境电商的潜力和重要性。这种浅层次的认知是难以支撑企业实现高效率、高质量发展的。

为了打造一个具备共同视野和目标的核心团队，企业需要从最高管理层做起，确保企业领导层对跨境电商的方向和策略有清晰的认识和统一的看法，这种从顶层到底层的统一认知是形成有效团队动力的前提。

贝贝家纺织的经验就是一个典型案例。面临转型时遇到的各种困难，如团队的传统思维模式、对新生产模式的抗拒等，贝贝家纺织采取了全面的"基因改造"策略，通过邀请外部专业培训机构的方式，对全公司员工进行深入的跨境电商培训和理念更新。这种全方位、多层次的培训不仅仅涵盖了跨境电商的操作技能，更重要的是对员工进行了全新的商业理念教育，从而使得全体员工能够真正理解并认同跨境电商的价值和重要性。

通过这样系统而深入的培训和教育，贝贝家纺织成功激发了团队的潜能，不仅使得团队能够迅速适应跨境电商的新模式，更重要的是实现了企业文化和思维方式的根本转变。最终，这种转型为贝贝家纺织带来了显著的业绩增长，2015 年的营业收入达到了 4000 万元，充分证明了统一团队认知在企业转型成功中的决定性作用。

(二)培养员工的创业精神

在当代跨境电商领域，年轻的"80 后"和"90 后"成为行业的骨干力量，他们在互联网和电子商务的浪潮中成长，对于新兴事物拥有天然的敏感度和接纳度。相对而言，部分"60 后"和"70 后"的企业领袖在面对跨境电商这一新兴领域时，可能会发现自己的知识和经验存在不足。在这样的背景下，老一辈的企业家需要培养一种"归零心态"，勇于面对自己在跨境电商领域的知识缺口，尊重并积极向年轻一代学习。首先，融入年轻团队，主动向他们学习跨境电商的最新知识和潮流，不仅有助于弥补自身的知识空白，更是一种展现开放心态和促进代际交流的有效方式。同时，通过在价值观和人生观层面对年轻员工进行指导，不仅能够影响和提升他们的个人素养，也能够加深团队成员间的情感纽带，增强团队的凝聚力。"80 后"和"90 后"员工群体在成长背景和价值观上与前辈有所不同,他们更加追求个性化的生活方式和实现个人价值的工作。为了吸引和留住这部分人才,企业需要变革管理机制,引入更加灵活的"自组织"模式,营造企业内部的创业和创新氛围,鼓励员工发挥创造力和主动性,激发他们的创业精神。在激励和管理年轻员工时,企业应该采取更加人性化和个性化的策略,重视他们的多元化需求,包括对公平利益的追求、对参与和学习的渴望以及对情感认同的需求。实施开放透明的信息政策,鼓励员工参与决策过程,共享企业成果,共建命运共同体,这些都是构建和谐、动态、可持续发展的团队的关键要素。

老邓,1970 年出生的企业家,原本在广东运营一家专注于生产手机周边配件的模具厂。在 2009 年,他意识到从他的工厂采购小批量产品并即刻付款的年轻创业者背后隐藏着跨境电商这一巨大的市场潜力。这一发现促使他深入研究这个行业,并最终决定进军跨境电商领域。老邓凭借敏锐的商业洞察力和果敢的行动力,从零起步,成功打造了四个品牌,并迅速在 eBay 和 Wish 这两个国际电商平台上成为重量级卖家。

到了 2015 年,老邓领导的跨境电商公司员工数量已超过 100 人,年营业额达到了令人瞩目的 2000 万美元。作为一位传统行业出身的"70 后"老板,老邓成功转型的秘诀在于他对新兴市场的敏感度,愿意从年轻人那里学习新知识的开放心态,以及他对团队的深刻理解和有效管理。

老邓在带领充满活力的"80 后""90 后"团队过程中,展现了极强的领导力和战略眼光。他通过建立平等开放的沟通机制,鼓励团队创新思维和自我驱动,同时兼顾个性化管理和激励方式,满足年轻员工多元化的工作需求和职业发展预期。通过这种方式,老邓不仅成功地完成了自己的转型之路,还带领团队在竞争激烈的跨境电商市场中取得了显著的成绩。

那么,结合老邓的案例来分析,如何才能在关键时期使企业转型成功并带领"80 后""90 后"团队呢?

1. 摆正自己的位置

老邓清楚地认识到,尽管自己拥有丰富的商业经验,但在这一全新的领域内,自己并不具备直接操作的最佳技能和知识。因此,老邓选择了一种谦逊的态度,主动将跨境电商业务的具体运营和管理工作委托给了更为熟悉这一领域的年轻一代——"80后"和"90后"。这种自我定位的明智选择,不仅体现了老邓对自身能力和局限的清晰认识,更重要的是展示了他对年轻团队能力的充分信任和尊重。老邓并没有因为世代差异而对年轻人持怀疑态度,相反,他通过赋予他们足够的权力和责任,激发了团队的潜能,同时也为自己在这一新兴领域中找到了最合适的位置。这种勇于自我否定,从而实现自我超越的领导策略,不仅加速了企业在跨境电商领域的成长,也构建了一个充满活力、相互尊重和信任的工作环境。老邓的这一做法,为传统企业转型面对新兴市场提供了宝贵的经验教训,证明了领导者的自我定位和团队赋权在企业发展中的重要作用。

2. 激发"80后""90后"的热情

老邓在管理其跨境电商企业的过程中,深知要想充分激发"80后""90后"员工的工作热情和创新能力,关键在于让他们感受到创业的激情和自主权。为此,他采取了将团队细分为多个"小组织"的策略,每个小组织都能在他的指导下自主运作,包括选择销售产品、决定采购来源以及制定推广策略等,这种方式极大地提高了团队成员的参与感和主人翁精神。此外,老邓通过实施底薪加提成的薪酬体系,进一步激发了员工的积极性。这种薪酬模式确保了员工的基本生活保障,同时将提成作为主要收入来源,直接将员工的努力与收益挂钩,有效激励员工提高工作效率和业绩。

这一管理模式的实施取得了显著成效。普通员工的月收入得以显著提高,达到了1万元,而小组织的领导者月收入更是突破了3万元,这不仅极大地提高了员工的满意度和忠诚度,也促进了企业整体的业绩增长。通过这种方式,老邓不仅成功激发了年轻员工的创业热情,也为企业打造了一个充满活力、创新和高效的工作环境。

3. 坚持不懈的学习

老邓明白,在跨境电商这一领域,自己虽然无法直接操盘成为一名前线操作的专家,但这并不妨碍他深入理解这一行业,建立起自己对跨境电商的独到见解。这种独立的认知能力对于老邓来说至关重要,不仅让他能够与团队成员进行深层次的交流,更能确保企业战略决策的准确性和前瞻性。为了达到这一目标,老邓投身于持续的学习之中,积极参加各类跨境电商相关的培训课程,不断充实和更新自己的行业知识。

除了个人学习,老邓还非常重视团队决策过程中的参与,他坚持出席80%以上的"小组织"决策会议。这种做法不仅展现了他对团队的支持和尊重,更重要的是,通过亲身参与讨论,他能够直接把握团队的动态,及时了解市场变化和团队需求,从而在企业战略制定和调整中发挥关键作用。

老邓的这种不懈学习和深入一线的战斗精神,不仅为他自己赢得了跨境电商领域的独立认知能力,也为整个团队树立了学习的榜样,激发了团队成员的学习热情,共同推动企业在跨境电商领域的持续发展和竞争力提升。

在跨境电商这一迅速崛起的行业中,传统企业正面临转型和升级的巨大挑战,其中最为迫切的就是如何补足人才的短板。虽然政府、高校及第三方培训机构的支持和助力在一定程度上缓解了人才紧缺的问题,但根本的解决之道仍需跨境电商企业自身去探索和实践。企业只有深刻理解了跨境电商所带来的长期价值,并愿意在此基础上不断深化"内功",积极营造一个开放、创新并能充分展现员工个人价值的工作环境,才能真正吸引并留住人才。这意味着跨境电商企业需要从根本上改变观念,不仅是简单地引进人才,更要通过提供持续学习和成长的机会,鼓励员工创新思维和实践尝试,以及建立公平公正的激励和晋升体系,来激发员工的工作热情和创造力。通过这样的努力,企业能够形成一种积极向上、充满活力的企业文化,使得优秀人才不仅被吸引过来,更愿意在这里长期发展,共同推动企业持续成长和创新。

第四节　跨境电子商务人才培养的服务方式创新

在跨境电商产业生态加速迭代与全球人才竞争加剧的背景下,传统人才培养服务模式已难以满足"技术赋能、终身学习、跨界融合"的复合型能力需求。本章第四节聚焦服务方式创新,提出构建"三位一体"的生态化服务体系:通×区块链技术实现校企学分互认与技能成长轨迹追踪,破解职业能力认证碎片化难题;依托终身学习生态圈打通学历教育与非学历教育的壁垒,支持人才通过持续学习实现技能迭代;创新人才服务认证互通机制,建立覆盖职业生涯的动态能力评估体系。

一、熟悉掌握英语及小语种的交流能力

跨境电商领域正经历着前所未有的增长,尤其是在亚马逊、eBay 等以欧美市场为主的主流平台上,英语成为与海外客户沟通不可或缺的工具。同时,随着全球电子商务的拓展,俄罗斯、西班牙、阿根廷等新兴市场迅速成长为新的电商热点,这些市场的崛起不仅为跨境电商企业提供了新的增长机会,也对从业人员提出了更高的语言能力要求,尤其是对小语种的掌握。以速卖通为例,该平台在 2014 年特别加大了对俄罗斯、巴西等新兴市场的推广力度,仅用半年时间就实现了显著的业绩增长,日均网页浏览量突破了 1 亿次,同比增长率达到 700%,年销售额同样实现了近 600% 的惊人增幅。这样的成绩不仅展现了新兴市场的巨大潜力,也使得俄语、西班牙语、意大利语、德语和阿拉伯语等小语种需求急剧上升。

这种趋势表明,跨境电商企业若想在全球市场中占据一席之地,仅仅依靠英语已经不够,必须加强对小语种的学习和掌握。这不仅能帮助企业更好地理解和进入新兴市场,更是提升竞争力、拓宽业务范围的关键。因此,跨境电商从业人员需要不断提升自身的语言能力,尤其是对英语及相关小语种的熟练掌握,以便能够在多元化的国际市场中更有效地沟通和交流,抓住全球电商发展的新机遇。

二、了解海外客户网络购物的消费理念和文化

想要在跨境电商领域取得成功,不仅需要掌握语言技能,更要深入理解海外消费者的购物理念和文化背景。国际市场的消费者,由于所处的文化环境和生活方式的差异,其购物习惯和偏好与国内市场存在显著不同。因此,跨境电商从业者必须对目标市场的消费文化进行深入研究,这包括对海外买家的采购行为、偏好以及对商品的期望值有全面的了解。此外,对于中国供应商而言,了解其出口业务的现状、面临的挑战以及机遇也同样重要。深入掌握不同行业的采购特点,比如商品属性、成本控制、定价策略以及贸易政策的影响,都是从事跨境电商所必需的基本素养。更具体地说,对于特定商品或某一行业,从业人

员还需要熟悉其分销链条、生产过程和最终消费者的购买习惯,以确保产品能够准确地满足目标市场的需求。

这种深入的市场洞察和文化理解,能够帮助跨境电商从业人员更精准地定位产品和服务,制定符合海外消费者期待的营销策略。它不仅有助于提升产品的市场竞争力,还能够加深企业与海外客户之间的信任和理解,建立起长期稳定的合作关系。因此,持续学习和深化对海外市场的认识,是每一位跨境电商从业者不可或缺的职业素养,也是推动企业国际化发展的关键因素。

三、了解相关国家知识产权和法律知识

在全球电商格局中,跨境电商企业面临着日益复杂的国际市场环境,尤其是知识产权保护问题成为企业不可忽视的挑战。长期以来,由于部分国内外贸企业处于品牌建设初期和参与国际贸易的低端环节,对知识产权的重视程度不够,导致侵权事件频发。根据中国电子商务研究中心的数据显示,超过 60% 的跨境电商企业曾经陷入过关于图片、商标、专利等多个领域的知识产权纠纷之中。此外,企业在信息发布过程中,也常因商品价格信息的不准确、语言翻译的误差等问题而面临额外的法律风险。对于跨境电商从业人员而言,深入了解和掌握相关国家的知识产权法律知识至关重要。这不仅包括《中华人民共和国著作权法》《中华人民共和国专利法》《中华人民共和国商标法》等国内法律法规,还应涵盖《互联网信息服务管理办法》《网络信息传播权保护条例》等与电子商务紧密相关的规定。通过对这些法律法规的系统学习和实践应用,跨境电商人员能够在日常运营中更加有效地规避法律风险,保护企业及消费者的合法权益。

四、熟悉不同跨境电商平台的运营规则

在当今的跨境电商行业中,从业人员面对着一个多元化的平台生态,包括 B2B 的巨头如阿里巴巴、敦煌网,以及 B2C 平台如 eBay、速卖通、兰亭集势等。对这些不同平台的运营规则和商业模式有深刻理解和熟练掌握,对跨境电商从业人员而言是基本功。这些平台各有其特点和要求,熟悉这些多样化的操作环境,能使从业人员更有效地进行市场定位、产品推广和销售策略的规划。成功的跨境电商运营不仅需要掌握各平台的基本规则,还需深入理解如何在这些平

台上吸引流量、提高转化率。这包括了图像处理、高质量的文案撰写、有效的广告推广、精准的网络营销策略,以及如何处理交易中的各种纠纷。更为重要的是运用关键词优化和搜索引擎优化(SEO)技巧,提高产品的在线可见度和搜索排名。

除了以上技能,从业人员还需具备利用网站后台工具进行数据追踪和客户关系维护的能力。这不仅包括对销售数据的记录和分析,还要能进行基本的用户研究和网站流量数据分析,以便更好地理解消费者的需求,优化产品和服务,进一步提升用户体验和满意度。

总之,对跨境电商从业人员来说,熟悉并掌握不同电商平台的运营规则是其成功的关键。这不仅需要广泛的知识储备,还需要持续的学习和实践,通过不断优化自己的运营策略和技能,以适应不断变化的市场需求和竞争环境,从而在跨境电商领域取得成功。

第六章

高校基于产教融合的跨境电子商务人才培养路径

本章系统探索了高校基于产教融合的跨境电商人才培养路径,提出"三维协同育人机制":通过目标协同、资源协同、课程协同、师资协同及评价协同,构建产教融合生态闭环。研究创新性地提出"岗课赛证融通"培养模式,将跨境电商岗位能力标准、职业技能竞赛、国际认证体系与课程体系深度融合,并依托区块链技术建立"学习—认证—发展"动态追踪机制。

第一节　跨境电子商务人才培养的目标定位

在跨境电商产业生态加速迭代与全球价值链重构的背景下,传统人才培养目标定位的滞后性日益凸显,难以适配"技术+商务+语言"复合型能力需求。本节聚焦跨境电商人才培养的目标定位创新,提出基于"教育链-人才链-产业链"动态适配的"三维目标体系":通过解构跨境电商岗位能力图谱,将国际认证标准、职业技能竞赛要求与产业前沿实践需求融入培养目标,构建"岗课赛证融通"的动态目标框架。

一、跨境电商岗位类型

跨境电商领域为人才提供了既广泛又具有特定焦点的就业机会。这一广泛性体现在跨境电商人才可以参与商务交易的全过程,从前端的市场分析到后端的物流管理,岗位覆盖了电商流程的每一个细节。而其聚焦性则表现在这些岗位大多数围绕跨境电商平台的操作与管理展开,形成了一个紧密相连的工作网络。具体而言,跨境电商的就业岗位根据职能和专业技能的不同,主要分为技术型、商务型和管理型三大类,这三大类岗位各自承担着电商生态中不可或缺的角色和职责。

(一)技术型岗位

在跨境电商领域,技术型岗位发挥着至关重要的作用。随着电商平台的日益复杂化和数据驱动营销的兴起,美工、网络维护员、数据分析员等技术型岗位成为支撑跨境电商运营的基石。这些岗位不仅要求员工具备扎实的计算机操作技能,还需要他们在各自领域拥有深厚的专业知识。

美工在跨境电商中承担着设计产品页面、广告图片、品牌 VI 系统等工作,是吸引消费者眼球和传达品牌价值观的关键。一个专业的美工需要具备良好的审美观念、熟练的设计软件操作能力以及对市场趋势的敏锐洞察力,他们的工作直接影响产品的展示效果和消费者的购买决策。

网络维护员则负责保障电商平台的稳定运行。在跨境电商的背景下,网络维护不仅仅是简单的网站维护,更涉及服务器管理、数据安全、网络攻击防御等复杂的技术问题。网络维护员需要具备深厚的网络技术知识,能够快速应对各种突发的网络安全事件,保证电商平台的数据安全和用户体验。

数据分析员在跨境电商中的角色尤为重要。随着大数据技术的应用,数据分析员需要通过对销售数据、用户行为数据的分析,为企业的市场战略、产品优化提供数据支持。这一岗位要求员工不仅要有扎实的数据分析技能和对应软件的操作能力,还需要具备一定的市场洞察力和逻辑思维能力,通过数据见解引导企业决策。

技术型岗位的员工是跨境电商平台运营不可或缺的一部分。他们的工作虽然大多在幕后,但对于提升消费者体验、优化运营效率、保障交易安全等方面起着决定性的作用。随着电商行业的不断发展和技术的不断进步,技术型岗位将会对专业技能的要求越来越高,对于有志于此领域的人才来说,不断学习和技能更新是职业发展的关键。

(二)商务型岗位

在跨境电商行业,商务型岗位构成了企业运营的前线阵地,直接关联到企业的市场拓展、产品销售、客户服务等核心业务。这些岗位对人才的需求量大,且覆盖了从市场营销到物流管理的全方位业务流程,对于推动企业的国际化进程和增强国际市场竞争力具有重要作用。

跨境营销专员负责制定和实施跨境电商平台的营销策略,通过市场分析和用户行为研究,优化营销活动,提高品牌曝光率和转化率。他们需要具备市场敏锐性、创新思维以及良好的沟通能力,能够灵活运用多种营销工具和手段,以适应不断变化的国际市场环境。

跨境采购专员则专注于供应链的管理和优化,负责寻找和评估国外供应商,协调采购流程,确保产品质量和供应的稳定性。这一岗位要求从业者具有良好的谈判技巧、风险控制能力以及对国际贸易流程的深入理解。

新媒体编辑和商务翻译则是连接企业与国际客户的桥梁,前者通过撰写吸引人的内容和运营社交媒体账号来提升品牌影响力,后者则负责跨文化交流中的语言翻译和信息传递,确保沟通的顺畅和信息的准确性。

跨境运营专员、国际市场推广员、跨境销售等职位则直接参与产品的销售和市场拓展,他们需要不断分析市场动态,调整销售策略,与客户建立良好的合作关系,推动销售目标的实现。

跨境客服和外贸业务员则是维护客户关系、处理订单和售后服务的重要岗位,需要具备良好的服务意识、沟通技巧和问题解决能力,以确保客户的满意度和忠诚度。

在物流和单证处理方面,跨境物流专员、外贸单证员、外贸跟单员和报关员等岗位保障了商品从生产地到消费者手中的每一步流转,这些岗位要求从业者具有对物流流程的深刻理解、精准的操作能力以及对相关法律法规的熟悉。

(三)管理型岗位

管理型岗位在跨境电商领域扮演着核心角色,涉及电商平台的整体运营管理、市场营销策划、产品开发与采购管理等多个方面。这类岗位,如运营组长、店长、站长和经理等,不仅需要从业者具备深厚的专业知识和技能,更重要的是要求他们拥有出色的管理决策能力和高度的职业综合素养。

对于跨境电商行业而言,管理型岗位的职责不仅仅局限于日常的运营管理,更包括制定和实施长远的发展战略、优化业务流程、提高团队效率、管理团队建设以及危机应对等。这些职位的从业者需要能够在快速变化的国际市场环境中做出准确判断,制定有效的市场营销策略,同时协调跨部门的资源,确保平台运营的高效和顺畅。此外,管理型岗位还需要关注产品的开发与采购,这不仅涉及市场需求分析、产品设计和质量控制等方面,还包括与国内外供应商的谈判与合作,要求从业者具备良好的沟通能力和谈判技巧。

对高校毕业生而言,管理型岗位是他们进入跨境电商行业 2~5 年后的主要晋升目标。要想在这一领域取得成功,除了持续积累专业知识和技能外,还需要不断提升自身的管理能力、决策能力和综合素质。这包括但不限于团队领导力的培养、战略思维的锻炼、国际视野的拓展和职业道德的坚守。

二、跨境电商人才培养职业技能目标

在当今全球化和数字化时代背景下,跨境电商成为连接全球市场与消费者的重要渠道,因此,对于跨境电商人才的培养成为教育界与企业界共同关注的焦点。培养符合行业需求的跨境电商专业人才,不仅需要他们具备通用能力,还要求他们具有深厚的专业能力。以下是对跨境电商人才培养职业技能目标的详细阐述。

(一)通用能力要求

在当前跨境电商行业快速发展的背景下,对人才的通用能力提出了更高的要求。这些通用能力是人才能够在复杂多变的电商环境中高效工作的基础,包含了计算机技能、沟通能力和跨文化交际能力等关键方面。

对于计算机技能的要求,跨境电商人才应掌握多种计算机软件的使用技巧,这不仅限于日常的办公软件(如文字处理、电子表格、演示软件等),还包括图像编辑软件和数据分析工具。这些技能对于处理电子商务的日常工作至关重要,无论是制作销售报告,设计产品宣传图,还是分析销售数据,都需要借助这些软件高效完成。沟通能力的重要性不言而喻。在跨境电商领域,无论是团队内部协作还是与国际客户、供应商之间的交流,都需要良好的口头和书面表达能力。这包括能够清晰、准确地传达信息,理解对方的需求和反馈,以及有效地解决可能出现的沟通障碍。优秀的沟通技巧不仅有助于提升工作效率,还能增强团队的凝聚力,建立起稳定而持久的商业关系。此外,跨文化交际能力同样不可或缺。跨境电商的本质是涉及跨越国界的商业活动,这就要求从业人员不仅要熟悉自己国家的文化习惯,还要对目标市场的文化有所了解。这种能力可以在与来自不同文化背景的客户和合作伙伴交流时,展现出敏感性和适应性,避免文化冲突,促进双方的理解和信任。

(二)专业能力要求

专业能力方面,跨境电商人才需要能够准确把握国际政治经济形势的动态,具备敏锐的市场洞察力,通过市场调研、预测和分析,为企业的产品定位和市场策略提供科学依据。此外,熟悉各种跨境电子商务平台和搜索引擎操作是基本技能,跨境电商人才能够依托这些平台进行有效的市场调研、信息收集和分类统计,为企业的国际营销决策提供数据支持。

了解国际贸易业务流程,并能够熟练掌握跨境电子商务中物流、信息流、资金流的管理与优化,对于保障企业跨境交易的顺畅进行至关重要。同时,跨境电商人才还需具备产品选品、上架、客户服务、成本核算与报价、选择合适物流方式等一系列跨境电商运营核心业务能力,确保企业能够在激烈的国际竞争中立于不败之地。此外,根据不同国家和地区客户的需求,制定差异化的营销策略,进行个性化的市场推广,也是跨境电商人才不可或缺的能力。这不仅需要对市场趋势有敏锐的感知,还需要创新思维和策略规划能力,以实现企业品牌的国际化推广。

总之,跨境电商人才培养的目标是打造一支既具备通用能力,又拥有专业技能的复合型人才队伍。通过对这些关键能力的培养,可以为跨境电商企业提供强有力的人才支撑,推动企业在全球电子商务领域的持续发展与创新。

三、跨境电商人才培养综合素质目标

跨境电商行业的迅猛发展带来了大量的就业机会,同时也对从业人员提出了更高的综合素质要求。为了适应这一行业的特点和挑战,跨境电商人才不仅需要具备专业知识和技能,还需要拥有良好的体魄、积极乐观的职业心态、强烈的法纪意识以及端正的品行。具体来说,跨境电商人才培养综合素质目标主要包括以下几个方面。

（一）健康的体魄与耐劳精神

在当前的跨境电子商务领域,由于全球化的市场需求和不同时区的交易活动,工作的节奏异常紧凑,经常要求员工进行长时间的工作和快速的响应。根据对一家位于武汉的跨境电商企业的研究发现,该行业的工作量和工作强度对员工的身体条件和精神耐力提出了较高的挑战。特别是业务岗位的工作人员,他们的日常工作时长平均高达 10 小时,经常性的加班已经成为他们工作的常态。更进一步的是,某些岗位还需要员工能够提供 24 小时的持续服务,以保证全球业务的顺畅运行。这种工作环境对个人的体能和耐力提出了苛刻的要求,只有强健的体魄才能支撑起持续长时间的工作负荷,而坚韧不拔的耐劳精神则是面对高强度工作压力时不屈不挠的重要支撑。这表明在跨境电商这一领域中,从业人员需要具备超出常人的身体素质和精神状态,才能在这样高强度的工作环境中稳定发展,实现职业生涯的长期规划。此外,从业人员还需要通过系统的体能训练和心理调适来提升自己的适应能力,以确保在长期的工作压力下,不仅能保持身体健康,还能保持良好的心态和高效的工作状态。这不仅是个人职业发展的需要,也是企业培养高质量人才、提高团队效率和维持企业竞争力的关键。

因此,跨境电商企业和相关教育机构应当重视从业人员的体能和心理健康教育,通过提供科学的体能训练方案、心理健康辅导以及合理的工作安排,帮助员工构建起强大的身心基础,使其能在跨境电商这一高压环境中长期稳定工作,为企业的发展贡献力量。同时,个人也应该意识到在这样一个充满挑战的行业中,持续的自我提升和健康管理是实现职业成功的重要因素之一。

（二）积极乐观的职业心态

在跨境电商领域,由于面对的是一个充满不确定性和竞争激烈的国际市场,从业人员经常需要面对高强度的工作压力和各种挑战。在这种环境下,一个积极乐观的职业心态显得尤为关键,它不仅对于个人的心理健康和职业发展至关重要,也对团队的凝聚力和整体工作效率产生深远影响。

具有积极乐观心态的员工能够在遇到工作难题和挑战时,保持冷静和韧性,不轻易被困难所打败。这种心态使得他们在面对失败和挫折时,能够迅速从中恢复,将这些经历转化为前进的动力和宝贵的经验,以更加坚忍的意志和积极的姿态迎接下一次的挑战。此外,积极乐观的员工能够在工作中传递正能量,激发团队的活力,促进成员之间的相互支持和合作,从而提高团队整体的工作效率和创造力。在跨境电商这样一个快节奏、高压力的行业中,维持积极乐观的职业心态并非易事。这需要个人在日常工作中不断培养自我调节能力和情绪管理能力,同时也需要企业文化的支持和团队氛围的培育。企业可以通过组织团建活动、提供心理健康支持服务、建立开放的沟通环境等方式,帮助员工构建积极的心态,并在团队中形成一种鼓励和支持的文化氛围。

积极乐观的职业心态在跨境电商行业中的重要性不言而喻。它不仅能够帮助个人更好地应对工作中的各种压力和挑战,提升个人的适应能力和韧性,还能够促进团队合作,提高工作效率,最终为企业的持续发展和竞争力提升做出贡献。因此,无论是从业人员还是企业管理者,都应该重视并不断努力培养这一宝贵的职业素质。

(三)强烈法纪意识和良好的品行

在全球化贸易的大背景下,跨境电商行业因其独特的业务模式成为国际商务交流的重要组成部分。这一行业的特殊性在于它不仅需要面对复杂多变的国际市场环境,还需遵守各国的法律法规。因此,具备强烈的法律意识和良好的个人品行成为跨境电商从业人员不可或缺的基本素养。跨境电商业务的特点要求从业人员不仅要熟悉自己国家的法律法规,还要对合作国家的相关法律有足够的了解和认识。这种对法律的敏感性和遵循性是保障企业经营活动顺利进行的基石,任何的疏忽都可能导致法律风险,进而影响企业的正常运营甚至带来重大损失。同时,个人的品行在职业发展中同样占据了重要的位置。品行端正的从业人员能够以其正直的行为赢得同事、客户以及合作伙伴的信任和尊重,为企业树立良好的形象和声誉。在跨境电商这样一个基于信任和信誉的行业中,个人品行的重要性不亚于专业技能。

良好的法律意识和品行不仅是每位从业人员个人职业发展的需要,也是企业持续健康发展的要求。企业应当通过建立完善的内部管理制度、定期开展法律法规及职业道德教育培训等措施,提高员工的法律意识和道德水平。这样不仅能够帮助企业降低法律风险,更能在激烈的市场竞争中塑造独特的企业文化和品牌形象,提升企业的综合竞争力。

对于跨境电商行业而言,强化从业人员的法律意识和培养良好的个人品行是企业不可忽视的重要工作。这不仅是每位从业人员职业生涯成功的基石,也是企业长期稳定发展的保障。在全球化经济的大潮中,这些基本素质将成为跨境电商人才脱颖而出的关键因素。

(四)应对工作单调性的策略

在跨境电商领域,日常工作常常涉及重复性高且细节繁多的任务,如频繁地处理数据、操作互联网工具和通信设备。这种工作的单调性可能会导致工作热情的减退,甚至影响到个人的职业成就感和工作效率。因此,对于跨境电商从业者而言,找到有效的方法以应对工作中的单调性,不仅是提高个人工作满意度的关键,也是维护职业生涯长期稳定发展的重要策略。从个人层面看,从业人员需要培养强大的自我激励能力,通过设定短期和长期的工作目标,为自己的工作寻找更深层次的意义和动力。同时,通过不断学习新技能和新知识,提升自我,不仅可以打破工作的单调性,还可以为个人职业发展开辟新的可能性。

从企业管理层面来看,企业也应承担起减轻员工工作单调性的责任,通过创造一个充满挑战和变化的工作环境来激发员工的工作热情。这可以通过提供多样化的工作任务、鼓励跨部门合作、开展职业技能培训等形式实现。同时,企业还可以通过建立更为灵活的工作制度,如轮岗制度或项目制工作,让员工有机会接触到不同的工作内容和团队,从而减少单调感,增加工作的新鲜感和挑战性。更重要的是,企业需要通过建立一个公平公正的评价体系和合理的激励机制,确保员工的努力能够得到相应的认可和奖励。这不仅能够提高员工的满意度和忠诚度,也能够长期维持团队的积极氛围,促进企业的持续发展。

综上所述,跨境电商人才的培养不仅要注重专业知识和技能的提升,更要重视综合素质的培育。健康的体魄与耐劳精神、积极乐观的职业心态、强烈的法纪意识和良好的品行以及应对工作单调性的策略,是跨境电商从业人员应对高强度工作、快速变化的市场和复杂国际环境的重要保障。同时,企业和教育机构也应该共同努力,为跨境电商人才的培养和发展提供更加广阔的平台和机会。

第二节　跨境电子商务产教融合人才培养的必要性

中国产教融合的理念源远流长,早在春秋末期,儒学之父孔子就在《论语》中强调了"学以致用"的重要性,这可以视作产教融合思想的早期体现。到了明代,著名的思想家王阳明提出了"知行合一"的理念,进一步强调了学习与实践的密切关系。洋务运动期间,张之洞和周学熙等人也提倡"讲习与历练兼之"及"工学并举"的思想,体现了产教融合在教育实践中的应用。在现代教育史上,国内关于产教融合的系统提出最早可以追溯到1995年,当时江苏省无锡技工学校的教师在校园报刊上发表了题为《加强系统化管理、不断提高生产实习教学质量》的文章。该文阐述了通过提高生产实习的质量来增强学生实践能力和产教融合意识的必要性,强调了寻求与学生生产实习紧密结合的教育模式的重要性。这一思想不仅提升了学生的实践技能,也推动了教育模式的创新与发展。

随着时间的推移,"产教融合"理念逐渐受到学术界和教育界的广泛关注,被认为是人才培养模式创新的重要方向。2013年,在《中共中央关于全面深化改革若干重大问题的决定》中,"产教融合"首次被纳入国家级政策文件中,标志着其在我国教育改革和人才培养体系中的重要地位被正式确认。这一政策的实施,不仅进一步推动了教育与产业的深度融合,也为培养适应社会和经济发展需要的高素质技术技能型人才指明了方向。

在当前全球化经济背景下,国家间的经济互联互通日益加深,各国经济的转型升级成为融入全球产业链不可或缺的步骤。这种转型不仅涉及产业的升级与结构优化,更关键的是对人才培养模式和教育体系的革新。产教融合作为适应经济发展新需求的教育模式,正日益显示其重要性。该模式强调产业需求直接引领职业教育的方向和内容,旨在通过教育与产业的深度结合,实现人才培养与产业发展的无缝对接。随着经济社会的快速发展,对产教融合的认识已经深化为一种全新的教育和发展理念,即在职业教育各环节中引入产业发展的关键要素,确保教育培养过程与产业发展紧密相连。这种模式下,教育不再是孤立于产业需求之外的单一过程,而是与产业实际需求紧密结合的双向互动过程,达到以产业需求为导向,促进教育内容和方法的创新。"产"与"教"的融合不仅仅是两个领域的简单结合,而是一种更深层次的整合,涉及政府、企业、教育机构及学生等多方主体。这种深度的融合,旨在通过教育与产业界的紧密合作,产出更为创新和高效的教育成果,更好地服务于经济社会的发展需求。2022 年 5 月 1 日修订的《中华人民共和国职业教育法》将"产教融合"纳入法律框架,不仅为其提供了法律依据,更为产教融合的实践指明了方向,标志着产教融合在我国教育和产业发展中的地位和作用得到了进一步的确认和强化。

自 2011 年起,教育部强调了产教合作的重要性,引领了学术界对于产教融合模式的广泛探讨与研究。这一领域已成为高等教育研究的焦点,并预计将持续引领教育创新的潮流。产教融合不仅是应对产业变革和升级的策略,也体现了教育发展向深度融合产业需求转变的趋势,显示了教育与产业发展相互促进、紧密结合的内在逻辑。

随着跨境电商行业的快速扩张,高素质的专业人才已成为推动企业发展的核心动力。初期,企业急需的是具备平台操作技能的基础型人才,如美工、摄影、内容编辑和 IT 技术人员,这类人才需求在高等院校及社会培训机构已得到了较好的满足。然而,随着全球经济格局的变化以及消费升级的趋势,中国跨境电商行业面临着与国际市场深度融合的挑战,迫切需要能够进行数据分析、市场转化,并具备领导能力的中高端管理人才,以引领企业实现质的飞跃,从价格竞争向渠道和品牌建设转变。面对这一挑战,产教融合显得尤为关键,它不仅能确保人才培养与市场需求的高度一致,还能通过教育与产业界的紧密合作,培养更多符合跨境电商发展需求的高质量人才。在这一背景下,加强和完善跨境电商领域的人才培养机制,建立更加有效的产教融合模式,促进教育资源与产业需求的深度对接,已成为解决人才缺口、推动行业持续健康发展的紧迫任务。因此,未来一段时间内,深化产教融合,优化跨境电商人才培养链条,将是推动中国跨境电商行业走向更广阔未来的关键所在。

第三节　基于产教融合的跨境电子商务人才培养策略

在跨境电商产业生态加速迭代与全球价值链重构的背景下,传统人才培养路径的封闭性与产业需求的动态性矛盾日益突出。本章第三节提出基于产教融合的"五维协同育人策略":通过目标协同、资源协同、课程协同、师资协同、评价协同,构建"教育链–人才链–产业链"闭环生态。研究创新性引入区块链技术,建立覆盖"学习轨迹–技能认证–职业发展"的全生命周期追踪机制,破解传统教育中能力评估碎片化、职业成长断层化等难题。

一、人才培养层次要与企业需求相适应

在构建人才培养计划时,区分人才培养的不同层级显得尤为重要。企业对人才的需求多样化,依据企业规模和业务性质的不同,对员工的能力要求也有所区别。例如,大型企业往往有更细致的职能划分,因此更倾向于招聘具有深度专业知识的专才;而中小企业则更偏好能够胜任多重角色的通才。此外,不同地域的经济发展水平和产业结构也会对人才需求产生影响,因此,教育机构在设计人才培养方案时,需充分考虑地区经济特点及学生未来就业的企业类型。

为有效实现产教融合,教育机构应与企业紧密合作,基于企业实际需求来调整和优化人才培养计划。例如,在跨境电商领域,针对B2B数据运营岗位,不同的职业技能等级(如初级、中级、高级)反映了岗位工作的复杂程度和技能要求的高低(表6–1)。相应地,教育机构可以根据这一分级,为不同教育层次(中专、高职及本科)的学生设计相匹配的课程和实践活动,确保学生的技能和知识能够满足企业的具体需求。

表6–1　认证等级对应工作领域递进关系表

认证等级	数据运营	交易服务
初级	跨境电商平台基础运营	跨境交易跟单
中级	跨境电商平台店铺运营,海外社交媒体营销	跨境交易履约
高级	跨境电商平台运营与营销,跨境电商全面营销	跨境交易客户管理

二、校企合作共建人才培养体系

跨境电商作为一种新兴的商业模式,展现出巨大的发展潜力和多样化的市场需求。为适应该领域的持续发展与变革,行业对人才培养的需求也日趋复杂化和多样化。在这种背景下,校企合作,即高等教育机构与行业企业的深度融合,成为构建有效人才培养体系的关键途径。

企业作为行业的前沿,对市场动态、技术进步和行业需求有着直接且深刻的理解。而高等教育机构则拥有系统的教育资源和专业的教学力量。通过双方的合作,可以实现教育内容与行业需求的紧密对接,确保人才培养的方向和质量与行业标准一致。具体而言,企业可以直接参与到人才培养过程中,不仅提供最新的行业知识和技能要求,还可以为学生提供实践机会,如实习、实训等,使学生能够在学习过程中直接接触到实际工作场景,提前适应未来的工作环境。同时,高校可以根据企业提出的具体需求,设计并实施系统化的教学计划,包括理论教学、技能训练和实践项目等,确保学生能够全面掌握跨境电商相关的知识和技能。在学生教育培养的最后阶段,企业还可以参与到成果鉴定中来,通过实际工作表现对学生的能力进行评估,为学生提供反馈,进一步优化教育培养方案。

总之,校企合作共建人才培养体系不仅能够提高教育的针对性和实效性,还能促进学生的就业率和就业质量,为跨境电商行业的可持续发展提供坚实的人才支持。这种合作模式,将教育资源与行业需求紧密结合,为未来的跨境电商人才培养铺平道路,确保行业与教育的共同进步与发展。

三、融合企业资源

在当前社会和经济发展的背景下,产教融合作为一种新型的合作模式,已经成为推动经济发展和教育改革的重要手段。特别是在数字经济高速发展的新时代,这种融合不仅要求企业和高校之间的深度合作,还需要二者之间形成更加紧密的资源共享和互利共赢的合作机制。本书旨在探讨如何在新时代背景下通过融合企业资源,促进产教融合,实现高校教育质量的提升和企业创新发展的双赢。

第一,新时代的产教融合强调从学校建设的初始阶段就引入企业发展因

高校跨境电商产教融合人才培养理论与实践

素,这种前瞻性的规划意味着企业资源与高校教育资源的融合不再是简单的物质资源投入,而是包括了知识、技术、管理等多方面资源的整合。通过共同建设数据分析工作室、科研创新中心等平台,高校能够直接利用企业的先进技术和管理经验,加速科研成果的转化和应用,而企业则能够借助高校的人才和技术优势,促进自身的技术创新和业务拓展。

第二,企业元素的加入不仅为高校的发展注入了新鲜血液,还促进了高校人才培养模式的创新。在这种融合模式下,高校的教学内容和方法更加贴近产业实际需求,学生能够通过参与实际项目、实习等形式,提前接触行业前沿,培养其解决实际问题的能力。这种人才培养模式的创新,不仅提高了学生的就业竞争力,也为企业培养了适应新时代数字经济发展需求的高素质人才。

第三,产教融合的新型模式强调产业发展的重要性,通过形成"产帮教、教带产"的良性融合模式,既满足了教育的发展需求,又促进了产业的创新和升级。这种模式下,校企之间不再是简单的资源提供者和接受者的关系,而是形成了一种共生性的互依关系,通过资源共享、优势互补,实现了双方的共同发展。

第四,产教融合过程中,企业与高校的合作不应将教学任务视为产业建设的负担。相反,企业可以将一些独立性较强、难度较低的项目交给学校来完成,这样既能降低企业的项目成本,又能为学生提供实践机会,增强其实际工作能力。同时,企业实务导师的全流程入驻,能够确保学生在完成项目的过程中得到充分的专业指导和支持,从而保证项目的质量和效益,实现企业与高校的共赢。

新时代下的产教融合不仅是一种资源整合的过程,更是一种创新合作的模式。通过深化校企合作,促进企业资源与高校教育的有效融合,不仅可以提高教育质量和人才培养效果,还可以推动企业技术创新和产业升级,实现社会经济的可持续发展。

四、创新课程体系

为了推进高等教育的创新与进步,高校必须对其课程体系进行彻底的创新,既更新课堂内的教育内容,也要融入企业的发展需求。这种课程体系的变革旨在更好地激发学生的内在潜能,使他们能够在毕业后立即适应职场环境。为此,高等教育机构需深化与企业间的合作,把真实的商业案例、多样化的企业运营策略纳入教学大纲,从而构建出一个理论与实践相结合的全新教育模式。这样的课程设计不仅能够确保学生们系统地掌握专业知识,还能在实际操作中磨炼技能,逐步塑造具备高度复合能力、创新思维及应用技能的新型人才。这种教育模式的实施,无疑将加速学生从学术环境向职场的过渡,为他们的职业生涯打下坚实的基础。

跨境电商专业作为电子商务领域的一个新兴分支,在教育培养体系上要求更高层次的多元化和跨领域整合。与传统的电子商务教育模式相比,这一专业的教学方案着眼于培养具备广泛视野和多元技能的专业人才。为了达到这一目标,跨境电商教育注重打破学科界限,实现学科之间的互联互通,以适应全球化经济的复杂需求。具体来说,跨境电商教育模式探索了将"跨境电商"与其他领域如"旅游管理""小语种学习"以及"大数据分析"等进行深度整合的创新途径。这种整合不仅仅是简单的课程叠加,而是在课程设计上进行深思熟虑的规划,使得不同学科的知识和技能能够相互渗透,共同构建一个全面、立体的学习体系。例如,通过将旅游管理的知识引入跨境电商学习,学生不仅能理解国际市场的商业运作,还能深入了解文化差异对跨境交易的影响,从而更好地为全球客户提供服务。

此外,跨境电商专业还强调课程的灵活性和个性化设置。通过"6+X"模式的课程结构(表6-2),即六门核心基础课程配合学校特色和行业需求定制的"X"课程,以及进一步的"X+"拓展类课程,这种结构既保证了学生能够掌握跨境电商的核心知识和技能,也为学生提供了根据个人兴趣和职业规划选择学习路径的灵活性。这样的课程设置既利用了各高校的独特资源和优势,又能够根据市场变化和新技术的发展进行快速调整和更新。

表 6-2 "6+X"融合性跨境电商课程

6 门基础课程	若干门 X 类课程	
物流管理	X	特色类课程
供应链		
金融学		优势类课程
营销学		
平台运营	X+	拓展类课程
电子商务概论		

五、加大实践教育的力度

在当前全球化的经济背景下,跨境电商行业的迅猛发展对专业人才的实操能力提出了更高的要求。为此,高等教育机构必须重新审视和加强实践教学的内容和方法,确保学生能够在毕业后立刻投入激烈的行业竞争中。实现这一目标的关键途径之一是深化高校与企业之间的合作,通过提供实践操作的机会,加强学生的职业技能和市场适应能力。具体而言,高校应该采取一系列具体措施来强化实践教育的效果。首先,利用跨境电商平台作为实训基地,可以直接让学生接触到电商平台的实际运营流程和市场营销策略,让他们通过亲身操作,了解电商平台的运作机制和市场动态。这种直接参与的教学方法不仅可以提高学生的实操能力,还能增强他们对行业的认识和理解。

此外,高校与企业的紧密合作还应包括将企业资源引入课堂,为学生提供更多的实践操作机会。通过邀请企业专家进入课堂,分享实际经验,以及通过组织学生参观企业、参与企业项目等方式,学生可以在实际工作环境中学习和应用所学知识,从而逐步提高他们的专业技能和实操能力。

高校还应鼓励和支持学生参与创业活动,以此作为强化实践能力的重要途径。通过创业实践,学生不仅可以将理论知识应用于实际问题的解决中,还能在实践中学习如何面对失败和挑战,培养创新思维和解决问题的能力。例如,学校可以提供创业指导服务,帮助有意向的学生在国际电商平台上注册并运营自己的网店,选择合适的产品进行营销,通过实际操作积累经验,不断优化商业模型。此外,构建一种将实践操作与创业教育相结合的人才培养模式是非常有益的。这种模式通过提供实践操作平台和创业支持,鼓励学生将所学知识应用于实际的商业项目中,不仅可以提高学生的职业技能,还能激发他们的创新精神和创业热情。在这一过程中,学生能够在真实的商业环境中测试和改进他们的想法,从而不断提升自己的专业能力和综合素质。

总之,通过加强实践教育,高等教育机构可以为学生提供一个更加丰富和多元的学习环境,帮助他们更好地适应跨境电商行业的发展需求。这不仅需要高校和企业之间的紧密合作,还需要创新教学理念和方法,以确保学生能够在实践中学习、在学习中成长,最终成为具有高度竞争力的专业人才。

六、校企师资结合

在数字经济时代背景下,行业的快速发展和数据的频繁更新要求教育体系能够迅速适应变化,尤其是在培养能够直接投入行业的高质量人才方面。这种需求不仅体现在学生的培养上,更体现在教师队伍建设上。对于高等教育机构而言,特别是那些开设有跨境电商等新兴专业的学校,如何构建一个既懂专业理论又具备实际操作能力的教师团队成为提升教学质量和学生就业能力的关键。针对这一挑战,高校需要采取双轨策略加强师资队伍的构建和能力提升。一方面,高校应当鼓励和支持学术导师参与到企业的实际项目中,通过实际参与项目的设计、执行和管理,使学术导师的实践能力得到实质性提升。这种参与不仅可以增强教师对行业动态的敏感度和理解能力,还能直接将行业的最新发展和技术应用带回课堂,使教学内容更加贴近实际,提高学生的学习兴趣和实践技能。另一方面,高校应当积极引进企业中的实务导师,与学术导师形成互补。这些来自企业的实务导师可以将自身参与的实际项目、行业经验以及解决问题的具体方法直接介绍给学生,使学生在理解企业项目建设流程和策略的同时,也能够学会如何将理论知识应用于实际问题的解决中。通过这种校企合作模式,学生不仅能够在学习过程中接触到真实的业务场景,还能够在项目实践中磨炼自己的技能,为未来的职业生涯打下坚实的基础。

此外,为了确保教学内容的及时更新和教师能力的持续提升,高校还需要建立一个持续的师资培训和发展机制。这个机制应该包括定期的行业培训、学术与实务导师的交流会议以及定期的教学研讨活动等,以确保教师能够及时了解和掌握行业最新的技术动态和企业需求。

因此,构建起一个能够兼顾学术深度和实际操作能力的师资队伍,对于提升高校的教育质量和学生的就业竞争力具有至关重要的意义。通过不断优化师资结构和提升教师的实践能力,高校可以更好地满足数字经济时代对高质量人才的需求,培养出既有深厚理论基础又具备强大实践技能的新一代专业人才。

七、尝试以赛促学机制

在数字化经济的快速发展背景下,跨境电商行业对专业技能和实务操作能力的需求日益增长,这就要求高等教育机构在人才培养上做出相应的调整和创新。面对这一挑战,采用"以赛促学"机制成为一种有效的教育创新手段。这种机制不仅能够促使学生将所学理论知识与实际操作相结合,还能够激发学生的学习兴趣,提高他们的职业技能和竞争力。

在实施"以赛促学"机制的过程中,高校需要设计并实施一系列系统的措施。首先,高校可以设立专门的跨境电商竞赛课程和活动专栏,定期向学生提供相关赛事的信息和知识,使学生能够及时了解和接触到行业内的权威赛事。此外,高校还应聘请具有丰富赛事指导经验和实际电商从业背景的教师,对学生进行针对性的培训和指导,帮助学生准备和参与各类赛事。同时,通过组织模拟赛事,让学生在校内就能够体验比赛的全过程,从而在模拟的竞赛环境中锻炼和提升他们的实际操作技能。这种校内模拟赛事不仅能够帮助学生熟悉赛事流程,还能够为他们参加更高级别的全国性跨境电商技能大赛等赛事做好充分的准备。为了进一步激励学生和教师积极参与赛事,高校还可以设计一套全面的奖励机制,包括提供奖金、优先评定奖学金、提供额外工时补贴等多种形式的激励。这些奖励措施不仅能够提高师生参赛的积极性,还能够在一定程度上提升学校的教学和科研水平,促进学校整体竞争力的提升。

通过院赛、校赛到国赛的三级递进赛事体系,学生不仅能够在实际比赛中深化对跨境电商知识的理解和应用,还能够通过与来自全国各地的优秀选手的交流和竞争,不断提升自己的技能水平和综合素质。这种以赛促学的机制,最终将使得跨境电商专业的学生能够在紧跟行业发展的同时,持续进行自我提升和技能更新,为将来的职业生涯打下坚实的基础。

参考文献

［1］殷秀梅,彭奇.跨境电商实务［M］.重庆:重庆大学出版社,2022.

［2］曹盛华.跨境电商发展策略与人才培养研究［M］.北京:中国水利水电出版社,2018.

［3］阿里巴巴网络技术有限公司.挡不住的跨境电商时代［M］.北京:中国海关出版社,2015.

［4］唐亮,许再宏,郑晨光.出口跨境电商供应链管理［M］.北京:中国财政经济出版社,2018.

［5］邹益民,黄海滨,高丁莉.跨境电商综合实训平台实验教程［M］.杭州:浙江大学出版社,2018.

［6］贾孝魁.跨境电商运营与人才培养路径探索［M］.北京:北京工业大学出版社,2022.

［7］郑辉英,吴小平,张小斌.全息孵化跨境电商创新创业人才探究［M］.延吉:延边大学出版社,2022.

［8］钟肖英,王睿.跨境电商创新创业型人才培养模式的研究与实践［M］.西安:西北工业大学出版社,2022.

［9］李青梅.跨境电商对高校人才培养模式的影响［J］.商场现代化,2024(5):28-30.

［10］张芳旭.粤澳协同发展视域下跨境电商人才培养路径探究［J］.现代商贸工业,2024,45(5):39-41.

[11] 张茜. 基于数字经济视野的跨境电商企业发展策略[J]. 中国储运,2024,(3):160–161.

[12] 徐安琪. 校企协同育人背景下跨境电商资优生浸润式养成的探索与实践[J]. 现代商贸工业,2024,45(6):37–39.

[13] 刘云娇. 探索跨境电商项目课程与跨境电商人才培养的关系研究[J]. 现代商贸工业,2024,45(6):40–41,188.

[14] 庄志勤. 高职跨境电商英语直播人才的语言技能培育策略研究[J]. 佳木斯职业学院学报,2024,40(2):201–203.

[15] 宫冉起,钱方明. 数字经济背景下跨境电商高质量发展的对策研究[J]. 商展经济,2024,(4):19–22.

[16] 王宇. 跨境电商背景下饲料外贸人才核心竞争力的培养思路[J]. 中国饲料,2024,(4):117–120.

[17] 张荀. 商业模式画布在中职跨境电商企业学院校本课程应用中的评价与改进[J]. 老字号品牌营销,2024,(3):228–230.

[18] 高晓珺. 探究产教融合背景下跨境电商物流人才培养模式[J]. 中国航务周刊,2024,(2):75–77.

[19] 刘伟伟,肖威. 产教融合背景下高职跨境电商产业学院建设研究:以俄速通数字贸易生态产业学院为例[J]. 广东轻工职业技术学院学报,2023,22(6):32–36.

[20] 苗晶. 跨境电商外语直播人才培养生态圈的构建[J]. 文化产业,2023,(36):67–69.

[21] 陈丝岸. 数字经济背景下跨境电商应用型人才培养体系建设路径探索[J]. 湖北开放职业学院学报,2023,36(24):154–155,158.

[22] 陈惠. 课程思政视角下跨境客户服务与沟通课程的教学设计[J]. 黄冈职业技术学院学报,2023,25(6):67–70.

[23] 胡惠婉. 我国跨境电商物流的优化路径[J]. 中国外资,2023,(24):67–69.

[24] 林菊洁,王彤彤. 经济全球化背景下的跨境电商生鲜冷链物流优化研究[J]. 中国航务周刊,2023,(52):54–56.

[25] 牛园园. 海南自由贸易港建设背景下跨境电商语言服务人才培养策略探究[J]. 中国市场,2023,(35):30–33.

[26]方美玉,徐婉宸,郑依清,等.跨境电商直播行业人才培养与亟待解决的问题[J].中国集体经济,2023,(35):123-126.

[27]李真真.跨境电商背景下商务英语专业学生创新创业能力培养策略[J].湖北开放职业学院学报,2023,36(23):22-23,26.

[28]程柳.跨境电商人才需求缺口大 构建新型培养模式势在必行[J].中国商界,2023(12):208-210.

[29]吕柏松.跨境电商背景下国际物流现状及对策研究[J].中国包装,2023,43(12):69-74.

[30]杜艳红.跨境电商专业教育与创新创业教育融合发展研究与实践[J].河北软件职业技术学院学报,2023,25(4):33-36.

[31]李向宇.立德树人视域下职业院校跨境电商人才培养质量评价指标体系研究[J].现代商贸工业,2024,45(2):70-72.

[32]王伟,易宏,杨慧敏,等.跨境电商对中国外向型制造业企业出口效率的影响机制研究[J].中国商论,2023(23):44-48.

[33]范姝慧,屈慧杰.高职院校跨境电商应用型人才职业能力培养路径研究[J].老字号品牌营销,2023(23):161-164.

[34]张卜元.高校跨境电商专业课程人才培养实施途径探究:以跨境支付与结算课程为例[J].科学咨询(科技·管理),2023(12):181-183.

[35]陈秀春.以就业为导向的高校商务英语专业"双创"人才培养研究[J].高教学刊,2023,9(35):63-66.

[36]赵丽芳,高慧文.跨境电商人才培养目标及路径分析[J].江苏科技信息,2023,40(33):13-16.

[37]陈环环.跨境电商下的商务英语专业人才培养现状及策略研究[J].湖北开放职业学院学报,2023,36(22):36-38.

[38]左丹.产教融合视角下应用型本科院校跨境电商创新创业人才培养模式构建[J].对外经贸,2023(11):138-141.

[39]张希颖,金兰兰,刘梦威.数字经济背景下我国跨境电商发展困境及对策研究[J].商业经济,2023(12):14-16,56.

[40]毕梦娜,吴伟敏.基于虚拟现实技术的跨境电商物流教学设计[J].物流工程与管理,2023,45(11):183-186,182.

[41]李犀珺.数字经济时代跨境电商物流发展思路探讨[J].国际商务财会,2023,(20):88-91.

[42]禇圆华,蒙昕.高职院校跨境电商产教融合发展模式研究[J].科技创业月刊,2023,36(9):156-160.

[43]叶铭栩.跨境电商综试区政策对企业人力资本水平的影响研究[D].杭州:浙江大学,2023.

[44]宋昊洋.数字经济背景下跨境电商产业学院产教融合研究[D].郑州:郑州航空工业管理学院,2022.

[45]高嘉惠.跨境电商模式下原始设备制造企业转型升级研究[D].长春:吉林大学,2022.

[46]徐海钰.中国跨境电商出口交易规模预测及影响因素研究[D].大连:东北财经大学,2022.

[47]周勃.中国跨境电商政策的影响效应研究[D].北京:对外经济贸易大学,2020.

[48]陈超.跨境电商人才需求问题的统计研究[D].杭州:浙江工商大学,2020.

[49]平不凡.基于QCA法的进口跨境电商政策及其影响路径研究[D].杭州:浙江大学,2019.

[50]尹思凝.中国跨境电商发展面临的风险及对策研究[D].长春:吉林大学,2019.